支持单位

福建省妈祖文化传承与发展协同创新中心
福建省妈祖文化研究会
福建省社会科学研究基地莆田学院妈祖文化研究中心
福建省高校人文社科研究基地（莆田学院妈祖文化研究中心）
福建省高校新型特色智库·莆田学院妈祖文化研究院

《妈祖文化年鉴》编委会

学 术 顾 问： 孙　晓　刘中玉
民 俗 顾 问： 林金榜　林金赞
编委会主任： 宋建晓
编委会副主任： 姚志平　林明太　吴国春
编委会委员： 宋建晓　姚志平　林明太　吴国春
　　　　　　 黄瑞国　孟建煌　刘福铸　黄少强
　　　　　　 张桓忠　帅志强　曾　伟

主　　　编： 林明太
副 主 编： 吴国春　连晨曦
成　　　员： 陈金亮　林孟蓉　于明华　萧弘德
　　　　　　 梁右典　林连华　陈　颖　刘玉婷

妈祖文化年鉴

2019

莆田学院妈祖文化研究院
莆田市湄洲妈祖祖庙董事会　编

主　编　林明太
副主编　吴国春　连晨曦

厦门大学出版社
国家一级出版社
全国百佳图书出版单位

图书在版编目（CIP）数据

妈祖文化年鉴.2019 / 莆田学院妈祖文化研究院，莆田市湄洲妈祖祖庙董事会编；林明太主编. -- 厦门：厦门大学出版社，2022.7

ISBN 978-7-5615-8578-8

Ⅰ.①妈… Ⅱ.①莆… ②莆… ③林… Ⅲ.①神—文化研究—中国—2019—年鉴 Ⅳ.①B933-54

中国版本图书馆CIP数据核字(2022)第073538号

出 版 人	郑文礼
责任编辑	章木良

出版发行　*厦门大学出版社*

社　　址	厦门市软件园二期望海路39号
邮政编码	361008
总　　机	0592-2181111　0592-2181406(传真)
营销中心	0592-2184458　0592-2181365
网　　址	http://www.xmupress.com
邮　　箱	xmup@xmupress.com
印　　刷	厦门集大印刷有限公司
开　　本	787 mm×1 092 mm　1/16
印　　张	21.75
插　　页	2
字　　数	353千字
版　　次	2022年7月第1版
印　　次	2022年7月第1次印刷
定　　价	168.00元

本书如有印装质量问题请直接寄承印厂调换

厦门大学出版社　　厦门大学出版社
微信二维码　　　　微博二维码

编者说明

妈祖文化是发祥于莆田,肇始于宋代,现已传播世界40多个国家地区和国内28个省市,至今具有广泛影响力的集中华儒释道文化与海洋文化大成的一种"活态"文化,是劳动人民千百年来尊崇、信仰妈祖过程中遗留和传承下来的物质及精神财富的总称,是中华优秀传统文化瑰宝之一。其在推进海峡两岸文化认同、民族认同,推进21世纪海上丝绸之路建设,传承与弘扬我国优秀传统文化、培育与践行社会主义核心价值观,传承与保护世界非遗,促进与繁荣特色文化产业等方面可以发挥重大的作用。

2019年3月,习近平总书记参加福建省人大代表团审议时指出:"要加强两岸交流合作,加大文化交流力度,增进台湾同胞对民族、对国家的认知和感情。"2016年3月,"发挥妈祖文化等民间文化的积极作用"写入国家"十三五"规划,成为国家战略。2009年9月,妈祖文化核心部分"妈祖信俗"入选世界非物质文化遗产名录,成为我国首个也是目前唯一一个信俗类世界遗产。要响应总书记的要求,要推进"一带一路"倡议,要传承与保护世界非物质文化遗产,需要开展高质量的妈祖文化学术研究和提供相应丰富的妈祖文化学术研究资料才能保证。

《妈祖文化年鉴2019》是莆田学院妈祖文化研究院与湄洲妈祖祖庙董事会联合编撰的文献性、资料性年鉴,是开展妈祖文化学术研究基础性资料之一。本卷主要收集2019年1月1日至12月31日妈祖学学术研究论著、论文、期刊、学界概况等及国内外有关妈祖文化的各种重要活动、事件,让广大专家、学者和社会各界更全面了解妈祖文化的内涵和发展动态,以此促进妈祖文化的学术研究,更好地传承与弘扬妈祖文化,为当代社会政治经济发展服务。

在编辑过程中,我们对有关信息广为收集,但由于各种原因,肯定有未收录的内容,我们欢迎专家、学者和广大妈祖文化工作者批评指正并恳望及时提供有关信息，以更臻完善。同时，鉴于本年鉴的特点，本卷对所转载或摘录以及被数字出版物收录的相关文献均不再另付稿酬。

《妈祖文化年鉴2019》的出版得到了厦门大学出版社的大力支持，这是妈祖文化界值得庆贺的喜事，也表明妈祖文化作为中华优秀传统文化中的重要组成部分，越来越受到社会各界的普遍关注。

《妈祖文化年鉴2019》的编辑出版还得到了福建省妈祖文化传承与发展协同创新中心、福建省社会科学研究基地妈祖文化研究中心、福建省高校新型特色智库·莆田学院妈祖文化研究院、福建省高校人文社会科学研究优秀基地（莆田学院妈祖文化研究中心）和福建省妈祖文化研究会的鼎力支持，对此深表谢意。

《妈祖文化年鉴》编委会

2021年6月

第一部分　学术与研究

专著文集

● 专著

《妈祖学概论》 3

《妈祖文化年鉴 2017》 4

《妈祖》连环画 4

《文化妈祖研究》 4

《妈祖文化与明末朝鲜使臣》 5

《妈祖文化跨语境传播的话语模式建构》 5

《图说妈祖文化》 5

《天后宫与福建会馆》 5

《妈祖祭典》 6

《闽台妈祖信俗与乡土文化互动发展研究：基于乡村治理视角》 6

《妈祖与伦理》 7

《天妃文化在宁波》……7
《台湾民众信仰中的两性海神：海神妈祖与海神苏王爷的当代变革与叙事》……7
《海上丝绸之路与华人国族认同：以东南亚妈祖造像为中心的研究》……8
《湄洲妈祖书画院作品集：身心健康》……8
《进香・醮・祭与社会文化变迁》……8

● 文集

《妈祖文化年鉴2017》……10
《妈祖文化与"一带一路"建设学术研讨会论文汇编》……10
《第五届（2019年）国际妈祖文化学术研讨会论文汇编（上、下）》……10
《第二届贤良港妈祖文化论坛——海峡两岸海上丝绸之路
　　学术研讨会论文集》……10
《妈祖的信仰、文化、传统与创新》……10
《迎妈祖（十周年纪念大开本版）》……10
《与妈祖有约》……11
《神佑同安寮：十二庄请妈祖宫庙与神祇志》……11
《土城妈祖田移花接木真相》……11
《同安寮十二庄请妈祖故事读本》……11
《妈祖文化》……11
《花园妈：盐行天后宫志》……11
《关圣帝君觉世真经・天上圣母说夫妻姻缘经》……11
《湾子内朝天宫入庙安座三十周年纪念会刊》……11

学术论文

辽宁妈祖文化与21世纪海上丝绸之路深度融合研究……12
航海活动中妈祖人文事象的探析
　　——以民间《更路簿》中的"妈祖印"为例……12
台湾兴安会馆妈祖信仰文化研究……13
海洋贸易视野下深圳妈祖文化的传承与弘扬……13
文化旅游视阈下闽台妈祖文化资源的开发实践……14

唐宋莆田南北洋的开发与妈祖信仰的传播发展……14
林九娘与妈祖关系新考……15
妈祖文化中的观音妈联视觉艺术……15
水尾圣娘信仰在马来西亚的传播及现状……15
福建地域文化与妈祖图像……16
清代《天后本传》的图像探析……16
汕尾凤山妈祖广场建筑中嵌瓷艺术的研究……17
从"集体记忆"视域谈闽台文化共同体建构
　　——以中国·湄洲妈祖文化旅游节为例……17
妈祖信仰的跨域传播与衍变
　　——以泰国妈祖信仰的多元宗教文化融合为例……18
两岸妈祖叙事中信俗文化的文学功能
　　——一个阐释人类学的视角……18
以妈祖信俗活动为依托的八乐传承
　　——以湄洲岛为个案……19
清代揭阳乔林乡双忠庙及天后古庙碑刻研究……19
妈祖信仰在安徽的传播……20
山东庙岛显应宫和台湾北港朝天宫妈祖信仰文化之比较……20
日本青森县大间町"天妃样行列"的调查研究……21
潮人妈祖信仰在"一带一路"上的在地化研究
　　——以新加坡和印尼廖内民丹岛作为比论……21
妈祖文化与社会工作价值观的对接……22
世界妈祖文化论坛可持续良性发展的探讨
　　——兼论精耕两岸心灵契合的精神原野……22
妈祖信仰与仪式中的搭配现象之解析……23
试论妈祖信仰传播过程中的"关键节点"……23
始母与天后：女娲与妈祖的异同比较……24
2019年"海峡两岸妈祖文化与地域发展学术研讨会"会议综述……24

浙西南天妃宫建造形制与装饰手法探略··································25
浙西南天妃宫与本地民俗探究···25
《天津天后宫行会图》中的妈祖信俗···26
妈祖官祭八音考略···26
历史上第一座赐额"顺济"妈祖庙遗址考实······································27
施琅对妈祖神格的提升与海洋文化的彰显······································27
"中国文化走出去"背景下妈祖文化在韩国的传播及现状···············28
从观音菩萨到妈祖
　　——民间信仰传说形成的一种模式·······································28
交响音诗《海神妈祖》与"干支合乐论"···29
妈祖文化影响下的湄洲女服饰文化创意产业链构建·······················29
图画中的妈祖文化与海上丝绸之路
　　——中国国家博物馆藏《天后圣母事迹图志册》研究···········29
妈祖文化在日本的传播与发展研究···30
妈祖祭典文化景观的旅游开发研究···30
明代《天妃娘妈传》中视觉图像研究···31
"一带一路"倡议中发挥辽宁沿海妈祖文化作用·······························32
豫闽移民与文化的双向传播··32
正祀与民间信仰的"非遗"化：对民间信仰两种文化整合战略的比较······33
"融"抑或"容"：中西宗教在澳门的相遇
　　——以"天后圣母像"为切入点···33
互动与共生：妈祖文化在海上丝绸之路沿线国家的传播···············34
将妈祖信仰融入制度建设　促进"21世纪海上丝绸之路"健康发展······34
"一带一路"倡议下妈祖文化产业合作发展刍议·······························35
21世纪海上丝绸之路的妈祖文化传播及资源开发···························35
媒介环境视域下妈祖绕境对信众的传播影响力
　　——以台湾大甲镇澜宫为例···36
妈祖宫庙三维全景地理信息平台设计···36

新时代妈祖文化对体育文化的需求现状与应对策略……37

东南亚华人民间信仰文化研究述评……37

妈祖形象与服饰探究
　　——兼论观音、西王母形象服饰比较……38

锦州天后宫建筑装饰纹样及隐喻的考证研究……38

妈祖信仰与儒家文化的互渗探析……39

妈祖形象的符号化建构与文学传播……39

妈祖音乐的"海丝"意境营造……40

美国妈祖文化的发展传播与中美妈祖文化交流的强化……40

论建设"妈祖海洋文化"的重要意义……41

回溯、演进与展望
　　——海丝之路之上的妈祖文化传播考察……41

元代天妃文献史料辑录……42

日本关西地区华侨华人社会及其中国传统信仰
　　——以神户华侨华人社会及其妈祖信仰的有关调查为例……42

天后上天与回家
　　——越南金瓯华人天后信仰的变迁与在地化……43

香港坪洲岛天后宫的中元建醮考察
　　——聚焦妈祖信仰和先祖祭祀……43

大甲妈祖绕境进香仪式转变的想象与诠释……44

宁德妈祖信仰的传播方式探析……44

妈祖题材音乐海洋性的内涵、表现与提升……45

《天后圣母事迹图志》中的妈祖文化……45

"海丝"视野下的妈祖信俗研究新探
　　——第二届贤良港妈祖文化论坛综述……46

《敕封天后志》中施琅征台图像探析……46

大甲妈祖与两岸民间信仰互动的文化学阐释……47

《厦门妈祖信仰的发展历史及其特点》勘误……47

"人本"心理学视野中的妈祖文化……48

2018年国际妈祖文化学术研讨会综述……48

神功戏：广府粤剧传承传播方式之一
——澳门妈祖间民居搜山野化……49

从意义到认同：妈祖灯俗的符号学建构……49

从南海海神在越南的流传情况看越南文化的发展取向……50

文化节与闽台民间信仰
——以福建东山关帝文化节和湄洲妈祖文化节为中心……50

以妈祖文化促进"一带一路"沿线国民心相通……51

乡村治理视野下妈祖信俗与乡土社会互动发展研究
——以福建省莆田市湄洲镇为例……51

"妈祖宴"文化内涵及其制作方法的探讨……52

民间信仰比较：老把头、妈祖与关公……52

台湾地区妈祖信俗与乡村治理融合发展研究
——以台湾地区新港乡为例……52

跨文化交际视阈下湄洲岛旅游日译文本的优化……53

天妃圣母图像源流考……53

妈祖传播与泉州海上丝绸之路枢纽作用的联动
——基于双核心驱动模式的视角……54

厦门朝宗宫的过去与现在……54

明清海上丝绸之路上的妈祖信仰……55

郑和下西洋与妈祖文化传播……55

韩国华侨的妈祖信仰与韩国海神……56

移居地宗教文化对移民适应策略的影响
——以大上海及慧聚天后宫之台商妈祖信仰为例……56

谱系观念与妈祖信俗的非遗保护
——以湄洲妈祖祖庙为中心的考察……57

闽台妈祖信仰习俗中体育宗教濡化与传承……57

妈祖文化在日本的传播研究：从变异体到共生⋯⋯⋯⋯⋯⋯⋯⋯⋯⋯⋯⋯⋯⋯⋯⋯58
功能目的论视角下的旅游景区日文公示语翻译研究
  ——以湄洲岛妈祖庙日文公示语为例⋯⋯⋯⋯⋯⋯⋯⋯⋯⋯⋯⋯⋯⋯58
福建传统海上信仰与敬神仪轨研究⋯⋯⋯⋯⋯⋯⋯⋯⋯⋯⋯⋯⋯⋯⋯⋯⋯⋯59
"一带一路"视野下的海洋历史文献整理⋯⋯⋯⋯⋯⋯⋯⋯⋯⋯⋯⋯⋯⋯⋯⋯59
论澳门节庆文化的诗歌书写⋯⋯⋯⋯⋯⋯⋯⋯⋯⋯⋯⋯⋯⋯⋯⋯⋯⋯⋯⋯⋯60
古代海上"中国声音"
  ——妈祖海祭鼓吹音乐探究⋯⋯⋯⋯⋯⋯⋯⋯⋯⋯⋯⋯⋯⋯⋯⋯⋯⋯60
海南海神信仰研究⋯⋯⋯⋯⋯⋯⋯⋯⋯⋯⋯⋯⋯⋯⋯⋯⋯⋯⋯⋯⋯⋯⋯⋯⋯61
跨文化交际视角下的妈祖文化对外英译策略⋯⋯⋯⋯⋯⋯⋯⋯⋯⋯⋯⋯⋯⋯⋯61
传承与变迁：妈祖文化"护国庇民"特征与社会发展互动研究⋯⋯⋯⋯⋯⋯⋯⋯61
妈祖文化对两岸青年融合发展的影响研究⋯⋯⋯⋯⋯⋯⋯⋯⋯⋯⋯⋯⋯⋯⋯62
2019年施琅与妈祖学术研讨会综述⋯⋯⋯⋯⋯⋯⋯⋯⋯⋯⋯⋯⋯⋯⋯⋯⋯⋯62
澳门妈祖文化与特征⋯⋯⋯⋯⋯⋯⋯⋯⋯⋯⋯⋯⋯⋯⋯⋯⋯⋯⋯⋯⋯⋯⋯⋯63
"一带一路"背景下妈祖音乐创作发展探究⋯⋯⋯⋯⋯⋯⋯⋯⋯⋯⋯⋯⋯⋯⋯63
妈祖还是娘娘
  ——浅析大连海神娘娘演进历程⋯⋯⋯⋯⋯⋯⋯⋯⋯⋯⋯⋯⋯⋯⋯⋯64
"整体性"理念下的妈祖与城隍信俗保护⋯⋯⋯⋯⋯⋯⋯⋯⋯⋯⋯⋯⋯⋯⋯⋯64
湄洲岛妈祖信仰圈的群体传播现象探究⋯⋯⋯⋯⋯⋯⋯⋯⋯⋯⋯⋯⋯⋯⋯⋯65
清代广西玉林地区妈祖庙的地理分布探析⋯⋯⋯⋯⋯⋯⋯⋯⋯⋯⋯⋯⋯⋯⋯65
湄洲岛民俗舞"摆棕轿"的舞台化创作初探
  ——以男子群舞《跨火》为例⋯⋯⋯⋯⋯⋯⋯⋯⋯⋯⋯⋯⋯⋯⋯⋯⋯66
融合与互动：明清时期鲁西地区民间信仰述记⋯⋯⋯⋯⋯⋯⋯⋯⋯⋯⋯⋯⋯66
海上丝绸之路视野下妈祖文化的历史作用和现实作用⋯⋯⋯⋯⋯⋯⋯⋯⋯⋯⋯67
妈祖信仰概述⋯⋯⋯⋯⋯⋯⋯⋯⋯⋯⋯⋯⋯⋯⋯⋯⋯⋯⋯⋯⋯⋯⋯⋯⋯⋯⋯67
妈祖文化融入志愿服务实践的功能及路径探讨⋯⋯⋯⋯⋯⋯⋯⋯⋯⋯⋯⋯⋯67
新时代妈祖文化涵养社会主义核心价值观探析⋯⋯⋯⋯⋯⋯⋯⋯⋯⋯⋯⋯⋯68

封建政权与妈祖文化认同的适时"在场"
　　——以"权力—游戏"为研究视角……………………………………………68
探寻具有妈祖文化特色的闽台文创产品
　　——论湄洲女服饰元素的应用……………………………………………69
妈祖文化传播空间分布特征及机理分析………………………………………69
妈祖文化海外传承的动因、方式与当代作用研究……………………………70
论台湾妈祖信仰中的居士型"诵经团"…………………………………………70
妈祖余音：日据时期台湾消失的妈祖庙探析
　　——以竹堑内妈祖天后宫为例……………………………………………71
海南岛妈祖文化传播状况、原因与影响………………………………………71
村庄共同体
　　——台湾"联庄"妈祖庙研究………………………………………………72
论妈祖文化对漕运影响及在"海上新丝路"建设中的价值……………………72
中国妈祖信仰的韩国式变化与海洋文化………………………………………73
妈祖传说在海上丝绸之路的传衍、变异及其海洋文化质素…………………73
从朝鲜使臣的航海经历看妈祖文化的影响
　　——以天启四年的朝鲜谢恩、奏请使一行为例…………………………74
论仙游枫亭灵慈庙壁画的图像视觉性…………………………………………74
2019 年"妈祖文化与'一带一路'建设学术研讨会"会议综述………………75
妈祖文化视角下民俗体育融入高校体育的价值研究…………………………75
台湾妈祖信俗与乡土社会的互动发展研究……………………………………76
妈祖与泰山娘娘共享"碧霞元君"称号再考辨
　　——与周郢先生商榷………………………………………………………76
妈祖民俗体育文化传承及其文化结构体系考略………………………………77
圣俗融合的实践与民间信仰空间扩展
　　——一个闽南渔村的宗教人类学考察……………………………………77
中国海神形象的演变与海神文化的传播………………………………………78
传统文化传承工程实施过程中妈祖文化重构发展问题………………………78

清代欧峡《天后圣迹图》的图像与叙事 78

妈祖庙里的财神：现代民间信仰的内在结构研究
　　——基于蓬莱北王绪村妈祖庙的调查 79

以观音为师
　　——观音与妈祖、陈夫人、玄天上帝之信仰互动 79

文献与传说的交融运用
　　——以溪湖福安宫建庙与蛇年建醮为例 80

以台南市麻豆区护济宫论析庙宇修复文化保存与再现 80

2018林园凤芸宫妈祖海上巡香文化探究 80

妈祖与观音间的模糊地带 80

从天妃的朝封与道封思考国家与道教对于地方宗教的一阳一阴的双重治理 80

彰化县溪湖福安宫文物调查 81

观音、妈祖与圣母
　　——圣像东传的若干问题与考察 81

论妈祖信仰的演化动因及演变过程 81

新北市土城区"妈祖田"之地名考暨相关问题探讨 81

论神祇信仰传播的动力：谁为妈祖立庙？ 81

妈祖类文章

2019中国航海日"行舟致远"航海文化论坛 82

妈祖信仰：延续文化血脉　联结两岸情感 82

让妈祖文化绽放新的时代光辉 83

泉州法石地区妈祖宫庙调查 83

走近妈祖 84

妈祖成神记 84

闽台合作　共谱佳志
　　——在台湾台中市大甲镇澜宫《妈祖文化志》首发仪式上致辞 85

天后行宫与妈祖文化节 85

"宫庙政治学"：台湾政治人物的选举必修课·················86

800余名台湾妈祖信众赴闽谒祖进香·················86

妈祖文化为媒　两岸信众汇聚苏沪缔结同胞情谊·················87
　　——2019年海峡两岸妈祖文化交流暨湄洲妈祖巡安布福江苏、上海活动侧记·················87

妈祖是民心相通的独特载体·················87

传承妈祖文化　打造黄田荔枝地标·················87

全国台联会长出席"两岸妈祖缘"文化交流活动启动仪式并致辞·················88

从台湾竹枝词看妈祖信仰文化·················88

台湾地区"民间信仰"与选举政治的亲和关系·················89

千年闽商商会会馆　宁波、妈祖册封与妈祖庙·················89

"妈祖：妈妈的妈，祖国的祖"·················89

当"妈祖保佑"遇到"萨瓦迪卡"·················90

林金榜：为传播妈祖文化建言·················90

世界妈祖文化论坛永久性会址旅游项目获鲁班奖·················90

第三届"妈祖杯"海上丝绸之路国际羽毛球挑战赛开幕·················91

近距离感受妈祖文化·················91

妈祖缘　连心桥·················91

湄洲妈祖巡安情动曼谷·················92

共绘妈祖"同心圆"·················92

津沽大地的妈祖文化·················92

岛内政客争先恐后攀妈祖·················93

纪念妈祖诞生1059周年大会昨在湄洲岛举行·················93

国潮，让妈祖贴近年轻人·················93

民心相通　加速融合·················94

当台湾民间信仰遇上政治·················94

台湾政治为何如此"迷信"·················94

第十一届海峡论坛·妈祖文化活动周昨开幕·················95

心灵契合　两岸和合·················95

海峡阻挡不了两岸融合发展..95
福建"女神"为何异常出彩？..96
福建莆田立法保护"妈祖故里"湄洲岛..96
每年有三十万台胞过来祭拜..97
深化融合　共享发展机遇..97
两岸同启妈祖文化活动..97
牢记嘱托勇于担当　切实保护好湄洲岛..98
倡行妈祖精神　共叙海洋情怀..98
民间公益救助　传承妈祖精神..98
互联互通互融　共商共建共享..99
第四届世界妈祖文化论坛昨在湄洲岛举行..99
保护世界文化品牌　发挥作用造福人类..99
妈祖文化，打响品牌..100
澳门妈阁行..100

硕博论文

平乐县妈祖文化传播研究..101
仪式与认同：台湾白沙屯妈祖进香习俗研究......................................102
中国古代妈祖服饰研究..103
现代化背景下的民间信仰变迁
　　——泉州城南片区的个案研究..104
澳大利亚华文媒体对中华文化的传播研究
　　——以《澳大利亚时报》和澳洲新快网为例............................104
妈祖文化意象
　　——王清源漆画创作研究..105
人群祭祀组织之研究：以西河林姓七角头妈祖会为例......................106
妈祖绕境之艺阵表演艺术研究..107
罗东嘉义仔妈祖庙圣安宫与地方发展..108

"通灵神女"影像创

——大甲镇澜宫妈祖出巡为例 ·· 109

庙会活动与社区参与：中部六妈祖会香之分析 ································· 110

传统民俗运用媒体提升文创活动成效之研究

——以白沙屯妈祖进香活动为例 ·· 110

图书期刊

● 期刊

《中华妈祖》CN-35（Q）第 0071 号　2019 年第 1 期　总第 82 期·············112

《中华妈祖》CN-35（Q）第 0071 号　2019 年第 2 期　总第 83 期·············114

《中华妈祖》CN-35（Q）第 0071 号　2019 年第 3 期　总第 84 期·············116

《中华妈祖》CN-35（Q）第 0071 号　2019 年第 4 期　总第 85 期·············118

《中华妈祖》CN-35（Q）第 0071 号　2019 年第 5 期　总第 86 期·············120

《中华妈祖》CN-35（Q）第 0071 号　2019 年第 6 期　总第 87 期·············123

《妈祖文化研究》CN-35（Q）第 0130 号　2019 年第 1 期　总第 9 期·········125

《妈祖文化研究》CN-35（Q）第 0130 号　2019 年第 2 期　总第 10 期········126

《妈祖文化研究》CN-35（Q）第 0130 号　2019 年第 3 期　总第 11 期········127

《妈祖文化研究》CN-35（Q）第 0130 号　2019 年第 4 期　总第 12 期········127

● 综合类图书

《道教女仙考》 ·· 129

《〈宣和奉使高丽图经〉整理与研究》 ·· 129

《民神护身符：中国传统吉祥文化图说》 ··· 129

《宁波风俗传说》 ·· 129

《千村故事：民风民俗卷》 ··· 129

《中国农村调查》（总第 63 卷·村庄类第 17 卷·华南区域　第 9 卷）·······130

《民间百神》 ··· 130

《中国神话故事：彩绘注音版》 ·· 130

《福建非物质文化遗产名录　3》……130
《古代神话》……130
《澳门历史建筑的故事》……130
《道界百仙》……131
《信仰与秩序》……131

学界概况
● 研究机构
连江县妈祖文化研究会……132
涵江区妈祖文化交流协会……133
陆丰市妈祖文化研究会……133
安溪善坛妈祖文化研究会……134
中华妈祖文化交流协会……134
中华妈祖文化研究院……137
中国北方妈祖文化研究中心……138
加拿大中华妈祖文化交流协会……138
莆田学院妈祖文化研究院……138
广东省、海南省妈祖文化交流协会……139
四川省民生研究会妈祖文化研究中心……141
台湾新港奉天宫世界妈祖文化研究暨文献中心……142
莆田妈祖中学……143
九三学社……143
天津妈祖文化艺术研究中心……144
北岸开发区妈祖文化交流协会……144
三明市妈祖文化研究会……145
台湾明道大学妈祖文化学院……145
晋江市妈祖文化研究会……145
湛江妈祖文化研究会……146
福建省妈祖文化传承与发展协同创新中心……146

福建省妈祖文化研究会 ... 147
闽西妈祖文化研究所 ... 148
中国闽台缘博物馆 ... 149
惠来县妈祖文化交流协会 ... 150

- **研究课题**
  妈祖信仰传播与清代台湾社会发展研究 ... 151
  "一带一路"的视野下台湾地区妈祖文化与海上经贸关系研究 ... 151
  闽台妈祖信仰经验与两岸融合发展研究 ... 151

学术动态
研讨会信息与综述
福鼎点头闽浙妈祖文化交流广场研讨会 ... 152
天妃显圣录——台湾妈祖庙文化纪录展 ... 152
迎妈祖：今生最幸福的相遇——2019妈祖征文比赛 ... 153
承先启后，妈祖薪传——2019妈祖信俗国际论坛 ... 153
2019默潮洄澜——妈祖文化主题画展 ... 154
2019关渡宫妈祖信仰国际学术研讨会 ... 155
第四届中国北方（曹妃甸）妈祖文化研讨会 ... 155
广西平乐县第二届妈祖文化旅游节 ... 156
隐修传统与信仰的生成——第五届宗教人类学工作坊 ... 157
2019年第三届海峡两岸职业教育与创业研讨会 ... 157
乐成宫第三届妈祖学国际研讨会 ... 158
2019两岸妈祖文化与艺术论坛 ... 158
新媒体语境下的妈祖文化交流峰会 ... 159
第十一届海峡论坛·妈祖文化活动周 ... 160
2019年妈祖与健康智慧医疗专题研讨会 ... 160

"心灵契合 · 两岸和合"两岸妈祖文化学术交流座谈会……161
湄洲岛文化旅游与创新发展研讨会……161
施琅与妈祖学术研讨会……162
新编潮剧《妈祖》剧本研讨会……162
妈祖文化与"一带一路"建设学术研讨会……163
2019海洋教育国际研讨会暨亚洲海洋教育学者会学术会议……165
莆田湄洲妈祖信俗调研活动……166
2019北台湾妈祖文化节——兰阳妈祖护台湾……166
妈祖信俗与文化产业：海峡两岸妈祖文化与地域发展研究……167
澳门历史文化研究会第十八届学术年会暨澳门与中西文化交流国际论坛……167
《大爱妈祖——妈祖非遗保护与传承》系列微纪录片摄制研讨会……168
2019文化创意产业永续与前瞻学术研讨会……169
2019妈祖文化与福建省胃肠肿瘤外科微创技术论坛……169
华东六省一市老年大学摄影协会第五届研讨会……170
第五届（2019）国际妈祖文化学术研讨会……170
妈祖与航海学术研讨会……171
第七届边疆与海洋论坛——新时代中国边疆研究的经世与致用研讨会……172
临水文化与女神信仰学术研讨会……172
一带一路与中国、巴基斯坦、阿富汗区域合作发展学术研讨会……173
2019闽南文化国际学术研讨会……173
新时代全媒体建设与新闻传播教育发展学术论坛……174

● 会议工作报告
"妈祖信俗"申遗十周年座谈会报告……175
第五届国际妈祖文化学术研讨会成果报告……178
中华妈祖文化交流协会工作报告……183

第二部分　宫庙与祭祀

春秋二祭
....213

习俗活动
【海内外信众参加湄洲妈祖祖庙跨年活动】...218
【江苏昆山慧聚寺演出台湾布袋戏】...218
【新港奉天宫妈祖文化节开锣】...218
【台湾妈祖联谊会第41次大会在台中大里振坤宫举行】...............................219
【中天电视频道播《蓬莱馨香妈祖》】...219
【台北市关渡宫春节赏花灯与献血活动】...219
【台南市鹿耳门天后宫封印大典】...219
【南瑶宫春节抢头香祈福活动】...219
【云林西螺妈祖庙春节发红包，有美元也有印度尼西亚盾】.......................220
【湄洲妈祖祖庙举行新春祈年典礼】...220
【2019台中妈祖国际观光文化节——百年宫庙风华】...................................220
【台中溪州后天宫"溪州妈揪大家趣春游"活动】.......................................220
【台北市南港妈祖光影展】...221
【越南平阳省土龙木市天后宫元宵绕境】...221
【福建莆田文峰宫妈祖元宵尾暝灯】...221
【广西妈祖文化机构和宫庙代表参访厦门朝宗宫】.......................................221
【2019北台湾妈祖文化节】...222
【桃园龙德宫四妈祖绕境回銮　逾4000人相随】...222
【台湾镇清宫296名妈祖信众赴湄洲妈祖祖庙进香】.....................................222
【江苏昆山慧聚寺开"中华妈祖国学班"】...222
【广东陆丰南沙两地开展妈祖人文化交流活动】...223
【北港朝天宫妈祖分灵至福建晋江】...223

【迎妈祖：今生最幸福的相遇——2019妈祖征文比赛】……223
【妈祖信俗国际论坛及两岸合作编撰《妈祖文化志》在台首发】……223
【《台湾妈祖与马祖》入围艾美奖】……224
【大甲镇澜宫与哈雷机车队两天环台莅临鹿耳门天后宫】……224
【台中大甲镇澜宫妈祖绕境进香开始】……224
【苗栗白沙屯妈祖北港进香】……224
【中台·明道·莆田三校妈祖信俗艺文联展】……225
【福建霞浦松山天后行宫和台湾新港奉天宫联合举办妈祖巡安】……225
【台湾台中金天宫、浩天宫赴湄洲岛谒祖进香】……225
【第十一届深圳龙岗妈祖文化旅游节】……225
【莆田东岳观与众多宫庙组团赴湄洲妈祖祖庙进香】……225
【金门登陆进香之旅，湄洲岛南平市签订合作协议】……226
【浙江台州玉环坎门举行妈祖绕境巡安活动】……226
【基隆圣安宫妈祖到大甲镇澜宫进香】……226
【2019年第十一届广州南沙妈祖文化旅游节开幕】……226
【台湾嘉义县朴子配天宫真人艺阁盛大绕境】……227
【竹北市天后宫到台北市士林慈诚宫参加绕境】……227
【百架无人机升空排成妈祖庄严神像】……227
【"大爱妈祖"2019鲁樵中国画展在浙江宁波开幕】……227
【新北市义天宫行善事贺妈祖圣诞】……228
【金瓜石妈祖文化节】……228
【浙江温州洞头妈祖平安节开幕】……228
【2019烟台天后行宫妈祖文化节】……228
【浙江温州洞头妈祖文化石头屋】……229
【2019花莲祈愿成真马拉松】……229
【桂林平乐县第二届妈祖文化旅游节】……229
【台北"弘扬母爱音乐会"】……229
【台湾2019北海岸传奇妈祖文化节】……230
【台湾莆仙同乡会到湄洲妈祖祖庙进香】……230

【广东海门镇天后太宫与龟山天后宫至湄洲妈祖祖庙进香】……230

【妈祖故乡湄洲岛两岸共植同愿林】……230

【浙江省温州苍南县协会抵台恭迎浩天宫妈祖】……231

【五年一次家乡妈祖绕境，庇佑当地风调雨顺】……231

【天津妈祖会亲团访问台湾重要妈祖宫庙】……231

【天津天后宫妈祖圣驾巡游台湾】……231

【美国旧金山妈祖庙朝圣宫妈祖牌素粽义卖】……232

【竹北天后宫开启参访山东的文化经贸之旅】……232

【纪念台湾渔船直航湄洲朝拜妈祖30周年恳谈会】……232

【台湾妈祖驻跸福建莆田懿明楼】……232

【涵江的妈祖文化交流活动】……233

【彰化南瑶宫到湄洲岛进香】……233

【竹南龙凤宫至湄洲妈祖祖庙谒祖进香】……233

【嘉义县新港奉天宫"馨护台湾，骑岛平安"活动】……233

【悉尼天后宫等主办"炫彩澳洲"展】……234

【郭台铭莅临后厝龙凤宫参香】……234

【台湾寺庙金兰会及鹿耳门圣母庙嘉宾到文峰宫进香参拜】……234

【日本青森县大间町妈祖巡安】……234

【首届全球优秀妈祖人正式候选人名单公布】……234

【两岸妈祖宫庙首度环湄洲岛骑行拜妈祖】……235

【福建莆田立法保护"妈祖故里"湄洲岛】……235

【海南临高县妈祖文化交流协会赴湄洲岛谒祖进香】……235

【厦门朝宗宫举行"成年礼的现实意义"座谈会】……235

【广西北海市妈祖文化联谊会成立13周年庆典】……236

【上海天妃宫开展"七月十四喝豆浆"民俗活动】……236

【镇澜宫中元普度暨超拔法会】……236

【闽南朝天宫庆赞中元盂兰盆法会】……236

【天后祖祠被中国社会科学院授"妈祖文化贤良港研究基地"称号】……237

【金面妈祖回台北城】……237

【台湾新港奉天宫参访团到广西平乐县】……237

【200年仑背奉天宫首次回湄洲妈祖祖庙谒祖进香】……237

【海峡两岸妈祖文化交流暨湄洲妈祖巡安布福江苏、上海】……238

【北台湾妈祖文化节——兰阳妈祖护台湾】……238

【2019头城乌石港海洋文化季——迎妈祖、食海味】……238

【江苏妈祖巡安绕境，湄洲妈实名搭动车到昆山】……238

【2019北台湾妈祖文化节，宜兰市公所送2000份爆米花】……239

【2019北台湾妈祖文化节的千桌福宴】……239

【台湾23家宫庙联合赴湄洲妈祖祖庙谒祖进香】……239

【新加坡天福宫庆祝孔子2570周年诞辰】……239

【新加坡兴安天后宫妈祖巡境】……240

【福建"三大女"跟着妈祖去巡安】……240

【台湾麦寮拱范宫率团至莆田文峰宫进香参拜】……240

【2019彰化县妈祖祈福文化节，13家宫庙热闹踩街】……240

【湄洲妈祖分灵澳大利亚墨尔本天后宫】……241

【2019台中六房妈祖观光文化节，新加坡万天府妈祖回娘家】……241

【2019西螺妈祖太平妈祈福马拉松】……241

【10位首届全球优秀妈祖人名单出炉】……241

【第五届（2019）国际妈祖文化学术研讨会在湄洲岛举行】……242

【2019妈祖圣地·美丽莆田旅游推广大会】……242

【"妈祖文化与国学"家庭教育专场大型公益课圆满落幕】……242

【花莲港天宫安座36周年祈福绕境活动】……242

【马来西亚太平霹雳林氏九龙堂妈祖庙到文峰宫进香参拜】……243

【山东省妈祖文化促进会访问台湾西螺福兴宫】……243

【世界妈祖文化论坛永久性会址入选鲁班奖】……243

【澳门李氏宗亲莆田聚宗谊】……243

【世界李氏宗亲大会至莆田文峰宫朝拜妈祖】……244

【湄洲妈祖分灵西班牙特内里费岛】……244

【海南临高天后宫举行"妈祖信俗"非遗展示活动】……244

【广东陆丰市妈祖文化研究会开展慈善活动】……244

【2019北港妈祖杯马拉松】……245

【桃园龙德宫举办公益园游会】……245

【妈祖缘·翰墨情——全国书画名家作品展】……245

【湄洲妈祖祖庙举行跨年盛典】……245

【中华妈祖莆仙十音八乐团喜迎新年】……246

宫庙修建

【福建莆田靖恭妈祖圣殿开光庆典暨两岸迎春交流】……247

【莆田文峰天后宫举行山门告竣庆典暨两岸妈祖元宵活动】……247

【湄洲妈祖祖庙思懿亭落成剪彩仪式举行】……247

【香港水上天后庙筹款晚会暨启动仪式】……248

【贵州镇远将建妈祖国际文化城】……248

【汕尾红海湾宫前妈祖文化公园举行落成庆典】……248

第三部分　文创与慈善

媒体传播

微信公众号……251

妈祖网站……254

报纸报道……258

戏曲影视

● 戏曲

【2019年春节戏曲晚会】……267

【2019台中妈祖国际观光文化节——百年宫庙风华歌仔戏演出】……267

【天津京剧院将携新编京剧《妈祖》参加第六届丝绸之路国际艺术节】·········268
【2019年雯翔舞团年度创展奉天妈祖】·········268

● 影视

【2019年贺岁电影《海神》】·········269
【纪念妈祖诞生1059周年　电视剧《大相妈祖》将选景湄洲岛】·········269
【CCTV-13新闻频道《世界周刊》播放《远方的妈祖》】·········271
【金鸡百花奖国产新片特别展映影片《妈祖回家》展映分享暨主创见面会】·········271
【《台湾妈祖与马祖》观光影片入围艾美奖】·········272

文化交流

【福建宁德松山天后行宫与台湾台中永兴宫结亲】·········274
【韩国首尔国立幼儿园教师参观厦门朝宗宫】·········274
【首届海峡两岸妈祖文化交流会在福建漳州举行】·········274
【北高兴盛宫重建告竣庆典暨两岸妈祖文化交流活动举行】·········275
【"第五届全球妈祖文化征文暨摄影大赛"评选会圆满落幕】·········275
【靖恭妈祖圣殿开光庆典暨两岸迎春文化交流活动举行】·········276
【慧聚天后宫举办"圆斗灯谢太岁"活动】·········276
【第二期"大爱妈祖国学班"开讲】·········276
【外籍留学生厦门朝宗宫新年拜妈祖】·········277
【美国妈祖基金会一行到祖庙参访】·········277
【台湾台南大天后宫及庆安宫信众赴湄洲妈祖祖庙进香】·········277
【冲绳妈祖文化底蕴厚重】·········277
【湄洲妈祖民俗表演首登澳大利亚舞台】·········278
【台湾妈祖联谊会会长郑铭坤访祖庙莆田会馆】·········278
【台湾大甲镇澜宫新港奉天宫访莆田中华妈祖文化研究院】·········278
【香港汕尾市同乡总会祈福团参拜广东汕尾凤山祖庙】·········279
【湄洲妈祖祖庙董事会组团赴日交流】·········279

【台湾乌日圣母首次回妈祖故里谒祖进香】......279
【湄洲妈祖分灵泰国泉州晋江联合总会】......280
【中日高校学者赴湄洲岛调研妈祖文化】......280
【闽粤台妈祖文化交流】......280
【台湾竹南后厝龙凤宫拜访漳州芗城上街社天后宫】......281
【新加坡万天府连续16年赴乌石天后宫会香】......281
【台湾高雄信众连续3年赴妈祖故乡湄洲岛谒祖进香】......282
【泰国林氏宗亲赴湄洲妈祖祖庙谒祖进香】......282
【莆田市妈祖文化调研组参访涠洲岛三婆庙】......282
【日本前首相鸠山由纪夫赴湄洲岛参访】......282
【青岛市妈祖文化联谊会赴日交流】......283
【新加坡西河别墅林氏宗亲会82年首回湄洲谒祖】......283
【惠来代表团考察靖海妈祖文化】......283
【晋台进行妈祖文化交流】......284
【南沙天后宫率团参访陆丰】......284
【嘉义县大林圣皇宫首次参访朝宗宫】......284
【祖庙代表团赴台交流】......284
【国际留学生参访朝宗宫】......285
【第十一届深圳龙岗妈祖文化旅游节】......285
【万好妈祖宫赴湄洲妈祖祖庙谒祖】......285
【首届湄洲岛海峡两岸文化节盛大开幕】......286
【德国学者参访湄洲妈祖祖庙】......286
【台湾关渡宫联合高校举办妈祖信仰研讨会】......286
【澳门中华妈祖基金会组团赴湄洲进香】......286
【2019年霞浦妈祖文化节开幕】......287
【中华妈祖莆仙十音八乐团载誉而归】......287
【台湾宜兰南方澳进安宫等组团赴湄洲谒祖进香】......287
【两岸共同打造妈祖文化旅游圈】......287

【"两岸妈祖缘"文化交流活动启动】……288

【第十一届海峡论坛·妈祖文化活动周开幕】……288

【2019年海峡两岸青年创新创业暨妈祖文化研习夏令营开营】……288

【第十一届海峡论坛·妈祖文化活动周（协会站）】……288

【第九届妈祖文化摄影图片台澎金马巡回展在金门启动】……289

【记忆海丝，回谒祖懿】……289

【第十一届海峡论坛·妈祖文化活动周（涵江）活动隆重举行】……290

【广西北海妈祖联谊会赴深圳交流】……290

【第九届妈祖文化摄影图片台澎金马巡回展台北站开展】……290

【南半球首届妈祖巡安庆典在悉尼举行】……290

【台湾瑶池珠灵宫魏启修率团到文峰宫进香】……291

【莆台妈祖缘　两岸同胞情】……291

【台湾暖暖安德宫信众赴湄洲妈祖祖庙谒祖】……291

【漳州海澄天后宫代表赴台进行妈祖文化交流】……292

【妈祖文化与"一带一路"建设学术研讨会在辽宁召开】……292

【台南正统鹿耳门圣母庙参访厦门朝宗宫】……293

【妈祖文化绽放——2019西雅图华埠海洋节活动】……293

【海南省妈祖文化研究会赴湄洲分灵妈祖】……293

【福州三坊七巷天后宫出现阵头丰富的民俗巡游队伍】……294

【《妈祖颂》在北京人民大会堂展演】……294

【庆祝"妈祖信俗"申遗成功10周年新闻发布会在美召开】……294

【印度妈祖信众慕名到访朝宗宫】……294

【庆祝中华人民共和国成立70周年文艺会演】……295

【"妈祖信俗"中的"传统与现代"】……295

【首届海峡两岸"妈祖杯"龙舟友谊赛举行】……295

【首届"妈祖杯"两岸民间斗茶赛决赛将在湄洲岛举行】……296

【世界中华妈祖文化发展基金会等在联合国总部举行文化交流】……296

【湄洲妈祖出发前往昆山】……297

【印尼侨胞妈祖参访团莅临福山天后宫】⋯⋯⋯⋯⋯⋯⋯⋯⋯⋯⋯⋯⋯⋯⋯⋯⋯⋯297
【首届全球妈祖文化论坛在纽约联合国总部举行】⋯⋯⋯⋯⋯⋯⋯⋯⋯⋯⋯⋯297
【妈祖文化发展研究会议在浙江宁波举行】⋯⋯⋯⋯⋯⋯⋯⋯⋯⋯⋯⋯⋯⋯⋯298
【莆田（湄）旅游推介会在昆山举行】⋯⋯⋯⋯⋯⋯⋯⋯⋯⋯⋯⋯⋯⋯⋯⋯⋯298
【妈祖回家了】⋯⋯⋯⋯⋯⋯⋯⋯⋯⋯⋯⋯⋯⋯⋯⋯⋯⋯⋯⋯⋯⋯⋯⋯⋯⋯⋯298
【湄洲妈祖分灵大连妈祖宫】⋯⋯⋯⋯⋯⋯⋯⋯⋯⋯⋯⋯⋯⋯⋯⋯⋯⋯⋯⋯⋯298
【台湾彰化县溪州乡水尾村震威宫赴湄洲妈祖祖庙进香】⋯⋯⋯⋯⋯⋯⋯⋯299
【"海峡两岸妈祖文化与地域发展"研讨会举行】⋯⋯⋯⋯⋯⋯⋯⋯⋯⋯⋯⋯299
【"妈祖缘·同胞情"两岸书画大联展开展】⋯⋯⋯⋯⋯⋯⋯⋯⋯⋯⋯⋯⋯⋯299
【美国举行妈祖羽化1032周年活动】⋯⋯⋯⋯⋯⋯⋯⋯⋯⋯⋯⋯⋯⋯⋯⋯⋯300
【海峡好歌声——首届"妈祖杯"青年歌手大赛莆田选拔赛开赛】⋯⋯⋯300
【《妈祖回家》首映礼在福州举行】⋯⋯⋯⋯⋯⋯⋯⋯⋯⋯⋯⋯⋯⋯⋯⋯⋯300
【《大爱妈祖》系列微纪录片摄制研讨会在福州召开】⋯⋯⋯⋯⋯⋯⋯⋯301
【妈祖文化海丝共传承展演晚会在福州精彩上演】⋯⋯⋯⋯⋯⋯⋯⋯⋯⋯301
【海峡好歌声——首届"妈祖杯"青年歌手大赛颁奖典礼举行】⋯⋯⋯⋯302
【第四届世界妈祖文化论坛在湄洲岛举行】⋯⋯⋯⋯⋯⋯⋯⋯⋯⋯⋯⋯⋯⋯302
【"妈祖与航海"学术研讨会在福建莆田召开】⋯⋯⋯⋯⋯⋯⋯⋯⋯⋯⋯⋯303
【三门妈祖信众首次欢聚金门论"成功"】⋯⋯⋯⋯⋯⋯⋯⋯⋯⋯⋯⋯⋯⋯303
【"妈祖下南洋·重走海丝路"巡安泰国从湄洲岛起驾】⋯⋯⋯⋯⋯⋯⋯304
【湄洲妈祖驻驾闽南朝天宫】⋯⋯⋯⋯⋯⋯⋯⋯⋯⋯⋯⋯⋯⋯⋯⋯⋯⋯⋯⋯304
【妈祖起驾巡安泰国】⋯⋯⋯⋯⋯⋯⋯⋯⋯⋯⋯⋯⋯⋯⋯⋯⋯⋯⋯⋯⋯⋯⋯304
【湄洲妈祖祭典在泰国上演】⋯⋯⋯⋯⋯⋯⋯⋯⋯⋯⋯⋯⋯⋯⋯⋯⋯⋯⋯⋯304
【第三届"妈祖杯"羽毛球赛"羽见莆田"】⋯⋯⋯⋯⋯⋯⋯⋯⋯⋯⋯⋯⋯305
【第三届"妈祖杯"羽毛球赛闭幕】⋯⋯⋯⋯⋯⋯⋯⋯⋯⋯⋯⋯⋯⋯⋯⋯⋯305
【马来西亚雪隆嘉应会馆赴妈祖故里湄洲岛朝圣进香】⋯⋯⋯⋯⋯⋯⋯⋯305
【台湾屏东小琉球玉敕天海宫赴湄洲妈祖祖庙进香】⋯⋯⋯⋯⋯⋯⋯⋯⋯306
【广东汕尾凤山妈祖庙举行重兴25周年庆典】⋯⋯⋯⋯⋯⋯⋯⋯⋯⋯⋯⋯306
【连江举办"妈祖文化论坛"：传承妈祖文化　缔结两岸情感纽带】⋯⋯307

【台南乡亲71人赴厦门朝宗宫朝拜妈祖】⋯⋯⋯⋯⋯⋯⋯⋯⋯⋯⋯⋯⋯⋯⋯⋯⋯⋯307

【福建霞浦松山天后行宫再赴台叙缘联谊】⋯⋯⋯⋯⋯⋯⋯⋯⋯⋯⋯⋯⋯⋯⋯⋯⋯307

园区建设

【莆田冲沁鹅山妈祖文化园妈祖石雕像建成开光】⋯⋯⋯⋯⋯⋯⋯⋯⋯⋯⋯⋯⋯⋯308

【莆田鹅山妈祖文化园夜景】⋯⋯⋯⋯⋯⋯⋯⋯⋯⋯⋯⋯⋯⋯⋯⋯⋯⋯⋯⋯⋯⋯308

【虎尾持法妈祖宫宗教园区】⋯⋯⋯⋯⋯⋯⋯⋯⋯⋯⋯⋯⋯⋯⋯⋯⋯⋯⋯⋯⋯⋯309

【天津滨海妈祖文化园】⋯⋯⋯⋯⋯⋯⋯⋯⋯⋯⋯⋯⋯⋯⋯⋯⋯⋯⋯⋯⋯⋯⋯⋯310

【林宝金实地调研莆田妈祖国际健康城建设】⋯⋯⋯⋯⋯⋯⋯⋯⋯⋯⋯⋯⋯⋯⋯⋯310

【台湾苗栗通霄白沙屯拱天宫千顺将军与妈祖文化意象园】⋯⋯⋯⋯⋯⋯⋯⋯⋯⋯311

【澎湖妈祖文化园区评估报告出炉】⋯⋯⋯⋯⋯⋯⋯⋯⋯⋯⋯⋯⋯⋯⋯⋯⋯⋯⋯312

慈善活动

【湄洲妈祖祖庙举行送温暖活动】⋯⋯⋯⋯⋯⋯⋯⋯⋯⋯⋯⋯⋯⋯⋯⋯⋯⋯⋯⋯313

【苗栗县龙凤宫寒冬送暖让爱飞扬】⋯⋯⋯⋯⋯⋯⋯⋯⋯⋯⋯⋯⋯⋯⋯⋯⋯⋯⋯313

【2018年度湄洲妈祖祖庙妈祖文化人才培养奖教奖学金颁奖大会在莆举行】⋯⋯313

【美国妈祖基金会开展新春义诊活动】⋯⋯⋯⋯⋯⋯⋯⋯⋯⋯⋯⋯⋯⋯⋯⋯⋯⋯314

【湄洲妈祖祖庙董事会践行妈祖精神】⋯⋯⋯⋯⋯⋯⋯⋯⋯⋯⋯⋯⋯⋯⋯⋯⋯⋯314

【两岸医生联手慈善义诊　践行妈祖大爱精神】⋯⋯⋯⋯⋯⋯⋯⋯⋯⋯⋯⋯⋯⋯315

【精准扶贫情暖实幼　践行妈祖伟大精神】⋯⋯⋯⋯⋯⋯⋯⋯⋯⋯⋯⋯⋯⋯⋯⋯315

【深圳龙岗区举行龙岗妈祖慈善节】⋯⋯⋯⋯⋯⋯⋯⋯⋯⋯⋯⋯⋯⋯⋯⋯⋯⋯⋯315

【2019年度妈祖捐资助学活动】⋯⋯⋯⋯⋯⋯⋯⋯⋯⋯⋯⋯⋯⋯⋯⋯⋯⋯⋯⋯316

【首届中华妈祖全球行奖学金颁奖大会举行】⋯⋯⋯⋯⋯⋯⋯⋯⋯⋯⋯⋯⋯⋯⋯316

【2019年度中华妈祖（和平站）奖学颁奖仪式隆重举行】⋯⋯⋯⋯⋯⋯⋯⋯⋯⋯317

【妈祖义工践行妈祖精神】⋯⋯⋯⋯⋯⋯⋯⋯⋯⋯⋯⋯⋯⋯⋯⋯⋯⋯⋯⋯⋯⋯⋯317

【2018—2019学年湄洲妈祖祖庙董事会奖教奖（助）学大会举行】⋯⋯⋯⋯⋯317

【海南白沙门天后宫举行"九九重阳，爱心满满"活动】⋯⋯⋯⋯⋯⋯⋯⋯⋯⋯318

【中华妈祖义诊队为群众义诊】⋯⋯⋯⋯⋯⋯⋯⋯⋯⋯⋯⋯⋯⋯⋯⋯⋯⋯⋯⋯318

第一部分
学术与研究

专著文集

《妈祖学概论》

黄瑞国主编，人民出版社 2019 年版，605 页。该书从社会学、哲学、宗教学、历史学、经济学、文学艺术、海洋文化、外交史等诸多学科着手，对妈祖信仰发展史、妈祖精神、妈祖与国家事务、妈祖与宗教、妈祖文化传播、妈祖历代官方祭祀、妈祖民俗、妈祖与海洋文化、妈祖与华人华侨、妈祖文学、妈祖艺术、妈祖民俗体育、妈祖文化旅游、妈祖与医学伦理、妈祖文化创意产业、妈祖资料整理与研究、妈祖术语和妈祖文物与保护等方面进行了全面、系统的理论探讨，论述妈祖文化的形成和发展以及在历代社会中的地位及对社会各方面的影响，论述妈祖文化在诸多领域的表现内容及其影响与作用；研究妈祖文化对现代社会、经济、文化、精神等各方面的启示和作用，研究对妈祖文化资源的保护与利用，对完善妈祖文化研究和促进妈祖文化发展、对两岸和中华民族共有精神家园的建设具有极其重要的历史与现实意义。

《妈祖文化年鉴 2017》

黄瑞国编,厦门大学出版社 2019 年版。该书主要收集 2017 年度妈祖学学术研究论著、论义、期刊、学界概况等以及国内外有关妈祖义化的各种重要活动、事件。

《妈祖》连环画

薛志华等绘,姚晓群、邱剑颖著,范文凤等译,海峡书局 2019 年版。全套书分 12 册,分别为:(1)林默诞生;(2)玄微妙法;(3)帆樯明志;(4)湄屿飞升;(5)神女肇灵;(6)护国庇民;(7)漕运建功;(8)安邦睦邻;(9)西洋护使;(10)晋封天后;(11)分灵宝岛;(12)天下妈祖。该书着力颂扬妈祖文化"善"和"爱"的慈悲理念,不仅描绘了妈祖传奇的一生、飞升后的显应圣迹,而且彰显了她在护国庇民、漕运开发、海疆安定、国家统一、和平外交等方面的卓越功绩,以连环画形式突出再现妈祖文化在我国台湾地区和世界各地的传播盛况。

《文化妈祖研究》

黄婕著,中国文史出版社 2019 年版,670 页。该书尝试从千余年来人们所创造出来的有关妈祖物质财富(妈祖宫庙、妈祖服饰、妈祖塑像等可见的显性文化)与精神财富(妈祖文化艺术、哲学、政治、社会伦理、习俗、祭祀活动等)两个方面进行论述,力图结合史与论来阐述妈祖文化。全书分为上下两册,共 12 个章节,分别为绪论,妈祖文化溯源,历代妈祖神格嬗变探源,妈祖文化的多重性,妈祖文化的文学与艺术,妈祖民俗文化,妈祖民俗体育文化,妈祖文化的哲学与伦理性,妈祖文化的社会功能,妈祖与郑和下西洋,妈祖文化的传播,妈祖文化研究的历史、传承与发展等,从不同角度系统介绍。

《妈祖文化与明末朝鲜使臣》

刘晓东、祁山著,中国海洋大学出版社 2019 年版,240 页。该书对从天启元年（1621）至崇祯九年（1636）期间,每一年出使中国的朝鲜使团受妈祖文化影响的情况进行详细的介绍及研究,主要内容包括明末朝鲜使臣祭祀天妃（妈祖）情况历年比较；航程经历对明末朝鲜使臣的影响；妈祖文化与明末中朝（韩）文化交流。

《妈祖文化跨语境传播的话语模式建构》

李丽娟著,厦门大学出版社 2019 年版,308 页。该书共 6 章,主要阐述妈祖文化在世界各地的传播,妈祖故事的叙事体系、话语系统、话语优势构成的妈祖文化跨语境传播的话语资源,从妈祖文化译介、妈祖文化语内翻译、妈祖文化符际翻译等方面研究妈祖文化跨语境传播的话语效果,为中华妈祖文化的对外有效传播构建世界通道。

《图说妈祖文化》

罗春荣编著,学苑出版社 2019 年版,188 页。该书作者搜集整理的妈祖图像资料 200 余幅,结合妈祖的传说、信仰、遗址等,讲述妈祖文化的产生、发展和传播的特征,分析其文化人类学、美学意义及其艺术价值,探讨其在文化传播、文化交流方面的重大意义。

《天后宫与福建会馆》

赵逵、白梅著,东南大学出版社 2019 年版,258 页。该书以福建会馆和天后宫为专题研究,对全国范围内的福建会馆和天后宫进行了全面的梳理和解读,从历史、文化、建筑等方面探讨天后宫、福建会馆的传承与演变关系，全面呈现中国现存数量较多、形式精美、保存完整的天后宫、福建会馆古建筑群。书中共整理出925个有史料记载的全国范围内的天后宫和福建会馆，50个内地（大陆）现存的天后宫和福建会馆，以及100个港澳台地区现存的天后宫和福建会馆。

《妈祖祭典》

周金琰编著，山东友谊出版社2019年版，421页。该书共分"妈祖信俗发祥""妈祖祭典的历史沿革""妈祖信仰核心区相关活动""妈祖信仰流播区祭祀活动（一）（二）""妈祖祭典""相关祭祀""祭祀供品""妈祖祭典""'非遗'保护"等9个方面内容。书中系统全面地梳理了有关妈祖祭典的相关知识，先述妈祖信俗发祥简史，再对妈祖祭典历史沿革予以考察，并按妈祖信仰核心区、流播区顺序叙述海内外各地多种类型的妈祖祭祀活动，内容翔实，图文并茂，是研究妈祖祭典的重要参考资料。

《闽台妈祖信俗与乡土文化互动发展研究：基于乡村治理视角》

宋建晓著，人民出版社2019年版，292页。该书立足于福建省乡土文化发展和乡村治理的现状，以妈祖文化为主线，通过梳理和对比闽台妈祖信俗与乡土文化的互动发展模式，剖析闽台推动妈祖信俗与乡土文化互动发展中存在的不足及制约因素，总结台湾地区利用妈祖信俗促进乡村治理的成功经验，借鉴日本以宗教和民间信仰推动社会治理的做法，研究提出福建省利用妈祖信俗与乡土文化促进乡村治理的策略。该书在大量查阅档案资料和史志资料来搜集具体的关于妈祖信俗、乡土文化及乡村治理的原始资料的基础上，采用个案实证分析的方法，并在重点环节中辅之以必要的理论框架和数理统计模型，实现了文献阅读和实证研究的充分融合，从而夯实了文章撰写的基础，也保证了文章的深度。

《妈祖与伦理》

黄少强主编,中国文史出版社 2019 年版,212 页。该书结合中国古今伦理研究的成果进行论述,即妈祖文化与中华优秀传统文化中的伦理相结合,又与当代的女性伦理、人文关怀、医学伦理、商业伦理等相结合,尤其与当代的社会主义核心价值观相结合,凸显了妈祖文化具有活态文化的特质。

《天妃文化在宁波》

张晓欢、李竞生编著,知识产权出版社 2019 年版,164 页。该书系统梳理天妃文化的起源、发展、丰富、传播的脉络;深入剖析宁波天妃文化的地缘特色,剖析这一民间信仰与地区政治、经济、社会之间的内在联系,从而为传承和弘扬天妃文化打下了扎实的理论基础;密切结合宁波和奉化的实际,为进一步传承发展天妃文化提出了切实可行的建议和方案,特别是关于建立宁波天妃文化生态保护实验区、重视保护天妃文化孕育的自然生态环境以及对天妃文化遗产的整体保护等建议和方案具有远见卓识。

《台湾民众信仰中的两性海神:海神妈祖与海神苏王爷的当代变革与叙事》

江灿腾、张珣、蔡淑慧合著,前卫出版社 2019 年版,272 页。该书所涉及的海神妈祖与苏王爷,均是在台湾地区拥有众多信众且多面向的海神,他们都经历了从海神到陆上守护神的变迁。该书梳理了顾颉刚、奥村义信、石万寿、蔡相辉等学者的研究成果,提出了"妈祖环境学"研究的概念,并对海神进行了不同性别的比较研究。

《海上丝绸之路与华人国族认同：以东南亚妈祖造像为中心的研究》

王芊著，中国建材工业出版社 2019 年版。该书依照时间线索与地域分布梳理东南亚地区妈祖造像形式的历史变迁，客观、详细、准确地记录东南亚地区主要庙宇、会馆的妈祖造像。透过对妈祖造像的图像学分析，可以真实、客观地还原东南亚华人的信仰世界。目前对于东南亚地区的妈祖造像还未有全面梳理的著作，针对东南亚单独国家的妈祖造像研究也不是十分充分，该书以教育部课题为依据展开调研，以田野实地调研与文本分析为主要研究方法，具有一定的学术视野与权威性。该书从图像学的研究方法入手，分析梳理东南亚妈祖造像的流传、特征与共性，进而反映出东南亚华人对于中华民族文化的认同与归属感。该书研究方法得当，研究论据充分，研究思路清晰，研究目标明确，在学理上具有一定的专业性。

《湄洲妈祖书画院作品集：身心健康》

林德福编，中国文史出版社 2019 年版。该书为福建省湄洲妈祖书画院、广东潮阳妈祖文化交流协会、广东陆丰妈祖文化研究会等单位联合举办的"立德、行善、大爱"书画展的作品集，收录 189 位海内外书画名家作品共 323 幅。通过这些艺术作品，妈祖敬仰者沐浴在妈祖大爱光辉的同时，感受和体验中华文化的深邃和大美。

《进香·醮·祭与社会文化变迁》

谢国兴主编，台湾大学出版中心 2019 年版。台湾地区民间信仰乃相对于制度性宗教（佛、道、基督教等）而言，或被视为具有扩散性宗教性质，主要源于传统巫觋与鬼神信仰，同时混杂部分祖先、自然神崇拜与释、儒、道成分，很难以"某某教"称之，在进行繁复祭典时，通常需借助道教各法派之科仪，故常见各地民间信仰宫庙加入各地道教协会为会员。学界包括人类、历史、文学、宗教、社会等学门，对民间信仰研究成果甚多，议题丰富，见解多元。该书所辑录10篇论文涉及进香、建醮、祭祀与庙会等少数个案与议题，并辅以主编所撰导论，当有助读者掌握台湾地区民间信仰之主要精髓。该书触及妈祖研究的有3篇，包括林美容教授《由祭祀圈到信仰圈：台湾民间社会的地域构成与发展》、张珣教授《仪式与社会：大甲妈祖辖区之变迁》，以及吕玫锾教授《遗产化过程中的妈祖进香：仪式变迁与地方赋权的考察》。

文集

- 《妈祖文化年鉴2017》：莆田学院妈祖文化研究院、莆田市湄洲妈祖祖庙董事会编，厦门大学出版社2019年版，373页。该书主要收集2017年1月1日至12月31日妈祖学学术研究论著、论文、期刊、学界概况等及国内外有关妈祖文化的各种重要活动、事件，让广大专家、学者和社会各界更全面了解妈祖文化的内涵和发展动态，以此促进妈祖文化的学术研究，更好地传承与弘扬妈祖文化，为当代社会政治经济发展服务。

- 《妈祖文化与"一带一路"建设学术研讨会论文汇编》：莆田学院妈祖文化研究院等编印，2019年版，220页，共收录论文28篇，分为"妈祖文化与'一带一路'建设""妈祖文化综论"两大部分。

- 《第五届（2019年）国际妈祖文化学术研讨会论文汇编（上、下）》：莆田学院妈祖文化研究院等编印，2019年版，802页，共收录论文89篇，分为七大部分，即"一、妈祖文化综论""二、海外妈祖文化传播研究""三、妈祖信俗与创意产业研究""四、中国区域妈祖文化研究""五、妈祖文化与文学艺术研究""六、妈祖文化与哲学宗教研究""七、妈祖文献史料发掘与研究"。

- 《第二届贤良港妈祖文化论坛——海峡两岸海上丝绸之路学术研讨会论文集》：叶明生主编，宗教文化出版社2019年版，410页。该书收录论文35篇，主要聚焦于3个方面：贤良港妈祖文化的起源、发展、流传；不同地域的妈祖文化的民俗学或人类学的田野调查；妈祖地方文献的再挖掘。

- 《妈祖的信仰、文化、传统与创新》：徐荣崇、蔡相辉、王怡辰编，2019年版，413页，财团法人台北市关渡宫、台北市立大学编印。

- 《迎妈祖（十周年纪念大开本版）》：曹铭宗著，刘丰绘图，联经出版事业股份有限公司2019年版，36页。该书以手绘形式，完整呈现台湾地区迎妈祖的盛况，从历史渊源、文化到民间信仰特色，做整合性的导引。

●《与妈祖有约》：宴平乐著，采实文化事业股份有限公司2019年版，235页。该书描述了年轻人眼中的老中青各世代的妈祖朝圣故事。从一则则感人的故事中，看见绕境之路对生活的启发。书中还收录参与绕境的实用建议。

●《神佑同安寮：十二庄请妈祖宫庙与神祇志》：施坤鉴著，彰化县同安寮文化协会2019年编印，414页。

●《土城妈祖田移花接木真相》：熊品华主编，土城区妈祖田慈安宫2019年编印，162页。

●《同安寮十二庄请妈祖故事读本》：陈庆煌主编，彰化县同安寮文化协会、福安宫管理委员会2019年编印，35页。

●《妈祖文化》：林宏达编著，立华出版有限公司2019年版，296页。

●《花园妈：盐行天后宫志》：李志祥著，永康盐行天后宫2019年编印，167页。

●《关圣帝君觉世真经·天上圣母说夫妻姻缘经》：高雄市无极慈圣堂2019年编印。

●《湾子内朝天宫入庙安座三十周年纪念会刊》：潘淑娟编，高雄市三民区湾子内朝天宫管理委员会2019年编印，131页。

学术论文

辽宁妈祖文化与 21 世纪海上丝绸之路深度融合研究

秦 岭

《大连近代史研究》2019 年第 1 期

妈祖文化是中华民族优秀传统文化和海洋文化精华的集大成者,妈祖是世界和平女神,是海上丝绸之路的使者。辽宁妈祖文化资源积淀丰厚,在 21 世纪海上丝绸之路发展倡议中,应扬长避短,敢于区域融通,促进整个东北地区的文旅及经济社会发展,激活社会生产力,唤醒整个区域的振兴与发展。该文在田野调查的基础上旨在给出策略建议。

航海活动中妈祖人文事象的探析
——以民间《更路簿》中的"妈祖印"为例

周丽妃 周金琰 黄少强

《形象史学》2019 年第 2 期

妈祖文化是海洋文化活动中的内容,尤其与海上丝绸之路活动密切相关。《更路簿》是过去航海活动中不可缺少的工具书,被人称为"航海经书"。它包含更路潮汛、山形海湾、岛屿暗礁乃至宫庙人文等相关内容,是人们在长期航海生产和生活过程中积累的成果。人们通过长期的实践,把一些自然现象,加以想象并且给其命名。《更路簿》中关于妈祖宫庙和妈祖印的记录,从人文民俗事象的角度介入,其实是人文景观和自然景观的有机互动和结合的产物,更是一部妈祖在海洋文化发展史上的重要记录,也是妈祖与海上丝绸之路密切相关的见证物。

台湾兴安会馆妈祖信仰文化研究

潘是辉

《闽商文化研究》2019 年第 2 期

该文经过对彰化县莆仙同乡会鹿港兴安宫兴安会馆与台北市莆仙同乡会台湾兴安会馆天后宫进行田野调查,发现这两间兴安会馆妈祖信仰与台湾一般妈祖庙妈祖信仰有着显著的差异。首先,这两间兴安会馆妈祖庙都强调祭拜"软身妈祖"。其次,这两间兴安会馆妈祖庙也都在农历九月九日天上圣母妈祖飞升纪念日举办盛大的祭祀活动,已然成为台湾"兴化妈祖"信徒对外区别其他妈祖信仰,对内促进自身社群团结的一种族群认同的文化象征符码。此外,台北市莆仙同乡会台湾兴安会馆天后宫在举办祭祀活动时会使用与台湾地区一般祭祀有异的"五果六斋"供品,这是今日在莆田、仙游地区仍旧盛行的传统祭祀方式。这应该又是另一种台湾莆仙兴化族群的文化象征符码。

海洋贸易视野下深圳妈祖文化的传承与弘扬

林易蓉　徐国群

《南方文物》2019 年第 6 期

妈祖文化是世界海洋文化的重要组成部分。其所蕴含的海洋文化,在 21 世纪世界海洋贸易大发展中,是不可小觑的民族文化力量,传承和弘扬妈祖文化是推进深圳海上"一带一路"经济贸易建设中提升文化软实力的重要举措。妈祖文化的弘扬将为进一步促进世界和平、促进国家海洋战略发展、促进世界海洋经济贸易提供强大的精神文化力量。

文化旅游视阈下闽台妈祖文化资源的开发实践

范斐菲　连晨曦

《莆田学院学报》2019 年第 6 期

该文指出妈祖文化是闽台两地共同的传统文化资源，简介两地文化遗产、文化旅游、文化产业等相关概念。通过资料分析与比较分析的研究方法，对闽台两地妈祖文化资源的旅游观光与文化创意实践的现状进行比较，探讨妈祖文化资源保护与开发的成功经验和所面临的挑战。

唐宋莆田南北洋的开发与妈祖信仰的传播发展

俞黎媛

《莆田学院学报》2019 年第 6 期

该文介绍唐宋莆田南北洋开发的历史过程，宋代木兰陂建成后，莆田南北洋大开发完全改变了莆田的社会、经济、文化面貌，农业一岁三熟，科举文教大兴，不仅为妈祖信仰的传播、发展提供了必要的经济条件、文化支撑和宗教土壤，而且直接促成宋代妈祖信仰的快速传播和大放异彩。

林九娘与妈祖关系新考

王 瑶 甘满堂

《莆田学院学报》2019年第6期

该文考察了三奶夫人中的林九娘与妈祖的关系。通过对相关史料的梳理，结合二者所处的地理区位、长期以来形成的神职功能、信仰遗存以及与道教之间的渊源，得出林九娘与妈祖并非同一人的结论。通过对林九娘与妈祖关系的考证，再现二者信仰合流的历史建构过程，进一步探讨林九娘与妈祖信仰合流的缘由，并借此揭示我国民间信仰的发展规律与轨迹。

妈祖文化中的观音妈联视觉艺术

黄 劲

《文化创新比较研究》2019年第36期

该文立足宗教学阐释妈祖文化中的观音妈联概况，探究其视觉装饰意趣、表现手法奇特和色彩内涵丰富的图像特色，梳理其实用、文化、娱教的传播价值，为研究妈祖形象的多元发展及交流提供直接有力的艺术考析。

水尾圣娘信仰在马来西亚的传播及现状

陈智慧 杨兹举 丁晓辉

《文化学刊》2019年第12期

水尾圣娘信仰是海南本土孕育产生的一个地方文化，随着琼侨的脚步传播至东南亚各地。19世纪上半叶，马来西亚开始出现水尾圣娘庙，据现有资料统计，目前马来西亚供奉水尾圣娘的宫庙至少有43座。在这些宫庙中，水尾圣娘作为唯一主神的不多，更多的是与妈祖、观音、108兄弟公作为共祀神，或作为妈祖的副祀神。在马来西亚，水尾圣娘保留了明显的"海神"文化特征，每年农历十月十五日前后都有水尾圣娘宝诞的庆典活动举行。在马来西亚，水尾圣娘信仰在琼籍华裔群体中发挥着凝聚族群、构建文化身份的作用，也是促进华裔与当地文化和谐相处的温和中介。

福建地域文化与妈祖图像

王英暎

《艺苑》2019年第6期

该文将妈祖图像置于福建地方文化的大背景中进行考察，通过图像形式规律、艺术手法、艺术风格、审美特征等研究，发现这些妈祖图像清晰地体现了福建人民的审美观、人生观、宗教观、艺术观，展示了福建地域文化情感和精神面貌，形成地域信仰图像瑰丽多姿的个性特征。

清代《天后本传》的图像探析

黄 劲

《艺术生活》2019年第6期

该文以清代《天后本传》版画中的圣迹图式妈祖故事为主要研究对象，探析其构图形式设计、手法形式表现和图像化情感表达，阐释妈祖版画视觉图像的结构特点，归纳妈祖图像史料的艺术价值。

汕尾凤山妈祖广场建筑中嵌瓷艺术的研究

袁学丽

《美与时代》（上）2019 年第 12 期

汕尾凤山妈祖旅游区是汕尾八景之一，凤山妈祖广场是信仰文化和物质承载的统一体，其祖庙建筑中的嵌瓷艺术更是中国劳动人民集体智慧的结晶。通过对嵌瓷这项民间工艺美术的综合分析，得出嵌瓷艺术是中原文化、海洋文化、地域信仰文化相融合的表现。汕尾近年来发展迅速，但是新型的创意设计类人才、传统的民间工匠类人才都比较匮乏，很多民间工艺面临着后继无人的局面。今后，需要重视艺术人才的培养，尤其是非物质文化的人才传承，将汕尾特色的文化继续发扬和延续。

从"集体记忆"视域谈闽台文化共同体建构
——以中国·湄洲妈祖文化旅游节为例

胡 骞

《文化与传播》2019 年第 6 期

该文以"集体记忆"为研究视域，将"中国·湄洲妈祖文化旅游节"作为考察对象，研究发现，神缘、地缘和族缘作为构成妈祖记忆的核心要素，是妈祖信仰得以升华为两岸政治、经济和文化认同的重要来源。同时，通过赋予记忆新的情感内涵，依托场景、"询唤"和互动这三种机制的设置与切换，湄洲妈祖文化旅游节实现了两岸集体记忆的展现、重构与共享，成为驱动两岸共享意义、凝聚共识、相互认同的重要力量。

妈祖信仰的跨域传播与衍变
——以泰国妈祖信仰的多元宗教文化融合为例

范 军

《闽台缘》2019 年第 2 期

作为一种具有强大生命力的"弥散性宗教"信仰，妈祖信仰是儒释道三家思想与民间信仰的融合。妈祖信仰超越阶层、超越族群、超越国界，成为联结大传统与小传统，精英文化与底层文化，南方信仰文化与北方信仰文化，外国文化的桥梁，以泰国妈祖信仰的传承和衍变为例，可以看出妈祖信仰是多元宗教文化融合的典型范例。

两岸妈祖叙事中信俗文化的文学功能
——一个阐释人类学的视角

李诠林

《妈祖文化研究》2019 年第 4 期

妈祖叙事发端于民间传说，后来经由文人的加工而成文献记述、诗歌散文，到今天也进入了小说、剧本中。但妈祖信俗真正的生命力还在民间，妈祖是一个民间的神，她心向芸芸众生，力在苍茫大海，妈祖信仰也是一种世俗的信仰。在人们的口传叙事和书面文字记载中，妈祖形象经历了一个由人而神的转变过程，就叙事学的角度来看，经过了从非虚构到虚构，从民间传说到神话和寓言的演变历程。妈祖信俗的形成就是一个由非虚构的事迹本身，到讲故事人的添枝加叶的过程。讲述事情者为了叙述的生动可信而采取叙事策略，或者是修辞策略，在口口相传的过程中，虚构的文学性话语开始在故事讲述中出现，使得各地出现的妈祖显应的案例极具神话色彩，一些偶然性的事例被文学性的手法予以宗教提升，而最终被归功于必然性的妈祖神力。此外，中国的妈祖传说与西方的神话故事在对神的形象塑造方面存在着明显的差异，这些均可以借助叙事学结合人类学的方法予以阐析。

以妈祖信俗活动为依托的八乐传承
——以湄洲岛为个案

谢 芳

《妈祖文化研究》2019 年第 4 期

妈祖信俗与八乐作为湄洲岛的两张文化名片，都有悠久历史，且一直紧密关联。现阶段湄洲岛的八乐传承，依托于妈祖信俗活动，其传承组织、传承群体、展示平台与激励机制，已形成一条完整的供应链，与湄洲岛村民的生产生活融为一体。该文通过对湄洲岛八乐进行田野调查，指出八乐在湄洲岛依托妈祖信俗活动，形成稳定传承系统，为非遗的活态传承提供了可研究和借鉴的典范。

清代揭阳乔林乡双忠庙及天后古庙碑刻研究

欧俊勇

《妈祖文化研究》2019 年第 4 期

妈祖信仰与双忠公信仰是揭阳乔林乡的主要信仰。天后古庙、双忠庙现存碑刻文献众多，内容丰富，碑刻文献时间自清中期到民国时期，具有很强的延续性，直观反映了地方宗族通过妈祖信仰与双忠公信仰建构自身社会结构的历程。儒家伦理是早期林氏宗族的主导意识，而随着乾隆时期林氏族人前往南洋坤甸谋生，妈祖信仰逐渐成为海外移民敬奉的信仰，碑刻所录题捐者多为海外华侨；而双忠庙沿着既往的轨迹发展，碑刻所录题捐者则为本乡族人。天后古庙、双忠庙碑刻揭示了传统侨乡社会形成发展的脉络过程。

妈祖信仰在安徽的传播

俞黎媛

《妈祖文化研究》2019 年第 4 期

安徽境内湖泊众多,水系发达,为水神信仰和妈祖信仰的传播提供了必要的宗教土壤。历史悠久、影响深远的佛教文化留给妈祖信仰的宗教生态空间相对有限,妈祖信仰在安徽的传播主要靠古代政府官员的身体力行和旅皖闽商的异地传播。妈祖信仰在宋代传入安徽后,信仰群体日增。至明代,天妃信仰已经取代了名噪一时的小孤山小姑圣母信仰。在鸦片战争后,清廷渐衰,依托官方祭祀、政令推行及商贾会馆传播的妈祖信仰已无力再隆。近代工业发展带来航运载具的革新换代几乎使妈祖保驾护航的主要职能变得无用武之地,安徽地区的妈祖信仰在当地的影响辐射面愈加萎缩。

山东庙岛显应宫和台湾北港朝天宫妈祖信仰文化之比较

田茂泉

《妈祖文化研究》2019 年第 4 期

历史上,妈祖信仰文化在山东和台湾地区都有重要影响。作为北方妈祖信仰文化重地的庙岛显应宫和台湾地区妈祖信仰祖庙的北港朝天宫,都在妈祖信仰文化的传播和发展过程中发挥了重要作用。该文在简要介绍两个宫观历史的基础上,围绕妈祖信仰文化的角色与地位、妈祖信仰文化的认知程度和信众来源、宫观管理自由度和自主权、宫观活动的文化传承和社会教化功能四个方面,对二者妈祖信仰文化进行了初步比较,尝试为山东和台湾地区妈祖信仰文化的交流,为山东沿海妈祖信仰文化的可持续发展,提供有益的借鉴。

日本青森县大间町"天妃样行列"的调查研究

潘宏立　林雅清

《妈祖文化研究》2019 年第 4 期

该文根据笔者对青森县大间町举行的"大渔祈愿祭"及"天妃样行列"的最新实地调查资料，在先行研究的基础上，探讨神道教与妈祖信仰的融合，以及在日本作为海神所具有的原本特性的妈祖信仰的实际状况，并分析妈祖信仰文化对大间妈祖信仰传承和振兴当地经济发展的促进作用，进而指出继续深入开展对中国民间信仰与日本民间信仰的调查、研究十分重要。

潮人妈祖信仰在"一带一路"上的在地化研究
——以新加坡和印尼廖内民丹岛作为比论

林纬毅

《妈祖文化研究》2019 年第 4 期

从地理位置而言，新加坡和印尼民丹岛同属季风区内，是海上丝绸之路的两个要点。妈祖信仰虽然源自福建湄洲，但是从当时潮州是新加坡、廖内群岛的海上交通起点看，新加坡和民丹岛的天后宫的妈祖应当承自澄海樟林古港。新加坡与民丹岛两地潮人妈祖信仰在地化发展之可比性，是源自由潮人族群而衍生的涉及社会、经济、政治、文化层面的异同。该文从以下几个层面比论之：一是潮坡与妈祖作为帮权的信仰标志；二是从匾额与楹联比较两地的潮人妈祖庙；三是与佛教的关系；四是对中华文化的贡献。

妈祖文化与社会工作价值观的对接

杨忠候　吉　峰

《妈祖文化研究》2019 年第 4 期

　　自宋以降，妈祖信仰影响范围逐渐扩大，其精神内核符合时代发展需求，契合人类追求真善美的愿景。妈祖文化作为中国的传统文化，其拥有的价值内涵和现实意义，对社会工作本土化具有参考价值。妈祖信仰精神包含的立德、行善、大爱，与社会工作的人本主义、包容、接纳、非评判达成本土化的对接。妈祖信仰通过参与社会工作个案的实际干预，进一步阐释了其对社会工作本土化的意义。

世界妈祖文化论坛可持续良性发展的探讨
——兼论精耕两岸心灵契合的精神原野

黄瑞国

《妈祖文化研究》2019 年第 4 期

　　为进一步办好世界妈祖文化论坛，该文建议从朝圣、研、游、海、展、创、经贸、演、医、赛、申、融、传等十三个方面进一步丰富、深化、优化妈祖文化论坛的内容，做实、做强妈祖文化，促进世界妈祖文化论坛可持续良性发展。

妈祖信仰与仪式中的搭配现象之解析

林美容

《妈祖文化研究》2019 年第 4 期

仔细观看台湾地区妈祖信仰及其相关的仪式活动,常可以看到妈祖与其他神明搭配出现的情况,最常见的是在妈祖庙中发现同祀观音或是有观音殿的情况,也可以在妈祖庙旁边发现水仙尊王庙,妈祖庙中也会有同祀龙王的现象。千里眼与顺风耳是妈祖的胁侍神更不必说,但是大家比较不知道的是妈祖有二十四司,这些都是以妈祖为主体可以观察到的搭配现象。但是也有以妈祖为次要角色的搭配现象,例如观音庙中会有妈祖殿,还有五年王爷出来巡境的时候,会看到妈祖也出来,等等。该文将分析讨论这些搭配现象所显现的文化逻辑,以及如何帮助我们更好地理解妈祖信仰的特性。

试论妈祖信仰传播过程中的"关键节点"

林 震

《妈祖文化研究》2019 年第 4 期

在南宋短短的 153 年时间中,朝廷对妈祖进行了多达 14 次的赐封,从而在妈祖信仰传播近千年的进程中构成了一个独特的"关键节点":在东南沿海地区(特别是福建)经济和海上贸易迅猛发展的推动下,有影响力的妈祖信徒们(士人、官员和商人)精诚合作,通过在异地兴建妈祖庙和申请朝廷赐封,建立了妈祖灵验传说的长效传播机制,促使妈祖从地方神明转变为区域神明。从后果和影响看,这个节点夯实了妈祖在民间社会"有祷则灵"口碑的基础,为元明清三代开启了一个行之有效的政神合作模式,使得妈祖屡屡被统治者选中作为官方教化的标志。最后,妈祖能够从众多神明中脱颖而出的原因在于,其他众多神明在传播过程中缺乏类似南宋这样的关键节点,因此竞争不过妈祖。

始母与天后：女娲与妈祖的异同比较

卞 梁　黄艺娜　胡 棋

《妈祖文化研究》2019 年第 4 期

女性神具有特殊的神学位格与价值意涵。女娲与妈祖作为中国女神的主要代表，在中国传统社会体系中浸润千年，在多个方面均存在同异性的辩证统一。在产生环境方面，女娲诞生于内陆山区，是中国古代农耕文明的代表；妈祖滥觞于东南沿海，是中国海洋文明演进的见证者与参与者。在文化内涵方面，女娲不仅是先人改造自然愿望的朴素体现，且长期被作为生育女神敬拜；而妈祖建立在海洋文化之上，代表了吉祥和平、商业兴隆和博爱关怀。在仪式的运用和表达方面，女娲常与伏羲进行"双祀"，仪式较为传统古朴；妈祖在世界各地展现出浓厚的在地化表现色彩。在传播途径方面，女娲信仰以文字及区域性的民间传播为主；妈祖信仰则依靠出海渔民及商人的宣传，从地方民间信仰一跃发展为世界性的华人宗教。女娲与妈祖在多方面展现出的异同，不仅是其背后地域文化差异的外在表现，且是在中国特有的宗教学、传播学、社会学领域的长期复合影响下的产物，对研究中华传统文化的发展与演进颇有意义。

2019 年"海峡两岸妈祖文化与地域发展学术研讨会"会议综述

林明太

《妈祖文化研究》2019 年第 4 期

海峡两岸妈祖文化同根同源同质，在妈祖文化产业与妈祖信俗世界非遗传承方面有广阔的合作空间及无限的拓展潜力。为此，由湄洲妈祖祖庙董事会、台湾妈祖联谊会指导，由莆田学院、台湾明道大学、福建省妈祖文化传承与发展协同创新中心、福建省社科研究基地妈祖文化研究中心、福建省新型特色智库·莆田学院妈祖文化研究院等单位主办，由明道大学妈祖文化学院与莆田学院妈祖文化研究院共同承办的"海峡两岸妈祖文化与地域发展研究"学术研讨会于 2019 年 9 月 20 日在台湾明道大学寒梅大楼会议厅顺利召开。该研讨会吸引了来自中国社科院历史研究所、福建师范大学、莆田学院、台湾明道大学、台中科技大学、逢甲大学、中台科技大学等高校和湄洲妈祖祖庙董事会、台湾妈祖联谊会、彰化县政府城乡观光处、台明将企业等有关机构的 30 多位专家学者参加。

浙西南天妃宫建造形制与装饰手法探略

马丽梅

《文化创新比较研究》2019 年第 34 期

浙江西南地区与闽、赣、皖三省交界，明清商贸繁盛，此区域活跃着相当数量的各地商帮，财资雄厚的福建商帮在丽水、衢州两地建起为数众多的天妃宫。天妃宫即是早期闽商会馆，兼具祀神敬祖的作用，在浙西南会馆与宗庙建筑中独树一帜，从审美、样式、格局、雕刻等都与当地古建筑有别，具有浓郁的福建气息。研究挖掘两种艺术属性及古建筑背后承载的文化对于丰富地方文史及古建筑保护有积极意义。

浙西南天妃宫与本地民俗探究

马丽梅

《文化学刊》2019 年第 11 期

天妃又称妈祖、天后，发源于福建莆田，是海上守护神。浙西南地处内陆与福建接壤，丽水和衢州史上存有相当数量的天妃宫，多建于乾隆年间。这期间浙闽商贸达到鼎盛，闽商营商的重要聚集地都陆续建起风格样式有别于福建本土的天妃宫。千年过去，妈祖文化延续，整理和挖掘浙西南天妃宫的古建与民俗，对丰富和构建浙西南史学文化及古建保护都有积极意义。

《天津天后宫行会图》中的妈祖信俗

吕伟涛

《文化遗产》2019年第6期

妈祖信仰自元代传入天津地区以来，在当地得到了长足发展，妈祖由最初的海神转变为天津城市的全能保护神。在与天津本土文化融合的过程中，妈祖信仰演化出以天津天后宫皇会为核心的妈祖信俗，皇会集合了天津建城以来多种民间文艺形式，深具天津地方文化韵味。国家博物馆收藏的《天津天后宫行会图》就是一部关于天津皇会的风俗画卷，真实记录了清末天津妈祖信俗的靓丽风采，是研究我国北方妈祖信俗的重要实物。

妈祖官祭八音考略

杨旻蔚　马达

《中国音乐》2019年第6期

该文结合明代古籍、对比清代资料等，以"乐、图、文"互证的研究方法，对妈祖官祭"八音"乐谱做妈祖文化发源地莆田现存方志最古官乐之考证，诠析曲谱内容及其文化价值，部分复原明代妈祖官祭音乐原貌，旨在有效填补妈祖祭典音乐的历史完整架构，凸显中华海洋音乐文明对外传播中的历史厚重感，服务于中国海洋文化传播的友好表达和情感互通，有效助力于国家"一带一路"建设。

历史上第一座赐额"顺济"妈祖庙遗址考实

林国平　陈春阳

《福州大学学报（哲学社会科学版）》2019年第6期

位于福建莆田涵江的圣墩顺济祖庙，是历史上第一座由宋徽宗赐额"顺济"的妈祖庙，在妈祖信仰发展史上占据极其重要的地位。然而，由于港口变迁等原因，圣墩顺济祖庙逐渐衰败，明初以后其遗址也被世人淡忘，至今众说纷纭，成为历史之谜。该文全面系统搜集梳理宋代至清代有关圣墩祖庙遗址的历史文献，结合田野考察以及当地口碑资料调查，考实圣墩祖庙遗址的具体地点在福建省莆田市涵江区白塘镇镇前村大孤屿（圣堆里）地块。

施琅对妈祖神格的提升与海洋文化的彰显

郑智谦

《文化学刊》2019年第1期

宋代以来，妈祖信仰便成为中国东南海洋区域开发的重要支持力量，起初处于民间层次，后逐渐得到官方的认可，并多有加封。到清代施琅时，加封达到了最高层次，这是施琅充分调动民间社会资源并积极争得朝廷认可的成果，也彰显了中国海洋文化的内在品格。

"中国文化走出去"背景下妈祖文化在韩国的传播及现状

郑 慧

《文化学刊》2019 年第 1 期

妈祖文化是中华民族的重要文化瑰宝之一。妈祖文化遍布许多国家和地区，但在不同国家和地区的传播和影响不尽相同。该文考察了妈祖文化传播到韩国的途径，以及妈祖文化在韩国的传承现状。希望该文的论述可以丰富我国优秀的海洋文化代表妈祖文化在域外的传播及现状研究。

从观音菩萨到妈祖
——民间信仰传说形成的一种模式

钱 寅

《集美大学学报（哲学社会科学版）》2019 年第 1 期

在妈祖的传说中，妈祖是观音菩萨所托生，因此妈祖和观音菩萨有很多相似之处，但是妈祖与观音菩萨之间并不存在与生俱来的联系。妈祖信仰最初形态只是当地的海神信仰，与观音信仰并无直接干涉。在白莲教的影响下，弥勒下生的故事刺激了观音托生妈祖故事的形成。妈祖最终和观音菩萨产生了联系，成为观音菩萨的托生和化身，呈现出观音化的特点。妈祖从形象到功能不断向观音菩萨靠近，同时妈祖湄洲岛圣境也实现了观音普陀圣境的迁移和重建，并成为妈祖信仰圣境之祖。

交响音诗《海神妈祖》与"干支合乐论"

吴少雄

《人民音乐》2019 年第 2 期

交响音诗《海神妈祖》改编自舞剧音乐《海灵》。乐曲以妈祖民俗崇拜为题材,在追求东方道德理想的同时,以意象主义的审美追求塑造了集善与美于一身的"东方海神"形象。乐曲提炼选用"妈祖"出生地福建莆田民间音乐语言的同时,混合运用了笔者自创的"干支合乐论"作曲技法,把中华传统文化的精神融会在当代的音乐创作中。

妈祖文化影响下的湄洲女服饰文化创意产业链构建

吕亚持　金博闻　吴　钺

《安阳工学院学报》2019 年第 1 期

服饰作为人类文化的历史标志,是代代相传的民间文化的载体,记录着各民族的文化传统和文化心理。该文从妈祖服饰图像分析的角度入手,梳理妈祖文化对湄洲女服饰文化资源的影响,并结合现代文创产业和旅游业,探讨湄洲女服饰文化创意产业链构建。

图画中的妈祖文化与海上丝绸之路
——中国国家博物馆藏《天后圣母事迹图志册》研究

吕伟涛

《博物院》2019 年第 1 期

中国国家博物馆藏《天后圣母事迹图志册》以绘画的形式描绘了妈祖的生平事

迹，再现其昭然天地的丰功伟绩，以及民间和朝廷对于妈祖的虔诚崇拜和褒奖敕封。全册以图为主，每帧副页再配以文字说明，这种图文并茂的形式生动而翔实，对于研究妈祖文化与海上丝绸之路有着重要的学术价值。

妈祖文化在日本的传播与发展研究

林明太　连晨曦

《太平洋学报》2019 年第 11 期

研究妈祖文化在日本的传播与发展，对推进中日合作经略"21 世纪海上丝绸之路"具有重要的意义。妈祖文化作为海上丝绸之路的文化使者，从明清时期起，通过册封使往来、海上走私贸易、中国移民、进香交流等路径传播至日本，并与日本佛教、神道教等本土宗教文化融合，成为日本民间文化的重要组成部分。现今受各种因素影响其在日本影响力逐渐下降，今后可以通过挖掘妈祖文化在日本传播交流历史和现今遗存，提升其在日本的影响力；通过推进妈祖文化产业合作开发、重塑其桥梁纽带作用等措施，推动妈祖文化为中日源远流长的友好往来继续担当民间文化交流的先行者，从而推动两国的"民心相通"进程，实现共同发展。

妈祖祭典文化景观的旅游开发研究

连晨曦　林明太

《大连海事大学学报（社会科学版）》2019 年第 1 期

随着妈祖文化热走向世界，其信俗文化的建设受到世界多地区的广泛关注。妈祖祭典文化是妈祖信俗文化的重要组成部分，对旅游的发展尤为重要。该文以妈祖祭典文化景观为切入点，探析妈祖祭典文化景观的内涵，阐述妈祖祭典文化景观的发展历程，运用 SWOT 分析方法，基于旅游开发角度分析妈祖祭典文化景观的优势、不足、机遇和挑战因素，提出其在资源挖掘、旅游体验、市场联动、品牌战略等方面的开发对策。

明代《天妃娘妈传》中视觉图像研究

黄 劲

《中华文化与传播研究》2019 年第 2 期

该文以日本东京大学东洋文化研究所的双红堂文库收藏的明刻孤本《天妃娘妈传》为主要研究对象。明朝万历年间《天妃娘妈传》是现存最早的一部古代长篇章回体妈祖神话小说，取材于民间妈祖传说，采用宋元"话本"惯用的上图下文方式，每页插图约占 1/3 版面，将全书 32 回以每回 4~15 幅不等搭配妈祖故事，作为小说插图之用，造型严谨，形象逼真，线描流畅，具有很高的艺术水平和史学价值，为妈祖故事小说中少有的版画佳作，首开妈祖题材小说的神魔化先河。插图简练而内容集中，文字精致且联对合理，是妈祖圣迹图式艺术遗产之一。该文运用文献分析法与图像比较法，阐述明代《天妃娘妈传》妈祖版画概况，探究该小说插图的视觉艺术表现形式。梳理内容由"神话"到"神魔化"的故事情节演变及刊刻的历史价值，呈现富有生活气息戏剧场景般的妈祖形象。另与其他圣迹图式比较，探析不同妈祖视觉图像的设计趣味、形象夸张、神态生动和线条自由的审美价值。《天妃娘妈传》版画既是明代神魔小说插图的优秀作品，也带有时代鲜明的建安派版画风格，不仅丰富了妈祖版画史稿的文献资料，而且为研究妈祖故事传播提供了一份重要画册。

"一带一路"倡议中发挥辽宁沿海妈祖文化作用

张 旭 何 兰 沈晓东 奚 纯

《新西部》2019年第8期

妈祖文化在"一带一路"的建设中可以起到融合和文化认同的作用,辽宁沿海经济带中妈祖文化承担了东北地区融入丝绸之路战略的使命。保护和发挥辽宁沿海经济带中妈祖文化遗存的途径是:去庸俗化整理实现文化形象升级和旅游策划升级;借助海神妈祖信仰,结合辽宁沿海海会活动和民间习俗,形成统一的活动形式;借助妈祖文化,打造东北地区海上丝绸之路名片,并将其升级成具有辽宁地区特色的滨海线路。

豫闽移民与文化的双向传播

张富春

《中州学刊》2019年第3期

南宋建立以前主要是中原移民南下,以比干文化为代表的中原正统文化因此流布南方。固始、比干等作为南下移民集体记忆的符号,是其凝聚族群和心系中原的重要叙事概念。时至清初,移驻河南与原驻福建的明郑降清官兵,以及督运他们至河南的清朝官兵,这些人连同其眷属均被分散到汝宁府、南阳府等属县指定区域屯垦。与比干文化同根同源的妈祖文化在此大分散、小集中的族群空间得以顺利传播。这两种移民与文化传播的模式主要特征即是不断超越小众的族群文化,积极认同中原正统文化。

正祀与民间信仰的"非遗"化：对民间信仰
两种文化整合战略的比较

李华伟

《中央民族大学学报（哲学社会科学版）》2019 年第 2 期

中国在历史上曾将在一定地域范围内有影响的民间神灵列入正祀体系，对民间信仰进行整合，借此实现大传统对小传统的吸纳，实现文化的正统化和大传统的地方化。民国之后，民间信仰处于不受重视或抑制的状态。2006 年 5 月 20 日，国务院正式公布了《第一批国家级非物质文化遗产名录》，一些有影响的庙会祭典被列入其中。各级非物质文化遗产为民间信仰提供了新的合法化途径。与正祀体系不同的是，民间信仰的"非遗"化强调的是民间信仰的地方性和特异性。因此，民间信仰的"非遗"化战略在整合文化的同时，还表现出不容忽视的潜在的解构功能。

"融"抑或"容"：中西宗教在澳门的相遇
——以"天后圣母像"为切入点

李涵闻

《民俗研究》2019 年第 6 期

澳门圣方济各堂中挂有一幅"天后圣母像"，是圣母形象"中国化"之体现，亦被视为中西宗教兼容的象征。纵观澳门中西宗教文明交流史，处于"守势"的中华文明与处于"攻势"的葡萄牙及天主教文明成为主角，并且呈现出政治权力语境下的角力与博弈。二者常有摩擦与冲突，但经由双方"包容、功利"的文化传统以及彼方"本土化"传教策略下对澳门传统信俗的借力，促成彼此友好对话与调和之可能，最终缔造了中西宗教在澳门"和而不同、是容非融"之格局。因此，"天后圣母像"应是在此格局下受"灰色地带"影响之产物，亦是寻求不同宗教信仰、不同地区民众审美诉求与心理投射相互耦合之愿景的表达。

互动与共生：妈祖文化在海上丝绸之路沿线国家的传播

林 晶

《黄河科技学院学报》2019 年第 6 期

发轫于莆田的妈祖信仰已成为具备世界影响力的全球性文化符号。在长期的传播发展过程中，妈祖文化借助其内在丰富的文化内涵，成为中华文化在海外诸地的"金名片"。海上丝绸之路沿线国家无疑是其传播的重点区域。妈祖文化与海洋文化深度契合，是海洋开拓性的集中体现，也是海洋生活性的多重展示，更是海洋历史性的生动呈现。妈祖文化是人类文明智慧的结晶，不仅是人类民俗文化的宝贵历史财富，亦为人类文学、人类艺术等领域提供了许多灵感，是中华民族在海上丝绸之路上文化自信的体现。妈祖文化作为中西文化交流的重要纽带，从未故步自封，而是随着时代的进步不断演进、创新，在庙宇、习俗、经贸等方面效果尤为显著。

将妈祖信仰融入制度建设 促进"21世纪海上丝绸之路"健康发展

黄兴年

《制度型开放与"一带一路"高质量发展论文集（上）》

妈祖"立德行善"的大爱精神，既是中华民族的传统美德，也是人类真善美的化身，更是利益多元化的全球化背景之下，各国各族人民所需要的：执政者、当权者和富商巨贾需要，海内外广大普通百姓的现实生产、生活更需要。而妈祖作为古代航海者的保护神，在古代海上丝绸之路开拓中发挥了巨大作用，促进了中外经济交流、人员往来和文化融合。这就意味着如今富邻、睦邻和合作共赢的"21世纪海上丝绸之路"倡议仍然需要大力弘扬妈祖文化精神，并将其作为制度建设的基本指导思想，以此促进新丝绸之路沿线国家和地区的文化融合、价值包容和政治互信，推进"21世纪海上丝绸之路"倡议的健康运转和沿线各国各民族经济发展、文化融合的良性互动。

"一带一路"倡议下妈祖文化产业合作发展刍议

帅志强

《中华文化与传播研究》2019年第2期

以世界非物质文化遗产——妈祖信俗为主要内容的妈祖文化具有重要的经济价值和文化价值，是共建"一带一路"主要沿线国家文化交流合作的重要中介，也是共建"一带一路"主要沿线国家合作发展文化产业的重要文化资源。结合共建"一带一路"倡议的重要机遇，根据妈祖文化资源属性特点，保护性开发妈祖文化资源、科学构建妈祖文化产业模式，既有利于深化共建"一带一路"主要沿线国家的文化交流与人心相通，又有利于促进共建"一带一路"主要沿线国家文化产业合作共赢。

21世纪海上丝绸之路的妈祖文化传播及资源开发

帅志强

《中华文化与传播研究》2019年第2期

2009年，妈祖信俗被联合国教科文组织列入"人类非物质文化遗产代表作名录"，妈祖文化成为世界性的文化遗产。妈祖文化是中华优秀传统文化的代表之一，绵延千年而历久弥新。据最新资料统计，妈祖文化已传播到45个国家，妈祖宫庙上万座，妈祖信众近3亿人。妈祖文化传播影响极为深远，传播范围尤其广泛，传播方式极为丰富，传播效果非常突出。

媒介环境视域下妈祖绕境对信众的传播影响力
——以台湾大甲镇澜宫为例

谢雅卉

《中华文化与传播研究》2019年第2期

该文以媒介环境作为基础背景，探究大甲镇澜宫举办妈祖绕境活动对信众传播的影响力。研究显示，绕境由最初的台湾中部地区的宗教盛会，扩大至全岛参与的常态性宗教活动，并有信众年轻化倾向。研究发现，大甲妈祖绕境成功吸引信众并对其产生认同感，其背后因素在于媒介环境建设的塑造。大甲妈祖绕境媒介环境的组成大致有三个方面：第一，新旧媒体融合建设；第二，新闻媒体报道建设；第三，信众绕境行为信息传播的建设。

妈祖宫庙三维全景地理信息平台设计

冉飞鹏　龚彭钰　陈莹盈

《厦门理工学院学报》2019年第5期

以地图学、空间信息技术、人文地理学为理论基础，基于三维全景技术、网络地理信息系统等技术，实现妈祖宫庙的三维信息可视化管理。采集高分辨率图像序列以及经纬度信息，经消除图像噪点及光照差异后进行拼接与投影得到最终全景影像数据，建立三维全景影像数据库与空间数据库；然后根据全景影像像素坐标与地理坐标之间的映射关系，实现三维全景影像与空间数据的无缝集成，设计妈祖宫庙三维全景地理信息平台。该平台可实现妈祖宫庙空间查询与分析，以全方位场景漫游的形式直观呈现宫庙及其周围环境纹理信息，为妈祖宫庙信息化管理与旅游服务提供有效支持。

新时代妈祖文化对体育文化的需求现状与应对策略

林德明

《莆田学院学报》2019 年第 5 期

从体育学的角度对新时代妈祖文化的需求加以分析，认为妈祖文化在社会力量及文化自身发展需要的共同推动下，对体育文化的需求特征已较为明显。然而，受大众惯性思维与一些历史成因的影响，社会在满足妈祖文化的体育需求度上却不甚理想，并由此提出丰富妈祖文化与体育文化的交流平台、加大妈祖文化的体育研究力度、灵活妈祖文化的体育表现形式、增加妈祖文化活动中的体育参与比重、塑造妈祖文化的体育品牌、探索妈祖文化的体育传承等应对策略。

东南亚华人民间信仰文化研究述评

孟庆梓

《理论观察》2019 年第 10 期

20 世纪初以来的百年历程中，不同学科背景的东西方学者纷纷进入东南亚华人民间信仰研究的广阔领域，经历了一个从关注、论述到逐步深入的过程，并取得丰富成果。不同学科的研究者以华人文献和田野资料为基础，采用宏观考察和个案研究相结合的研究方式，并在跨境和多元的视野下对东南亚华人民间信仰文化的宗教内涵、文化仪式、庙宇组织、多神崇拜等主题进行了诸多卓有成效的探讨。这些成果既为我们当下的相关研究工作打下了良好基础，又为未来的进一步深入研究指明了新的方向。

妈祖形象与服饰探究
——兼论观音、西王母形象服饰比较

李乃翘　张蓓蓓

《齐鲁艺苑》2019 年第 5 期

妈祖信仰肇始于北宋元祐时期，同时期中国宗教中所敬奉的女神为数众多，其中以观音与西王母两位女神的传播与影响最为深远。观音从印度传入，经过与中国本土女神的融合，成为带动中国女神信仰兴盛的一位神祇，西王母是根植于中国本土文化而衍生出的女神，在宋代时期被奉为道教女神之首。该文选取与妈祖同为女神的观音和西王母为主要对比对象，与其他神祇所穿服饰做对比，探究其形象的嬗变，以及所穿服饰与妈祖服饰当中的异同，总结其服饰的特点，从而更好地区分其身份。

锦州天后宫建筑装饰纹样及隐喻的考证研究

李军苗　鹿利秋

《美术大观》2019 年第 10 期

锦州天后宫是我国北方现存规模最大、保存较完整的清代时期的妈祖海神文化宗教建筑群，具有满族建筑样式的构建布局、多元化的地域装饰风格，是研究地域清代历史发展、妈祖文化、地域民俗以及传统美学的重要历史遗存。该文以考察锦州天后宫的建筑装饰纹样为基点，通过对建筑纹样的普查、数据的分析及文化隐喻的考证等多维度研究，探析锦州天后宫妈祖信仰与多元文化的发展关系。

妈祖信仰与儒家文化的互渗探析

姜家君

《鲁东大学学报（哲学社会科学版）》2019 年第 2 期

妈祖作为北宋以来的民间神明，发展至今已成为闽台及东南亚地区主要的民间信仰之一。作为一个具有强大生命力的民间神，它的功能表现在多个方面，而以其在整个社会结构中的功能和价值而言，它体现为对儒家文化的依附与融合性，并以广大的群众基础，成为联结大传统与小传统、上层文化与下层文化、精英阶层与普通大众的桥梁，从而凸显了其在社会结构中的意义与价值。

妈祖形象的符号化建构与文学传播

张宁宁

《妈祖文化研究》2019 年第 1 期

妈祖信仰的广泛影响使妈祖形象逐步符号化、象征化。作为一个文化符号，妈祖承载着诸多意识形态内涵，成为不同社会阶层表达需求的对象，是中国社会中具有影响力的民间信仰之一。历代文学作品清晰地反映出妈祖信仰的广泛传播和深远影响，展示了人们对妈祖的崇敬、膜拜和赞美。该文拟从符号学角度探索妈祖形象的生成、接受与传播，深入阐释妈祖崇拜的文化内涵。

妈祖音乐的"海丝"意境营造

杨 鸣

《妈祖文化研究》2019 年第 1 期

妈祖不仅是中国海上的和平女神,更是世界海上的和平女神,是世界海洋文化的鲜明旗帜。妈祖文化传播着和平、大爱和包容精神,是我国海上丝绸之路与沿线国家交往的重要精神纽带。作为妈祖文化的重要组成部分,妈祖音乐契合着"海丝"精神,弘扬着正义、包容、勇敢与开放。因此,妈祖音乐的"海丝"意境创造,不仅是我国与海上丝绸之路沿线邻邦交往的重要精神文化桥梁,更是我国人民对和平、友好、共赢的美好向往。但结合目前研究发现,妈祖音乐的"海丝"意境显然不够充分,美而不盈、形而不实,大都着眼海洋之美视角,意境美、交流性和国际性不足。该文立足妈祖音乐的"海丝"意境创设,充分运用音乐美学等相关理论,从元素分析、音乐呈现等视角展现新时期新形势新背景下妈祖音乐中的"海丝"意境之美。

美国妈祖文化的发展传播与中美妈祖文化交流的强化

曹 萌

《妈祖文化研究》2019 年第 1 期

美国妈祖文化缘起于中国移民的妈祖信仰与祭祀,其形成体现在美国多座妈祖宫庙的建设;美国妈祖文化的发展则表现为以该国诸多妈祖宫庙为载体和传播平台,举办一系列妈祖文化传播活动,这些活动逐渐体现为广泛性、多样性和周期性。美国妈祖文化在其发展传播过程中,一直保持着与中国妈祖文化的互动交流。这种互动交流既是推动美国妈祖文化发展的力量源泉,也是美国妈祖文化在继承传统的基础上借鉴经验和开拓创新的途径。中美妈祖文化在多方面进行互动交流的同时,与妈祖文化有关的产业合作也随之展开。中美妈祖文化互动交流还存在着强化的必要：一是中美妈祖文化互动交流还很少扩展到辽宁、天津、上海等具有丰富深厚妈祖文化资源的省市；二是我国一些省市妈祖文化发展也体现出国际交流的趋势与需求；三是中美妈祖文化交流还更多地在妈祖文化民间组织和学术机构进行；四是中美妈祖文化互动交流的内容还有创新的空间。因此，强化中美妈祖文化的交流仍具有重要的海洋经济文化发展意义和文化交流发展创新战略意义。

论建设"妈祖海洋文化"的重要意义

陈祖芬

《妈祖文化研究》2019 年第 1 期

将妈祖文化与中华海洋文化有机结合形成"妈祖海洋文化"十分必要。因为妈祖文化是中华优秀传统文化的重要组成部分，妈祖精神是中华民族走向海洋文明的源动力，妈祖文化是中华海洋文化的优秀代表，妈祖海洋文化是推进海洋强国战略的核心文化力量，是 21 世纪海上丝绸之路的重要文化纽带。

回溯、演进与展望
——海丝之路之上的妈祖文化传播考察

吉 峰

《妈祖文化研究》2019 年第 1 期

该文从妈祖文化在海上丝绸之路上传播发展的历史、现状、远景论述妈祖文化与海上丝绸之路的密切关系。从文化交汇于认同、文化符号的构建及文化意指实践，再到跨文化传播的言说三个维度进行归纳和考察，重点突出了妈祖文化在海上丝绸之路上对于增进人民交流、促进民心相通、推动和谐共赢等方面的作用，肯定妈祖文化在"一带一路"愿景与行动中的突出贡献。

元代天妃文献史料辑录

陈支平

《妈祖文化研究》2019年第1期

元代是妈祖信仰的一个重要转折时期。该文对元代文献中的妈祖记录进行搜索，发现其中存在不少史料值得发掘。所搜集到的有关天妃的辑录资料，从不同的侧面反映出元代天妃信仰的特质，这些资料值得研究者们加以重视。

日本关西地区华侨华人社会及其中国传统信仰
——以神户华侨华人社会及其妈祖信仰的有关调查为例

潘宏立　安田ひろみ　林雅清

《妈祖文化研究》2019年第1期

该文是有关日本关西地区妈祖信仰的调查。主要调查集中在神户大阪地区，尤其围绕神户地区的华侨华人的传统公众信仰，注重其中妈祖信仰的历史及现状。调查研究表明，在日本的华侨华人社会中，包括妈祖信仰在内的中国传统信仰习俗依然被重视并传承下来。福建籍华侨华人是传承中国传统信仰习俗的最主要力量。同时，华侨华人的传统中国信仰习俗在某些方面又逐渐与日本神道教信仰相互融合，形成互动关系，促成了中日文化的相互交融。

天后上天与回家

——越南金瓯华人天后信仰的变迁与在地化

阮玉诗　阮俊义

《妈祖文化研究》2019 年第 1 期

天后信仰于 17 世纪末从华南地区移植到越南南部各省市，成为当地华族的重要民间信仰之一。在越南金瓯市等地，当地华族精英试图将天后信仰与家庭中的祖先和神明崇拜结合在一起，主要目标为践行跨民族融合和多元文化整合。像家族祖先一样，天后在某些人的家庭中得到崇拜。更重要的是，金瓯市天后宫每年春节初三日晚上隆重举行大型仪式来"恭请圣母回宫"，此活动深刻地染上越南人祖先崇拜与灶君崇拜的色彩。虽然当地信仰活动经受家庭中的祖先崇拜和五祀的影响而展现出礼仪转变行为，天后本身仍然被看作有利于巩固华人文化认同的标志。金瓯市华人利用虚幻性的混合模式（或者结合模式）来巩固自己的文化资源与社群的权威，同时维持了其在当地社会中的"少数精英"地位。

香港坪洲岛天后宫的中元建醮考察

——聚焦妈祖信仰和先祖祭祀

松尾恒一　梁　青

《妈祖文化研究》2019 年第 1 期

在香港坪洲岛的天后宫前，中元节、盂兰盆会、水陆道场等先祖祭祀的仪礼上，也祭祀着与航海和渔业相关的妈祖神。这种将妈祖神和先祖祭祀关联起来的仪礼，在福建莆田文峰宫的中元节，以及清代时进行中日贸易的港口城市长崎都能看到。清朝海商笃信妈祖神，在中式寺院进行的以普度为目的的佛教仪礼"盂兰盆会"上也祭祀妈祖神。以上这些地区都在沿海，是在渔业和外贸方面发挥重要作用的地区。在考察妈祖信仰在沿海地区生产共同体的维持、延续方面的作用的同时，也有必要探讨妈祖信仰所代表的海洋民俗文化作为人类文化遗产的价值。

大甲妈祖绕境进香仪式转变的想象与诠释

钟承翰　徐荣崇

《妈祖文化研究》2019 年第 1 期

1988 年始大甲镇澜宫与北港朝天宫断香，改往新港奉天宫绕境进香，最大的差别在于"仪式的改变"。过去文献大多仅论及大甲妈祖北港进香改往新港绕境进香之始末，对于前后仪式与变革则较少讨论，使得活动完备性上有了遗憾。因此，透过访谈、史料搜罗与参与观察等方法，可完整比较分析 1988 年前后仪式的转变与意涵、仪式改变和"特权团体""特权仪式""信众想象"的关系，以及仪式的"神圣性"与"世俗性"间互动等目的，并借庙方、特权团体、一般香客不同角度，讨论三者间的互动关系。另外，从社会互动的角度，以赋予其不同的诠释。通过研究发现，大甲镇澜宫妈祖的神格改变，不仅改变了谒祖典礼与割火仪式，也改变了信徒对前后两所宫庙的想象，同时特权仪式与特权团体的取消，也让仪式更加大众化。

宁德妈祖信仰的传播方式探析

张宁宁

《宁德师范学院学报（哲学社会科学版）》2019 年第 1 期

了解妈祖宫庙在宁德各地的空间分布情况，能够反向追溯宁德妈祖信仰的传播方式。妈祖信仰自宋代传播至宁德，主要从霞浦、宁德蕉城区、福鼎等沿海地区向福安等内陆地区延伸。妈祖信仰在宁德的传播方式有四种：自然蔓延扩散传播、权利推送式扩散传播、变异扩散传播与新媒体传播。其中，渔民与商人是最大的传播主体，政府是最有力的传播主体。在新媒体环境下，宁德信众应当充分利用网络、微信、微博等方式进行妈祖信仰的海内外传播，不断更新传播方式，与时俱进，不断助力和实现宁德妈祖信仰的现代性传播。

妈祖题材音乐海洋性的内涵、表现与提升

杨　鸣　陈祖芬

《武夷学院学报》2019 年第 1 期

妈祖题材音乐具有弘扬海洋精神、描述海洋之景、彰显海洋情怀、构建人海和谐的海洋性内涵，常常通过多样性艺术体现、恢宏的气势呈现、音响动态变化等来进行海洋表现。当前，需要提升妈祖题材音乐的海洋性特征，把"海丝"与音乐相融合，凸显海岛文化特色，并诠释海洋性人文、精神风貌。

《天后圣母事迹图志》中的妈祖文化

吕　埴

《收藏》2019 年第 5 期

《天后圣母事迹图志》现藏于中国国家博物馆，为清朝同治年间发现，距今至少有 150 年历史，堪称存世孤品。此图志以绘画形式描绘了妈祖的生平事迹，再现其昭然天地的丰功伟绩以及民间和朝廷对于妈祖的虔诚崇拜和褒奖敕封。全册所绘故事生动细致，每帧副页再配以文字说明，如同古代版的彩绘连环画，生动而翔实，是研究妈祖文化的珍贵资料。

"海丝"视野下的妈祖信俗研究新探

——第二届贤良港妈祖文化论坛综述

曾 伟

《世界宗教研究》2019年第1期

2018年5月7—10日,中国社会科学院世界宗教研究所、中国宗教学会、福建师范大学社会历史学院、福建省艺术研究院、莆田学院文化与传播学院和福建莆田北岸经济开发区管委会在妈祖故里——福建莆田贤良港联合主办了"第二届贤良港妈祖文化论坛——海峡两岸妈祖信仰与海上丝绸之路学术研讨会"。会议由福建莆田贤良港天后祖祠董事会与台湾嘉义新港奉天宫董事会承办。本届论坛以"海峡两岸妈祖信仰与海上丝绸之路"为主题,学者们围绕"贤良港在妈祖信仰史上的地位""妈祖信仰与海上丝绸之路""妈祖信仰的传播及其影响"等议题展开了讨论。

《敕封天后志》中施琅征台图像探析

黄 劲 黄少强

《中国海洋大学学报(社会科学版)》2019年第3期

概述清代《敕封天后志》版画中施琅维护祖国统一的妈祖文化情境,展现征台海战图像中的"井泉济师""引舟入澳""澎湖助战""海岸清泉"等妈祖视觉营造过程。探讨妈祖志书里情节性叙事既是"成教化、助人伦"的宗教宣传工具,同时也是中华妈祖信仰传播的重要遗产,对于推动海峡两岸的妈祖文化交流及和平发展具有特殊意义。

大甲妈祖与两岸民间信仰互动的文化学阐释

卞 梁　连晨曦

《闽台文化研究》2019 年第 1 期

发轫于福建莆田的海神妈祖信仰，以妈祖文化圈巨大的辐射力，对周边地域的政治生态和文化环境产生了深刻、长远的影响。通过前往湄洲岛的进香活动，镇澜宫成为两岸关系中的先锋和"媒介"，也拥有了在岛内经济、传媒等方面日益增加的"话语权"。这一方面是由于镇澜宫的政治属性被台湾地区政治人物所倚重，另一方面也是两岸经贸往来和文化交流日趋频繁的必然结果。总体而言，以"和平女神"妈祖为主要联系纽带的两岸民间信仰文化交流体系，不断凸显两岸文化中长期同存的和平属性，是"两岸一家亲"理念的基础。

《厦门妈祖信仰的发展历史及其特点》勘误

石奕龙　王　娜

《闽台文化研究》2019 年第 1 期

佳宏伟、张颂爽的文章《厦门妈祖信仰的发展历史及其特点》认为厦门妈祖信仰的发展在清代乾嘉年间出现小高潮后，到了改革开放后又有了复兴与发展高潮，并达到顶峰。然而，由于该文所使用的文献资料的不对称，即拿记录城区的方志资料与现代厦门市宗教局的全岛调查资料比较，以此得出的结论是不准确与不可信的。故根据我们掌握的各种文献资料和田野调查对其加以勘误与补充，以还原历史真实的面貌。

"人本"心理学视野中的妈祖文化

梁沛好

《闽台文化研究》2019 年第 1 期

该文以西方心理学的视野透视作为中国优秀传统文化经典的妈祖文化,发现妈祖文化的核心精神与西方高举"以人为本"旗帜的三大心理学派的思想精髓一脉相承。妈祖文化蕴藏着人本主义心理学的"人本情怀",传递出积极心理学的"阳光能量",闪耀着超个人心理学"心灵层境界"的瑰丽光华,赋予了全人类和当今时代有关生命关怀、心灵关爱和精神提升等重要的启示和价值。

2018 年国际妈祖文化学术研讨会综述

孟建煌　郑长征

《闽台文化研究》2019 年第 1 期

2018 年 11 月 16—19 日,由中国社会科学院历史研究所、中国海洋发展研究会、福建省妈祖文化研究会、莆田学院等单位联合主办的"第四届(2018 年)国际妈祖文化学术研讨会"在妈祖的故乡莆田隆重举行。来自 10 多个国家和地区的 100 多位学者提交了 91 篇论文,围绕"妈祖文化与海上丝绸之路"这一主题展开研讨,取得了丰硕成果,为建设世界妈祖文化中心贡献智慧和力量。

神功戏：广府粤剧传承传播方式之一
——澳门妈祖阁天后诞田野记

曾令霞

《四川戏剧》2019 年第 3 期

2017 年，澳门妈阁水陆演戏会邀请了肇庆粤剧团和澳门曾慧粤剧团为天后诞唱戏酬神。澳门神功戏的演出从清代以来至今从未中断过，从场地到礼仪程式再及演出内容形式都给人留下原生态的印象。基于广府粤剧发展、传演方向与趋势的研究，该文对两个剧团在澳门的演出及影响做了翔实的田野调查。通过对曾慧粤剧团在澳门的注册、演出进行考查，我们可以探讨广府粤剧的发展走向、人才流动及传播方式等。

从意义到认同：妈祖灯俗的符号学建构

陈祖芬　龚奕帆

《地域文化研究》2019 年第 2 期

从符号学的视角，依据妈祖文化的历史发展脉络梳理妈祖灯俗的文化建构过程。妈祖文献史料用语言形态建构起"灯"符号的意义。在妈祖文化传承过程中，非语言形态的"灯"符号强化着妈祖文化的识别度。"灯"符号是妈祖文化的重要标志，其象征意义在妈祖文艺作品中可见一斑。"灯"符号价值认同促使妈祖灯俗完成了其以神圣性、教化性、欢乐性为特征的当代建构。

从南海海神在越南的流传情况看越南文化的发展取向

韦凡州

《南亚东南亚研究》2019 年第 2 期

妈祖(天后)、祝融、南海龙王是中国东南沿海一带居民普遍信仰的南海海神,通过中越两国官方和民间的文化交流而流传至越南,受到越南官方与民间的极高尊崇,在越南众多的海神信仰中占据了主流地位。南海海神信仰在越南的流传情况,体现了越南对外来文化的兼容并蓄,也体现了越南尤为注重吸收中华文化,融合中华文化与本土文化,构建民族认同与文化自信的文化发展取向。正是这种文化发展取向,使越南融入了以中华文化为核心的东亚文化圈,逐渐作为一个独特的个体与东南亚佛教文化圈、伊斯兰文化圈、基督教文化圈的国家区分开来。研究这个文化发展现象,对于当下推进"一带一路"建设和构建中越命运共同体有着重要的意义。

文化节与闽台民间信仰
——以福建东山关帝文化节和湄洲妈祖文化节为中心

陈春阳　林国平

《东南学术》2019 年第 3 期

改革开放以来,民间信仰为了消除"封建迷信"的魔咒戴上了"文化"的光环,并借助文化节的平台推动其复兴。各种以神明命名的文化节带有浓烈的官方色彩,对民间信仰的发展产生重要影响,具体表现为民间信仰的合法化、神明职能的政治化、祭典活动的规范化、庆典活动的娱乐化和游神活动的大型化。同时,文化节在客观上淡化了民间信仰的神圣性和神秘性,进而赋予民间信仰时代性的特征。

以妈祖文化促进"一带一路"沿线国民心相通

陈祖英

《福建省社会主义学院学报》2019年第2期

妈祖文化是基于妈祖的感人事迹而形成的,以崇奉和颂扬妈祖的立德、行善、大爱、和平精神为核心,以妈祖宫庙为主要活动场所,以有关传说、文献、祭祀、进香、巡安、庙会等为传播途径,具有海洋文化特色的一种民俗文化。妈祖文化在"海上丝绸之路"的发展过程中曾起过不可替代的作用,是海丝沿线国家和地区共同的文化记忆。在新的历史时期,妈祖文化与"一带一路"倡议、人类命运共同体理念更为合拍。以妈祖文化为抓手,积极开展与"一带一路"沿线国家和地区的文化交流,必将有助于民心相通。我们应继续做好妈祖文化活起来、走出去和传下去的工作,为促进民心相通、推动世界和平与发展做出新的贡献。

乡村治理视野下妈祖信俗与乡土社会互动发展研究
——以福建省莆田市湄洲镇为例

宋建晓　曹悦宁

《华侨大学学报(哲学社会科学版)》2019年第2期

以妈祖故乡湄洲镇为例,简要阐述福建省湄洲镇妈祖信俗与乡村治理的发展概况,以妈祖宫庙作为研究对象来分析乡村治理视野下湄洲镇妈祖信俗与乡土社会互动现状,认为妈祖信俗是湄洲岛地区乡土社会最重要的组成部分;妈祖信俗与乡土社会互动,从公益活动营造大爱氛围、化解矛盾促进社会和谐、融合发展践行乡村文明、乡土教育推动文化认同等方面服务于乡村治理,在调解纠纷、缓和人际关系、维护社会稳定方面发挥了积极作用。

"妈祖宴"文化内涵及其制作方法的探讨

汪 琼 李文武

《妈祖文化研究》2019 年第 2 期

该文分析了源远流长的中华饮食文化与博大精深的妈祖文化两者的关系，提出了新"妈祖宴"的设计理念。一方面从理论上探讨如何在中华饮食文化中体现妈祖文化的内涵以及在"妈祖宴"中如何贯穿养生元素、本真元素等，同时探讨了如何在"妈祖宴"的菜肴设计中体现地域性、时代性、国际性等特点；另一方面从食材选料、菜肴命名及实际制作等方面对"妈祖宴"的整体设计进行了探讨。

民间信仰比较：老把头、妈祖与关公

王博凡 吴泠璇

《人参研究》2019 年第 3 期

民间信仰能起到教化人心、激励意志、寄托情感、规范行为的积极作用。老把头、妈祖与关公分别是代表森林文化、海洋文化与历史文化的民间神祇，但受成神时间、信奉地域、崇奉群体、传播渠道等因素影响，表现出共性相近与个性鲜明的社会特色。

台湾地区妈祖信俗与乡村治理融合发展研究
——以台湾地区新港乡为例

宋建晓

《宗教学研究》2019 年第 2 期

妈祖信俗在乡村治理体系中发挥着重要作用。推动妈祖信俗与乡村治理有机融合，既是实施乡村振兴战略的内在要求，也是传承与弘扬中华优秀传统文化的迫切需要。该文采用实地调研的方法，简要梳理了台湾地区新港乡妈祖信俗与乡村治理的发展概况，并对新港奉天宫参与乡村治理的方式进行了分析，进而阐明台湾地区妈祖信俗与乡村治理的互动关系，从中汲取经验和教训，以更好地促进大陆妈祖信俗与乡村治理融合发展。

跨文化交际视阈下湄洲岛旅游日译文本的优化

林炜莉

《妈祖文化研究》2019 年第 2 期

该文对湄洲岛主要景点的日译文本进行实地考察，发现标识牌的日译主要存在以下问题：日文字体、排版与标点使用不规范；日译文本的文体值得商榷；地名和建筑物名称的准确度问题；误译、乱译现象突出。该文基于跨文化交际视阈，提出三条优化路径：按照国家标准进行日文译写；日文书写遵循日本现行规范；文化景观与自然景观的区别日译策略，并向旅游主管部门提出若干建议。

天妃圣母图像源流考

王艳明

《美术大观》2019 年第 5 期

首都博物馆藏明代绢本《天妃圣母碧霞元君像》绘有四位女神，比对河南大学藏画中"天妃圣母像"及元明其他相关现存作品，辨析水陆画人物身份，确认前排两位女神是先天圣母和后土圣母，后排两位是泰山女神和海神妈祖，指出学界认为前排两位是天妃圣母和碧霞元君为图像误读。

妈祖传播与泉州海上丝绸之路枢纽作用的联动

——基于双核心驱动模式的视角

卞 梁 连晨曦

《妈祖文化研究》2019 年第 2 期

泉州毗邻妈祖祖地莆田,并长期作为我国重要对外海上贸易窗口存在。泉州天后宫作为妈祖在泉的重要民俗文化标志,不仅将中原文化、妈祖文化、海洋文化三者相融合,形成了独特的妈祖在地文化,涵盖建筑风格、祭祀手段、对联题字等方面,并形成了范围广阔的文化辐射带。而泉州不仅为妈祖提供了走向世界的文化平台,还促进了妈祖文化体系的进一步完善和扩充。在这双向促进过程中,泉州学与妈祖学互相借鉴、学习,形成了多元深入的地方学术研究体系。该文通过对妈祖、泉州双核心的细致考察,梳理两者在历史、经贸、文化方面的联系,尝试探讨两者的联结联动,以期丰富和深化当前海上丝绸之路研究的相关内涵。

厦门朝宗宫的过去与现在

石奕龙

《妈祖文化研究》2019 年第 2 期

该文根据地方志书记载,考证历史上的朝宗宫主祀神是妈祖;又据历史背景和清咸丰元年(1851)陈世荣撰写的碑记,否定朝宗宫始建于 1662 年之说,提出应始建于清雍正年间的新说。该文对该宫兴建的因由、清代建筑规模等也做了探讨,简述朝宗宫衰落于民国时期,至改革开放后在异地得到了重建。

明清海上丝绸之路上的妈祖信仰

连心豪

《妈祖文化研究》2019 年第 2 期

中世纪是神权的时代,科学技术尚未昌明,人们航行海上遭遇大自然的不可抗力,只能从精神上寄托于上天神灵的庇佑。妈祖信仰的兴起、传播、发展,与宋代及其后的高丽、琉球册封使直接相关,妈祖信仰与海上丝绸之路几乎同时产生。妈祖信仰作为海上丝绸之路的精神支柱,并不完全是虚幻缥缈的,妈祖信仰在外洋海船与外洋航路上都留下了实实在在的鲜明印记,该文试申论之。

郑和下西洋与妈祖文化传播

黄 婕 黄瑞国

《妈祖文化研究》2019 年第 2 期

郑和七下西洋代表了中国古代航海文明的巅峰,这一壮举有其历史背景的特殊性和历史选择的必然性。郑和具有多重宗教信仰的背景,其中妈祖信仰这种起源于民间的信俗文化对郑和的航海经历产生了不可或缺的重要影响。同时郑和下西洋对妈祖文化的海内外传播起到了巨大的推动作用。当下我们要加快建构中国的海洋文化体系,应当充分利用妈祖文化的海外影响以更有效地践行有关 21 世纪海上丝绸之路的倡议。

韩国华侨的妈祖信仰与韩国海神

李钟周　唐　田

《妈祖文化研究》2019年第2期

该文通过对首尔、仁川以及韩国历史上华侨崇拜妈祖的情况进行田野实地考察，并结合文献资料，对韩国的妈祖信仰情况和韩国的海洋女神崇拜进行分析论述，认为华侨依赖贸易生活时，以及通过海洋与中国往来时，妈祖发挥了很大作用。韩国西南海岸仍保有很多供奉海洋女神的风俗传统。韩国的海洋女神与观音菩萨有着密切的联系，研究女神神格特征的本土化，将会丰富妈祖文化的内涵。

移居地宗教文化对移民适应策略的影响
——以大上海及慧聚天后宫之台商妈祖信仰为例

于明华

《妈祖文化研究》2019年第2期

移民或移居者需从自身的原居地既有的相关资源寻求其自身的定位与认同感，而在既有的资源中，宗教文化传统常常是对移民或移居者价值观和人生观的重要影响因素。该文即基于此一问题意识，以大上海及慧聚天后宫之台商妈祖信仰为例，认为以妈祖为代表的民间信仰在台商于大陆移居地工作和生活中具有重要的角色与功能。妈祖信仰不仅建构起他们和原居地或故乡的空间联系，也更强化其接续与原居地一致的生命过程，故而极具根源性的深层意义。进而指出，两岸在经历三十年的交流过程中，除了经济、社会层面的发展外，教育、文化，乃至信仰和宗教传统等面向也渐渐显现其重要的影响效果和地位，值得我们深入了解和开展更深入的研究。

谱系观念与妈祖信俗的非遗保护

——以湄洲妈祖祖庙为中心的考察

游红霞　田兆元

《妈祖文化研究》2019 年第 2 期

谱系观念是把握非遗互动性、整体性规律的合理视角，对于信俗类非遗资源来说，朝圣与谱系之间有密切关联，谱系是朝圣的依据和基础，朝圣则是一种交流互鉴方式，可以勾连出非遗的空间谱系、凝聚信仰族群谱系、建构文化认同性，体现了非遗资源的互动性、整体性、认同性、实践性等特征，从而实现了非遗资源的活态保护与传承。该文以湄洲妈祖祖庙为中心，研究妈祖信俗的谱系、朝圣与非遗保护之间的关系。

闽台妈祖信仰习俗中体育宗教濡化与传承

郑　雷

《唐山师范学院学报》2019 年第 3 期

闽台妈祖信仰习俗中体育宗教文化濡化推演大致分为探源期、传播期和繁荣期三个阶段。民族迁徙与人口流动、古代海上丝路和宗教直航构成两岸妈祖体育宗教濡化的外在动力；传统与后现代宗教文化变奏冲突、妈祖草根"小众化"与体育宗教"边际效应"、体育宗教工具理性膨胀与价值理性衰落是闽台妈祖信仰习俗中体育宗教传承危机的内因。要加强"后传教时代"体育宗教文化自适应，创建妈祖体育宗教跨文化空间"顶层设计"，共建闽台妈祖体育宗教"信仰圈"，打造文化联袂关系，挖掘"在地文化"资源，实现由"小众化"走向"大舞台"传承路径。

妈祖文化在日本的传播研究：从变异体到共生

林 晶

《福建论坛（人文社会科学版）》2019 年第 5 期

妈祖文化缘起中国福建沿海地区，自宋代以来不断向外传播，成为东亚地区的公共信仰。这一信仰传播至日本后，出现了或是传承中国民间妈祖文化的文化信仰，或是融会佛教文化的习合文化，或是被标榜为日本本土化文化信仰的信仰，即带有了"文化变异体"的基本特征，日本借此来阐述自身文化的多样性与包容性。但是，参照如今中国提出的"一带一路"倡议，我们可以认识到与其将之把握为日本文化自身的特性，倒不如说妈祖文化本身就具有强大的生命力与"共生"的性格，正因如此，它可以成为我们推动"一带一路"倡议、构建东亚共同体的重要资源。

功能目的论视角下的旅游景区日文公示语翻译研究
——以湄洲岛妈祖庙日文公示语为例

林娟芳

《吉林省教育学院学报》2019 年第 6 期

该文以湄洲岛景区日文公示语误译为例，分析其误译的原因并根据公示语类型提出翻译策略。其中，湄洲岛妈祖庙中指示性、警告性的公示语，可以采用直接借用的方式，借鉴参考我国新颁布的《公共服务领域日文译写规范》和日本东京都修订的《国内外游客简明观光指示语标准化指南》中的译文。妈祖文化相关的景点介绍指示语的翻译应遵循目的论的原则及翻译策略，摆脱以文本为中心的等值束缚，应该针对其目的灵活采用多种翻译策略和方法，将其中所蕴含的妈祖文化的深厚底蕴准确恰当地传递给目标受众，更好地实现跨文化交流，起到宣传妈祖文化的作用。

福建传统海上信仰与敬神仪轨研究

林 瀚

《宁德师范学院学报（哲学社会科学版）》2019 年第 2 期

在传统航海过程中，飘风海难事件时有发生，人们出于对海洋的恐惧与敬畏，最终从大海的虚像中幻化出海神的人格化形象，并逐渐形成一套相对丰富而又完备的祭祀仪轨。对福建传统海神信仰体系、传说及仪式的梳理，对于理解古代海上船民的生活、海上信仰形成及传播均有着重要意义，同时也有助于我们加深对古代海上丝绸之路的认识。

"一带一路"视野下的海洋历史文献整理

潘茹红

《闽南师范大学学报（哲学社会科学版）》2019 年第 2 期

2013 年中国领导人提出共同建设"丝绸之路经济带"和"21 世纪海上丝绸之路"倡议后，史学界有关海洋问题的研究热情随之高涨。2019 年"海洋命运共同体"概念的提出，促使我们重新思考海洋历史文献的整理。这一工作不仅有现实意义，也是海洋史研究发展的必然。而无论出于现实借鉴还是学术研究的考虑，海洋历史文献整理不是当下"海上丝绸之路"名目下的文献编辑所能等同或取代的。海洋历史文献的整理最重要的是以海洋为本位，在新的思路下充分挖掘陆地史观掩盖下的海洋历史文献，充分利用现存研究成果并且克服其不足之处，推动海洋史的深入研究，并为"一带一路"中的"21 世纪海上丝绸之路"建设和构建"海洋命运共同体"提供理论和文化支撑。

论澳门节庆文化的诗歌书写

王习雯　邓骏捷

《写作》2019 年第 3 期

因特殊的历史背景、地理位置和经济发展等因素，澳门衍生出有别于内地的节庆文化。自明嘉靖年间葡萄牙人入据澳门起，中葡的宗教活动、风俗信仰已经逐渐融入两个群体的生活之中，成为澳门节庆文化不可或缺的组成部分之一。这种宗教的多样性与互容性，构成了澳门节庆文化中最为重要的特色。与此同时，旅澳、寓澳的中国文人用诗歌记录和描绘了澳门中西宗教节庆的习俗及活动，深刻地勾勒出澳门节庆文化的独特面相。梳理澳门的节庆诗歌可以探知，自明朝中期起，不同宗教的门徒及信众不仅在平日会举行各类宗教祭祀活动，更会在各自的宗教节庆里，以特有的方式进行各种纪念活动或庆祝仪式。因此，澳门宗教节庆的习俗及活动的诗歌书写，既反映了澳门节庆的历史景观，也有助于窥探澳门节庆文化的内容和特质。另外，它们更是一种心灵的抒发，汇成澳门文化的一个组成部分。

古代海上"中国声音"
——妈祖海祭鼓吹音乐探究

杨旻蔚　马　达

《南京艺术学院学报》2019 年第 2 期

该文通过妈祖船祭和岸祭的音乐文化阐述，主要运用音乐图像学的研究方法，旨在分析此古老音乐在陆海文化迁移中的嬗变，继而论述其在海神妈祖信俗的加持下，逐渐发展成为具有中国国籍识别功能的一种海上声音景观。通过此声音景观论证此乐于古代在海洋传播上的文化影响力以及对现今中国加快建设海洋力量、推动建设海洋文化具有的历史借鉴作用。

海南海神信仰研究

曾 婷

《开封教育学院学报》2019 年第 5 期

该文按照由南→西→北→东的顺序，介绍了海南岛沿海地区渔民信仰的五大海神，即海南观音、峻灵王、妈祖、水尾圣娘和 108 兄弟公，较详细地介绍了这五大海神的形成历程以及对海南沿海渔民的影响。同时，还分析了海神信仰的成长基础。

跨文化交际视角下的妈祖文化对外英译策略

李 芃

《莆田学院学报》2019 年第 3 期

该文以湄洲妈祖文化跨文化交际为例，分析了译者的各种翻译策略，指出了在英译过程中出现的诸多问题，并提出提高妈祖文化英译质量的策略。

传承与变迁：妈祖文化"护国庇民"特征与社会发展互动研究

林明太 连晨曦

《形象史学》2019 年第 1 期

妈祖文化的传承与传播得益于官方对海神信仰的支持。宋元以来，全国沿海各地与海外联系日多，保护出海渔民及商人安全成为政府的重要事项。因此，历代政府通过对海神妈祖的不断册封，以彰显其地位。

妈祖文化对两岸青年融合发展的影响研究

李聿财　郑逸芳　许佳贤　李羿枝

《海峡科学》2019 年第 9 期

妈祖文化是实现两岸青年融合发展、促进两岸人民形成民族文化认同感的重要载体之一。通过两岸妈祖文化交流来促进两岸青年形成民族文化认同感，有利于两岸未来关系的发展。但从目前实际情况来看，两岸青年在融合发展中存在困境。该文在分析具体困境与原因的基础上，就如何发挥妈祖文化在增进两岸青年文化认同感，形成重大驱动力方面提出三个新思路，以此加深两岸青年对优秀传统文化的认同、对民族的认同，推进两岸融合发展。

2019 年施琅与妈祖学术研讨会综述

孟建煌　潘是辉

《闽台文化研究》2019 年第 3 期

由福建省莆田学院文化与传播学院、莆田市玉皇文化研究会、平海天后宫、贤良港天后祖祠、文峰宫等单位联合主办的"施琅与妈祖学术研讨会"日前在妈祖的故乡福建莆田隆重举行。本届研讨会主题突出、特色鲜明，富有时代性与创新性。同时，本届研讨会富含浓厚的理论研究色彩与现实意义，既充分展示出了各位专家、学者的学术研究水平，又为相关的学术研究起到一定的借鉴作用。研讨会分成三个分论题展开：施琅与妈祖的密切关系、妈祖宫庙文物与史料考证、妈祖文化传播与"海丝"文化建设。

澳门妈祖文化与特征

颜刚威　崔亚娟

《边疆经济与文化》2019 年第 9 期

妈祖文化包含深厚的海洋文化元素。在我国澳门半岛的西南方,于 1488 年兴建了一座至今保存良好的妈祖庙,它不仅象征了保护渔民平安的守护神,还是当地妈祖文化的重要标志之一。澳门妈祖文化跨越了古代时期、近代文明、现代社会等三个时间维度,传承妈祖文化,保留核心思想,摒弃过度烦琐的陋习,有助于建立起民族自豪感和自信心,进而共同构建起和谐社会发展的道路。

"一带一路"背景下妈祖音乐创作发展探究

陈美静

《宿州学院学报》2019 年第 9 期

妈祖文化精神是海丝文化精神的典型代表,妈祖音乐是妈祖文化较为直观的表现之一。"一带一路"倡议背景下,要将妈祖音乐更好地融入海丝文化的创作,弘扬妈祖与海丝文化精神。该文在分析当前妈祖音乐创作发展现状的基础上,探讨音乐在创作主体、题材内容、视野及区域上的局限性,提出妈祖音乐在主题象征、创作基调、审美效能、时代气息等方面的提升及精品推广发展上的对策,进而更好地契合、服务中国海丝文化发展。

妈祖还是娘娘

——浅析大连海神娘娘演进历程

赵聆钧

《文化创新比较研究》2019 年第 21 期

作为中国传统文化一个重要分支，以女性海神为核心的海洋文化发展与演变日益影响着沿海地区民间的生活与信仰。相较于在南方流行的妈祖崇拜，大连地区信奉更多的则是海神娘娘信仰。在民间的解读中，两者来自一个源流，海神娘娘就是妈祖。该文认为，在早期的发展阶段中，海神娘娘与妈祖各有其发展理路，随着历史的演进，出现文化间的融合现象。该文通过文献梳理、田野调查等方法，试图梳理出大连海神娘娘演变的发展历程。

"整体性"理念下的妈祖与城隍信俗保护

杨 立

《文化遗产》2019 年第 4 期

我国的文化生态保护实验区中有许多的民间信俗、祭祀等礼俗活动，如妈祖和城隍信俗、祭祀等活动被各级文化主管部门列为民俗类非遗代表性项目予以保护，但这些民间礼俗活动不仅是单纯的民俗类非遗项目，也是传统音乐类、传统舞蹈类、传统戏剧类，以及传统体育、游艺与杂技类等众多非遗项目的综合载体，尤其是妈祖和城隍信俗、祭祀活动，保存着大量的国家礼制传统，具有较高的历史和文化价值。由于种种原因，有关部门和人群对"整体性"保护的理念认识不足，在恢复民间礼俗和认定非遗代表性项目、补贴代表性传承人开展传承活动等非遗保护工作中，出现了仪式不合乎礼制、职能部门缺乏协调、传承人群鲜有年轻人，以及对民间礼俗涉及的非遗项目历史背景、文化知识梳理欠缺等诸多问题，特别是在妈祖与城隍信俗保护中尤为明显。所以，需要树立"整体性"理念下的妈祖与城隍信俗保护理念，将民间礼俗纳入文化生态保护实验区建设中，整合资源增强民族文化自信，促进文化生态保护区全面的科学的建设。

湄洲岛妈祖信仰圈的群体传播现象探究

谢雅卉

《莆田学院学报》2019年第3期

该文以湄洲岛妈祖信仰圈作为研究对象，通过群体传播视角来进行分析，探究妈祖神格功能的扩大因素，大致从三个发展方向进行梳理：第一，传统信仰的传播形态；第二，经济支持的传播形态；第三，政府支持的传播形态。以期了解在妈祖信仰传播过程中，信众对信仰所建立的认同的观感。

清代广西玉林地区妈祖庙的地理分布探析

滕兰花　蔡丽锦

《玉林师范学院学报》2019年第3期

清代玉林地区妈祖庙共有8座，与广西各地妈祖庙的分布具有相同规律，主要分布在水陆交通便利的城镇或圩镇，并且多数位于江河旁边，体现了妈祖信仰与南流江航运的密切关系。其体现了以下几点：一是妈祖庙与粤商具有天然联系。二是南流江—北流江作为古代海上丝绸之路的有机组成部分，成为粤商西进的重要路径。三是妈祖神在传播过程中实现了从海神、水神到商业神的神格演变。

湄洲岛民俗舞"摆棕轿"的舞台化创作初探
——以男子群舞《跨火》为例

蔡朝虹

《福建艺术》2019 年第 5 期

妈祖文化自宋代诞生以来，历经千年，兴盛不衰。该文通过多次深入湄洲岛参加民俗活动和采风调研，探析其中的民俗舞"摆棕轿"的起源、发展、表现形式、形态特征、基本动律、步法与手法，及其运用于男子群舞《跨火》的舞台化创作的情况，不仅有助于让更多的人了解湄洲岛这一古老的民俗舞蹈，还能为"民俗舞的舞台化创作"这一议题提供有价值的参考。

融合与互动：明清时期鲁西地区民间信仰述记

胡梦飞

《德州学院学报》2019 年第 3 期

明清时期鲁西地区特殊的地理环境和社会文化造就了民间信仰的多样性和复杂性。频发的水、旱、蝗等灾害导致了各类治水神、祈雨神和驱蝗神信仰的盛行，成为自然环境因素在民间信仰领域中的重要反映。民间信仰不仅深受地理环境的影响，也与当地的经济结构、文化传统密切相关。特殊的社会环境和文化传统在对妈祖等外来信仰产生影响的同时，也造就了名目繁多的"地方土神"。围绕信仰活动而存在的地方神灵、祭祀仪式和祭祀组织等在地方社会生活中起到了不可忽视的作用，反映群体成员共同利益与需求的神灵信仰成为地域社会建构的重要因素。

海上丝绸之路视野下妈祖文化的历史作用和现实作用

王志习

《文物鉴定与鉴赏》2019 年第 13 期

海上丝绸之路自古以来就是我国的交通要道。据最新的考证,妈祖文化是海上丝绸之路繁荣发展的文化基础之一,这对于 21 世纪的"一带一路"建设无异是一个具有极大文化价值的结论。因此,打造妈祖文化品牌,建立妈祖文化产业,发挥妈祖文化纽带作用,是历史和现实的最好交互。

妈祖信仰概述

林思恩

《文物鉴定与鉴赏》2019 年第 14 期

妈祖神话及其形成的民间信仰、风俗习惯等是中华民族文化的一部分。妈祖文化历史悠久,从北宋至今,已有一千多年的历史。妈祖文化很早以前就漂洋过海传播到我国台湾地区,以及日本、朝鲜等国家。它的传播对中外经济、文化的交流起到了积极的作用。一千多年来,妈祖被很多群众信仰,也受到历代朝廷官员的重视。

妈祖文化融入志愿服务实践的功能及路径探讨

周振兴

《莆田学院学报》2019 年第 4 期

志愿服务实践是弘扬妈祖文化的有效载体,体现在主体方面,妈祖文化对志愿服务实践发挥着个体文化濡化、群体自我认同和社会心灵契合的功能。探讨妈祖文化融入志愿服务实践的路径：加强妈祖文化角色中的志愿服务主体协同融入，重视妈祖文化节日中的志愿服务养成教育，建构妈祖文化情境的志愿服务身份范式。

新时代妈祖文化涵养社会主义核心价值观探析

朱新华　陈美容

《莆田学院学报》2019 年第 4 期

简述新时代妈祖文化涵养社会主义核心价值观具有现实基础。阐述妈祖文化与社会主义核心价值观具有内在逻辑及关联性，妈祖文化是社会主义核心价值观的来源之一。另外，二者也相互促进，培育践行社会主义核心价值观应与弘扬妈祖文化相结合以增强实效性；弘扬妈祖文化应与社会主义核心价值观相承接以实现自身的创造性转化和创新性发展。实现妈祖文化涵养社会主义核心价值观的路径具有多维性，应在尊重妈祖文化发展规律的基础上，不断挖掘其文化内核以促进社会主义核心价值观的培育。

封建政权与妈祖文化认同的适时"在场"
——以"权力—游戏"为研究视角

胡　骞

《莆田学院学报》2019 年第 4 期

该文从封建帝王敕封妈祖的历史现象入手，尝试以"权力—游戏"视角，通过解构封建政权与文化认同适时"在场"的矛盾过程，重新审视封建王朝时期妈祖文化认同机制，进而探究其底层逻辑。研究发现，在文化认同机制中，权力主导者运用文化策略规约和塑造了个体的社会认知模式，然而，个体也能积极地利用主体认知模式进行抵抗：或寻求自由、自得其乐，或隐蔽自我、逃避控制。研究揭示了封建时代文化认同机制的建构所暗含的文化权力格局，并试图为今后扩充认同建构的文化实践路径，以文化协调国家与社会的关系，提供另一种研究视角。

探寻具有妈祖文化特色的闽台文创产品
——论湄洲女服饰元素的应用

吕亚持　吴钺　金博闻

《莆田学院学报》2019 年第 4 期

该文以湄洲女服饰为研究对象，分析湄洲女服饰的传承现状。从多个设计角度出发，丰富妈祖文化传播载体，拓展途径。并参考闽台两岸文创设计产品，提取湄洲女服饰中的重要元素，结合当地实际情况，举例分析湄洲女服饰元素在不同种类文创产品中的设计应用，以促进妈祖文化传承与创新。

妈祖文化传播空间分布特征及机理分析

林明太　连晨曦

《淮北师范大学学报（哲学社会科学版）》2019 年第 4 期

妈祖文化源远流长，不仅在我国有着巨大的影响力，且借由"妈祖文化圈"的辐射力而远播海外。妈祖宫庙与信俗活动在妈祖文化的弘扬和传承过程中起着重要作用。海上丝绸之路的繁荣发展、人口迁移、妈祖信仰特性的不断变化等因素均对妈祖文化的空间分布特征产生了一定影响。在传承弘扬妈祖文化的过程中，应当积极响应"一带一路"倡议、利用华人华侨人口迁移，扩大妈祖文化的包容性，加强两岸妈祖文化交流，以提升妈祖文化传播空间分布的广泛性。

妈祖文化海外传承的动因、方式与当代作用研究

张宁宁

《中国海洋大学学报（社会科学版）》2019 年第 5 期

妈祖文化是海外移民的精神支柱，是他们联系乡邦情谊、解决生存问题的重要依托。面对不同的文化背景，海外华人华侨通过对妈祖的信仰，不断寻求文化认同。通过海上贸易与海外移民等方式，妈祖文化不断传播到海外诸多国家与地区。新时期，在"一带一路"倡议下，在文化与经贸融合以及实现祖国和平统一的过程中，妈祖文化起到重要的桥梁与纽带作用，其传承具有重要的现实意义与时代意义。

论台湾妈祖信仰中的居士型"诵经团"

徐荣崇　钟承翰

《妈祖文化研究》2019 年第 3 期

台湾地区的诵经团主要有出家型与居士型两类。该文阐述诵经团类型与名称差异、出现时间及其源流概况；重点探讨居士型诵经团的意义、仪式内涵、运用经典与运作方式，理解诵经团在台湾地区妈祖信仰中的意涵、角色以及所呈现出的多元面貌；指出诵经团有别于念经，主要是以唱诵或歌咏的方式呈现，多为义务的中老年妇女所组成。其缘由主要在于她们接替了原先常住妈祖庙出家人之祭祀工作。其祭祀工作主要包括：平日早晚课，初一、十五日祈福诵经（法会），中元普度法会，礼斗法会，神佛圣诞祝寿以及其他等六大类型。每一类型的祭祀均有其意义。

妈祖余音：日据时期台湾消失的妈祖庙探析
——以竹堑内妈祖天后宫为例

林孟蓉

《妈祖文化研究》2019 年第 3 期

该文以台湾地区曾经消逝的妈祖庙竹堑内天后宫为例，将历史变革与文化传承作为探讨核心，试图从历史沿革中梳理妈祖文化在台的传承意义。该文以文献梳理和实地田野访查为方法，论述范围包括乾隆年间竹堑内妈祖天后宫的倡建与修建、日据时期妈祖天后宫的变革、光复后的重建、现况等四个部分，试图在历史与文化的变革中理解竹堑内妈祖天后宫如何在文化洪流里蜕变。同时，该文也尝试说明竹堑内妈祖天后宫如何在严苛的历史条件下浴火重生，以及如何在法定规范下通过"改制"再度重现妈祖文化传承的生命力。

海南岛妈祖文化传播状况、原因与影响

刘福铸

《妈祖文化研究》2019 年第 3 期

该文核实并补充海南岛见载于旧方志的妈祖宫庙数量，调查海南岛当代妈祖文化恢复和发展现状，探讨海南岛妈祖信仰兴盛原因以及传播的主要影响。

村庄共同体
——台湾"联庄"妈祖庙研究

潘是辉

《妈祖文化研究》2019 年第 3 期

汉人移民在拓垦台湾地区的过程中,通过兴建村庙建立村庄信仰中心。在移垦社会进展到一定阶段时,需要更大范围凝聚人群与稳定社会的力量,因此跨村庄的"联庄"组织应着社会发展的需求而产生。妈祖信仰在台湾地区是有效凝聚跨祖籍、跨信仰的人群媒介,成为超越村庄的区域联系方式。该文以台湾中南部土库顺天宫妈祖庙为例,说明妈祖信仰如何凝聚跨村庄"联庄"组织以进行运作,为台湾地区人民带来生活上的福祉,因此妈祖信仰得以在台湾地区得到大多数民众长久的爱戴。

论妈祖文化对漕运影响及在"海上新丝路"建设中的价值

黄少强

《妈祖文化研究》2019 年第 3 期

在元明清时期漕运发展的过程中,妈祖信仰功能显著。妈祖精神与河海漕运的商贸发展相得益彰,相辅相成。该文认为,妈祖精神是妈祖文化能在漕运中传播的重要前提;广大漕民(移民)是传播妈祖信仰的组成力量;历代王朝统治阶级利用妈祖灵威护国安邦,是妈祖信仰的助推手。该文指出,发展"21 世纪海上丝绸之路"的构想,妈祖信仰是不可缺少的重要组成部分,必将成为"21 世纪海上丝绸之路"建设和发展的连接纽带、沟通桥梁和精神支撑,具有其独特魅力和现实价值。

中国妈祖信仰的韩国式变化与海洋文化

李定勋　唐　田

《妈祖文化研究》2019 年第 3 期

该文把中国妈祖信仰的特征总结为女神、海神、国家神等形象，并将其与韩国文学中出现的人物形象进行比较。与中国相比，韩国的女神信仰相对较弱。以 12 世纪，即史载妈祖信仰传入韩国的时间为基点，分析高丽时代的舶来神仙桃圣母、17 世纪小说《崔陟传》、群山仙游岛流传的五龙庙和林氏老姑的故事。从这些传说中可以清楚地看出，韩国的女神有着海洋文化的特质。韩国并没有妈祖这样以民间传承为基础的女神，同时，百济和高丽的海洋文化也呈现出逐渐萎缩的趋势。通过韩国女神信仰与妈祖信仰的比较分析，我们可以重新理解曾经以海上丝绸之路连接的东北亚地区。

妈祖传说在海上丝绸之路的传衍、变异及其海洋文化质素

谢瑞隆

《妈祖文化研究》2019 年第 3 期

该文考察妈祖生平传说在海上丝绸之路上的传播演化，发现相关传说在各地理空间的传衍、变异，诸如家世传说由官宦世族之女衍出渔家女的异文、妈祖生平战胜海洋威胁的传说之拓衍、妈祖离世传说从"飞升"和"羽化"衍出亡于海洋的异文，这些叙事的演化当以妈祖信仰的海神文化质素以及其海神的典型形象为基底而来。该文试图梳理妈祖生平及离世的相关传说，从而从妈祖信仰的海洋文化的基底建构出其典型发展形态。

从朝鲜使臣的航海经历看妈祖文化的影响
——以天启四年的朝鲜谢恩、奏请使一行为例

祁 山 刘晓东

《妈祖文化研究》2019年第3期

该文以天启四年（1624）出使明朝的朝鲜谢恩、奏请使一行的航海经历为例，说明妈祖文化的巨大魅力及其给明末朝鲜使臣所带来的重大影响。朝鲜谢恩、奏请使一行起航不久，就遭遇逆风恶浪，多人葬身大海，在路经辽东广鹿岛时经僧人指点，祭海神时把天妃（妈祖）列在首位，迎来了意想不到的大顺风，故谢恩、奏请使一行在庙岛天妃庙"焚香沈币，为文而谢海神"；返程时，在铁山嘴前洋祭以天妃（妈祖）为首的海神时再现神奇效应，所以回到朝鲜登陆前"祭大海诸神而谢之"。朝鲜谢恩、奏请使一行的航海经历，加大了朝鲜使臣对天妃（妈祖）的迷信和敬畏，也进一步扩展了妈祖文化在朝鲜半岛的影响，推动了妈祖文化在朝鲜半岛的传播。

论仙游枫亭灵慈庙壁画的图像视觉性

黄 劲

《妈祖文化研究》2019年第3期

该文阐述了仙游县枫亭镇灵慈庙的历史及其壁画内容价值，剖析该图式妈祖故事的图像视觉表现，主要从构图、造型、色彩与线条等四个方面加以详述，进而探讨其视觉意趣表现及其独特的地域性图像视觉特征。

2019年"妈祖文化与'一带一路'建设学术研讨会"会议综述

林明太

《妈祖文化研究》2019年第3期

在新的历史条件下,以构建人类命运共同体为导向的"一带一路"倡议赋予了妈祖文化以全新的时代内涵。7月18—21日,2019年"妈祖文化与'一带一路'建设学术研讨会"在国家历史文化名城沈阳举行,吸引了来自沈阳师范大学、浙江海洋大学、齐鲁大学、嘉兴学院、莆田学院、辽宁金融职业学院和台湾明道大学等高校和研究机构的30多位专家学者参加。与会学者围绕"妈祖与'一带一路'建设"这一主题,就"妈祖与海洋、海丝文化研究""妈祖文献资料体系构建""海外妈祖文化传播研究"等议题展开研讨,并取得丰硕成果。

妈祖文化视角下民俗体育融入高校体育的价值研究

彭素珍

《理论观察》2019年第8期

该文根据国家和我省"十三五"规划确定的任务目标和要求,围绕"健康中国2030"规划,探索妈祖文化视角下民俗体育融入高校体育的价值,为高校体育的可持续发展提供咨询。采用文献资料法、田野调查法、访谈法、数理统计法、比较分析法、逻辑推理等为主要研究方法,应用人类学、历史学、文化学、民俗学、社会学、体育学等相关学科理论,从科学发展观角度进行分析。妈祖文化视角下民俗体育融入高校体育面临的制约因素:对民俗体育教育意识淡薄;对民俗体育课程资源挖掘不深、拓展不够。价值:有助于大学生身心健康发展;丰富了高校体育课程资源;开拓了高校体育教学的创新性;引领民俗文化可持续发展。总之,为民俗体育融入高校体育的可持续发展提供理论依据,这对创新福建高校体育思路、丰富福建高校体育课程资源,服务致力于打造"世界妈祖文化中心"的莆田地方政府等具有重要的实践指导意义。

台湾妈祖信俗与乡土社会的互动发展研究

宋建晓

《世界宗教研究》2019 年第 4 期

台湾妈祖信俗与传统乡土社会紧密结合，形成了一个个以妈祖信俗为核心的"祭祀圈"和"信仰圈"，并孕育产生了丰富的地方文化艺术；受现代化交通、网络和新媒体等因素的影响，台湾妈祖信俗与当代乡土社会的互动进程不断加速，其交织面也越来越广，除却民众日常的宗教信仰生活之外，也涉及政治、经济和文化领域，深入影响各行各业。妈祖信仰的政治化、商业化、遗产化、国际化也反过来加速了妈祖信俗在当代社会的转型和发展，其形式与内容变得越来越复杂，呈现出后乡土时代的特征。台湾妈祖信俗与乡土社会的结合有其内在的生成机制，妈祖信俗是台湾地区乡土社会和谐的"文化纽带"、治理的"整合器"、经济的"助推器"及运行的"规制工具"。当代台湾妈祖信俗传承与转型所累积的有益经验值得借鉴，其教训则需要吸取。

妈祖与泰山娘娘共享"碧霞元君"称号再考辨
——与周郢先生商榷

孙晓天　李晓非

《世界宗教研究》2019 年第 4 期

妈祖与泰山娘娘共享"碧霞元君"称号一事，数百年来纷纭已久。周郢先生的《明崇祯朝敕封"碧霞元君"考辨——兼论泰山娘娘与妈祖信仰之关系》一文，以《颜神镇志》记载为据，认为广为流传的崇祯十三年（1640）敕封妈祖的"碧霞元君"封号，实为崇祯帝敕封泰山娘娘之封号。此说与学界历来观点大相径庭，甚需明辨。该文认为，《颜神镇志》之记载为可信度不高的孤证，难以成立。崇祯十三年（1640）明朝皇室敕封妈祖为"碧霞元君"之事，虽无官方记载留世，但先有宗教界"妈祖证位碧霞元君"之"道封"，后有大江南北信仰实践中的广泛流布和遵奉，以及清廷官方的默认，故此事为实的可能性较大。

妈祖民俗体育文化传承及其文化结构体系考略

林立新

《贵州民族研究》2019 年第 7 期

妈祖文化已写入国家"十三五"规划纲要，研究依附于妈祖信仰活动中的民俗体育现象，将更好地服务妈祖文化"一带一路"倡议。该文运用文献资料、实地考察等研究方法，发现妈祖民俗体育文化存在于庙祭、海祭、境祭、家祭活动；信众心理、节庆仪式、闲暇娱乐、经济发展、两岸和平的需求是其传承基础；并从物态、制度、行为和心态四个层次对妈祖民俗体育文化结构进行梳理，系统地探掘蕴含其中的文化内涵和功能，以期做好做强妈祖文化的恢宏华章。

圣俗融合的实践与民间信仰空间扩展
——一个闽南渔村的宗教人类学考察

陈 琼

《青海民族研究》2019 年第 3 期

神圣性与世俗性并存是民间信仰的特点，二者的相互作用与民间信仰的变迁存在关联。该文通过对一个闽南渔村妈祖宫的田野调查，认为信仰空间中神圣与世俗性的互促共进与融合构成信仰空间扩展实践的逻辑前提，导致信仰空间地理和文化意义上的双重扩展。这种扩展促使了闽南民间信仰的繁荣，从中可以看到传统信仰资源在现当代社会中的巧妙转换和利用。此举不仅是民间信仰文化包容性与变通性的诠释，而且生动体现了中华文化深厚内涵和旺盛生命力的特点。

中国海神形象的演变与海神文化的传播

曹 琼

《中国港口》2019 年第 S1 期

中国海神信仰,从地域影响来看,有全国性海神和区域性海神两类。在海神形象的演变上,经历了由自然崇拜向庶民化神祇的演变。海神文化主要通过海神祭祀、建海神庙(宫)、庙会灯会、诗歌传颂、民间传说、碑文经典、戏文表演、商号会馆等八种形式传播。

传统文化传承工程实施过程中妈祖文化重构发展问题

高国兴

《闽商文化研究》2019 年第 1 期

妈祖文化是一种英雄文化、精神文化,同时也是宗庙文化、宗教文化。宗庙、宗教将妈祖林默娘从人升华为神。我们应该看到妈祖文化中许多因素已经与现代文明不协调了。在新形势下发展妈祖文化需要坚持社会主义方向、坚持古为今用推陈出新、贯彻五大理念、坚持求真务实态度重构发展,进而转变妈祖文化发展方式,开辟妈祖文化发展新境界。

清代欧峡《天后圣迹图》的图像与叙事

黄 劲

《美术》2019 年第 7 期

福建省莆田市博物馆现藏清代欧峡《天后圣迹图》,原为当地供奉妈祖的天后宫举办水陆法会所用之物。该文通过对天后宫的历史追述，回顾《天后圣迹图》的收藏递变，钩沉作者的生存环境以及艺术创作，分析图像的叙事与功能，试图还原此图作为宗教圣物的创作及使用的历史情境，探寻民间宗教绘画图像叙事的意义转换。

妈祖庙里的财神：现代民间信仰的内在结构研究
——基于蓬莱北王绪村妈祖庙的调查

宋宁而　姜　靖

《中国海洋社会学研究》2019 年第 00 期

蓬莱北王绪村是胶东半岛传统渔村。自从村内的妈祖庙经历重修并请进财神，财神便渐趋成为妈祖庙中香火最旺之神灵，也使妈祖庙的香火更旺。财神在进入妈祖庙后之所以香火久盛不衰，与渔业对农业具有依赖性、职业结构日趋多元化、妈祖功能的延伸和财神求财的功能互补等密切相关；而信众形形色色的祭拜行为则是庙宇的传统文化符号作用、公共空间重塑的力量和群体认同的重构等社会条件下的结果。祭拜者在同一庙宇空间中，共同祭拜最有用之神，及至各人拜各神、一人拜多神、交叉拜众神的现象，是我国民间信仰及其文化体系的实用主义构造的产物，而我国文化的实用主义内在结构也正是传统文化在现代化过程中得以传承和发展的深层动力。

以观音为师
——观音与妈祖、陈夫人、玄天上帝之信仰互动

李世伟

《宗教哲学》2019 年第 3 期

文献与传说的交融运用
——以溪湖福安宫建庙与蛇年建醮为例

柯光任

《台湾古文书学会会刊》2019 年第 4 期

以台南市麻豆区护济宫论析庙宇修复文化保存与再现

卢薇乔

《文化资产保存学刊》2019 年第 6 期

2018 林园凤芸宫妈祖海上巡香文化探究

黄淑敏

《雄工学报》2019 年第 6 期

妈祖与观音间的模糊地带

释绍和

《问哲》2019 年第 6 期

从天妃的朝封与道封思考国家与道教对于地方宗教的一阳一阴的双重治理

张　珣

《华人宗教研究》2019 年第 7 期

彰化县溪湖福安宫文物调查

陈宥朋　张玉珠　卓芷瑜

《庶民文化研究》2019 年第 9 期

观音、妈祖与圣母
——圣像东传的若干问题与考察

戚印平

《南国学术》2019 年第 11 期

论妈祖信仰的演化动因及演变过程

谭德贵

《宗教哲学》2019 年第 12 期

新北市土城区"妈祖田"之地名考暨相关问题探讨

卓克华　王启明

《台北文献》2019 年第 12 期

论神祇信仰传播的动力：谁为妈祖立庙？

张家麟

《宗教哲学》2019 年第 12 期

妈祖类文章

2019中国航海日"行舟致远"航海文化论坛

《闽商文化研究》2019年第2期

2019年10月31日至11月2日,第四届世界妈祖文化论坛暨第二十一届中国·湄洲妈祖文化旅游节在湄洲岛隆重举行。本届论坛由文化和旅游部、自然资源部、中国社会科学院、民革中央、澳门特别行政区政府和福建省人民政府主办,来自世界五大洲42个国家和地区以及国际组织的政府官员、专家学者、企业家和社会各界人士共800余人,汇聚一堂,围绕"妈祖文化·海洋文明·人文交流"的主题,倡行妈祖精神,同叙妈祖情谊。

妈祖信仰:延续文化血脉 联结两岸情感

李朝霞

《人民政协报》2019年11月30日

妈祖信仰不仅是台湾人的精神抚慰,更是他们内心深处对中华民族、中华文化根脉的坚守。即使当前,妈祖信仰仍可跨越历史的鸿沟与政治的界限,延续中华文化的血脉,联结两岸人民的情感。

让妈祖文化绽放新的时代光辉

《中国自然资源报》2019 年 10 月 30 日

妈祖文化的起源,与我国航海事业的发展息息相关。随着宋元时期拓展海疆、明代郑和下西洋以及清代海上贸易的繁荣,妈祖信俗从福建莆田的湄洲岛走向世界,以至于"凡有华人的地方就有妈祖"。妈祖信仰是中国海洋文化的重要组成部分,妈祖是海洋文明的重要象征。妈祖信仰以湄洲为起点,不断向外延伸拓展,"立德、行善、大爱"的妈祖精神内涵和"平安、和谐、包容"的妈祖文化特征,也使其成为海上丝绸之路最直接、最便捷、最广泛的文化交流纽带。

泉州法石地区妈祖宫庙调查

卓阳萍

《寻根》2019 年第 2 期

泉州法石街西与泉州中心市区接壤,东濒后渚港,曾是泉州海上丝绸之路的重要出海口,社区内文物古迹众多,尚存有"文兴渡"、"美山渡"、宋代古沉船、古碑刻等海上丝绸之路遗迹,宗教建筑繁多,有真武庙、海印寺、文兴宫、长春宫、美山宫等国家和省、市级文物保护单位。法石地区的民间信仰十分兴盛,以往学者在对该区域进行研究时,比较侧重法石地区的地理位置、军事作用、族群发展等,较少关注该区域的妈祖崇拜。法石地区的妈祖庙最早可追溯到元代,有着一庙两分的发展过程,其境内妈祖宫庙长春宫与美山宫原为一座宫庙,清同治十二年(1873)因分境而一分为二。长春境(又称长埕)分得神像,美山境(又称尾山)分得宫庙,随后各自发展,因受到法石地区的地理环境、经济因素等影响,其发展具有一定的特点。

走近妈祖

李正西

《中国宗教》2019年第4期

有关妈祖的传说甚至引起了历代帝王的注意和表彰。自宋代至明清,我国历代帝王曾先后给妈祖加封过"灵慧夫人""天妃""天后""天上圣母"等封号。"她住在灯塔的岛上,海霞是她的扇旗,海岛是她的侍从;夜里她曳着白衣蓝裳,头上插着新月的梳子,胸前挂着明星的璎珞,翩翩地飞行于海波之上。"来到位于"荔城"福建莆田的妈祖诞生地湄洲岛,走近巍峨伫立的妈祖像,不禁想起冰心在《往事》中对"海的女神"的歌颂。

妈祖成神记

窦 苒

《商业文化》2019年第3期

在世界各地官方或民间的信仰系统中,临水之地,保护水上航运的神祇是生活、生产不可缺少的一个神明。历史上,我国的水神(海神)信仰繁多,如擅长治水的君主禹帝、掌控水源的水德星君、管理海洋的东海龙王、保护舍利子东来的招宝七郎等,但他们的影响力都不及观音菩萨(慈航道人)和妈祖(天妃、天后)。

闽台合作　共谱佳志
——在台湾台中市大甲镇澜宫《妈祖文化志》首发仪式上致辞

俞　杰

《福建史志》2019 年第 2 期

妈祖信俗被列为世界非物质文化遗产已达 10 年，《妈祖文化志》的编纂也是在 10 年前，由福建省地方志学会与台湾妈祖联谊会签署了《关于共同编纂〈妈祖文化志〉协议》而开启的。10 年后，4 卷本 300 多万字的《妈祖文化志》，终于刊行面世了。妈祖文化源于北宋初期，至今已有 1000 多年的历史。在大陆沿海、港澳台地区，以及东南亚一带，妈祖形象可谓深入人心，老少皆知。

天后行宫与妈祖文化节

高　芸　鲁　尹

《走向世界》2019 年第 22 期

烟台是一座文化底蕴深厚的城市，在这座港城最繁华的街道上闲逛，你一定会被一座绿瓦红墙的四方院落所吸引。烟台天后行宫（又称福建会馆、烟台市博物馆），这座古老的建筑守着时光的印记，迎接着一次又一次的鼎盛。4 月 27 日（农历三月二十三日），2019 烟台天后行宫妈祖文化节"纪念妈祖诞生 1059 周年春祠祭典"表演在此举行。

"宫庙政治学":台湾政治人物的选举必修课

韩 冰

《世界知识》2019 年第 11 期

不久前在岛内举行的台中大甲妈祖、苗栗白沙屯妈祖绕境活动中,有意于 2020 年角逐台湾地区领导人位置的人纷纷奔赴镇澜宫、拱天宫以及妈祖绕境时驻跸的宫庙参拜上香。而身为热门人选的台北市市长柯文哲同样"不甘寂寞",跟着大甲妈祖八天七夜绕境走完全程。

800 余名台湾妈祖信众赴闽谒祖进香

龚 雯

《台声》2019 年第 19 期

10 月 10 日,台湾云林县麦寮拱范宫主任委员张克中赴福建省漳州市进行妈祖文化交流活动。当天,包括麦寮拱范宫在内的 20 多家台湾地区妈祖宫庙的 800 余名妈祖信众,参访漳州上街天后宫。现场彩旗飘扬,鞭炮齐鸣,花鼓队、大鼓阵浩浩荡荡迎驾,引领台湾地区信众在上街天后宫旁主要街道绕巡,热闹非凡。祈福进香仪式上,台湾地区信众身披绶带,面向几十尊两岸妈祖依次进行迎神、献香、献帛、献花、诵读祈告文等传统祭祀礼仪。

妈祖文化为媒　两岸信众汇聚苏沪缔结同胞情谊
——2019 年海峡两岸妈祖文化交流暨湄洲妈祖巡安布福江苏、上海活动侧记

郑江洛

《台声》2019 年第 18 期

9 月 6 日，2019 年海峡两岸妈祖文化交流暨湄洲妈祖巡安布福江苏、上海活动在莆田启动。本次活动持续至 9 月 12 日，湄洲妈祖先后驻驾（驻跸）江苏昆山、常熟，上海金山区山阳镇、松江区方塔园天妃宫、上海玉成天赐珠宝有限公司和宝山区尊木汇国际艺术广场等地。

妈祖是民心相通的独特载体

周金琰

《湄洲日报》2019 年 9 月 17 日

人类社会发展到 21 世纪，各种思潮层出不穷，文化竞争千姿百态，如何在当前世界发展势态下，促进"民心相通"，用中国声音演绎中国故事，与各国进行有效沟通、交流、互动，是一个十分需要重视和研究的课题。

传承妈祖文化　打造黄田荔枝地标

《新经济》2019 年第 9 期

2019 年 6 月 22 日，举办首届黄田荔枝文化节暨首届黄田天后古庙巡安活动，黄田社区荔枝飘香，人气沸腾，全天精彩的活动吸引了近 5000 人参与。2018 年末，

"黄田荔枝"通过了农业农村部组织的全国农产品地理标志评审,成为深圳市首个在农业农村部登记的农产品地理标志。黄田社区以黄田本地特色文化为主题举办此次文化节,以荔枝会友,迎四海宾客,扬妈祖文化。

全国台联会长出席"两岸妈祖缘"文化交流活动启动仪式并致辞

邓 靖 王 宇 靳煦男

《台声》2019 年第 11 期

孟夏时节草木长,妈祖渊源一家亲。6月1日上午,"两岸妈祖缘"文化交流活动在天津天后宫正式启动。全国政协副主席、台盟中央主席苏辉,全国台联会长黄志贤,中共中央台办、国台办副主任陈元丰,台湾妈祖联谊会荣誉会长、台中大甲镇澜宫董事长颜清标,云林北港朝天宫董事长蔡咏锝等出席活动。

从台湾竹枝词看妈祖信仰文化

李蔓林

《统一论坛》2019 年第 4 期

"竹枝"原是古代巴渝地区民间歌谣,宋代郭茂倩编撰的《乐府诗集》所录唐代《竹枝》前附序文曰:《竹枝》本出于巴渝。唐贞元中,刘禹锡在湘,以俚歌鄙陋,乃依骚人《九歌》作《竹枝新辞》九章,教里中儿歌之。该文对台湾竹枝词中有关妈祖信仰文化的内容进行梳理分析,发现绕境进香是不少诗人创作的主题。妈祖文化活动格外受到女性青睐,也成为展现台湾民间风俗的重要载体。

台湾地区"民间信仰"与选举政治的亲和关系

韩 冰

《统一论坛》2019 年第 4 期

台湾地区宗教生态丰富多彩,而民众的宗教信仰亦具多元化特征。岛内寺院、宫庙、神坛与教堂林立,佛教、道教、基督教、妈祖等民间信仰广泛流行,除少数民众委身基督教等一神信仰外,其他人普遍具有泛神信仰倾向。

千年闽商商会会馆 宁波、妈祖册封与妈祖庙

本刊编辑部

《闽商文化研究》2019 年第 1 期

闽商是中国最为典型的海洋商帮,行商全球、汇通天下是其文化特征。从现有的资料看,闽人在距今 6000 多年就能够借季风洋流的力量,一方面不断地向海洋深处迁徙,在世界各地都留下了足迹;另一方面,更是在东亚大陆东部的海岸线以及诸多岛屿上梯度开发,造就了闽人在北到渤海湾以南、东至台湾诸岛、南至海南诸岛的族群传播。随着闽商的迁徙,闽商在主要的经商定居地建起了会馆、商会。

"妈祖:妈妈的妈,祖国的祖"

吴伟锋

《湄洲日报》2019 年 12 月 20 日

澳门地名源于妈祖阁。纪念澳门回归祖国 20 周年,当地许多莆籍乡亲回首澳门与莆田的特殊渊源情缘,倍感自豪。

当"妈祖保佑"遇到"萨瓦迪卡"

吴伟锋

《湄洲日报》2019年11月29日

为主动融入国家"一带一路"建设,按照市委、市政府的安排,湄洲岛于11月中旬组织"妈祖下南洋·重走海丝路"湄洲妈祖巡安泰国暨中泰妈祖文化交流活动,取得丰硕成果。

林金榜:为传播妈祖文化建言

《人民政坛》 2019年第10期

1997年,林金榜当选为湄洲妈祖祖庙第三届董事会董事长,从此他全身心地投入妈祖文化事业中。在担任福建省、莆田市两级人大代表期间,他认真履职,不遗余力地为推进两岸融合发展贡献自己的力量。

世界妈祖文化论坛永久性会址旅游项目获鲁班奖

周凌瀚

《湄洲日报》2019年12月13日

12月10日召开的建筑业科技创新暨2018—2019年度中国建设工程鲁班奖(国家优质工程)表彰大会表彰了241项鲁班奖工程。其中我市世界妈祖文化论坛永久性会址旅游项目(勘察、设计、施工、构配件一体化)EPC工程总承包获得表彰,这是我市首个获得鲁班奖的工程项目。

第三届"妈祖杯"海上丝绸之路国际羽毛球挑战赛开幕

黄国清

《湄洲日报》2019 年 11 月 29 日

洁白羽毛寄深情,"海丝"健儿聚莆田。昨晚,莆田市综合体育馆星光熠熠,欢声笑语,热闹非凡。第三届"妈祖杯"海上丝绸之路国际羽毛球挑战赛在各界的期待中炫丽开幕。

近距离感受妈祖文化

吴伟锋　陈永忠　林　英　郑已东　傅梅香

《湄洲日报》2019 年 11 月 29 日

昨日,在赛事主办方精心安排下,羽坛名将鲍春来、徐晨、杜婧、张宁、洪炜、谢中博等前往湄洲岛,感受湄洲岛发展新气象,近距离感悟妈祖文化和妈祖精神。

妈祖缘　连心桥

陈荣富

《福建日报》2019 年 11 月 28 日

"世界妈祖同一人,天下信众共一家。"近日,湄洲妈祖在泰国曼谷进行为期六天五夜的巡安布福之旅,在泰国侨界及华人社区掀起"妈祖热"——"同谒妈祖,共享平安",表达了当地华人及旅外华侨的共同心声。

湄洲妈祖巡安情动曼谷

李嘉宝

《人民日报海外版》2019年11月27日

"灵妃一女子,瓣香起湄洲。"近日,由湄洲妈祖祖庙董事会联合泰国南瑶宫、泰国泉州晋江联合总会和泰国林氏宗亲会举办的2019年中泰妈祖文化活动周暨湄洲妈祖巡安泰国活动圆满落幕。

共绘妈祖"同心圆"

吴伟锋

《湄洲日报》2019年1月11日

乘着改革开放的东风,湄洲妈祖祖庙走过40年的重兴历程,发生了天翻地覆的变化,先后打造出世界最大的石雕、泥塑、汉白玉、翡翠、金尊、青铜、红木、景泰蓝等妈祖圣像,湄洲岛成为世界上供奉最大妈祖圣像最多的一座"博物馆",祖庙已成为全世界妈祖信众最向往的圣地。

津沽大地的妈祖文化

张丽丹

《中国社会科学报》2019年4月2日

妈祖文化是中华传统文化的组成部分,是维系海内外中华儿女的精神纽带,也是爱国主义的重要内容。天津东临渤海,融汇九河,自隋唐以来就是华北地区重要的水陆交通枢纽,元明清三朝更是漕运与海运的咽喉要地,素称"京畿门户"。

岛内政客争先恐后攀妈祖

余 潞

《环球时报》2019 年 4 月 9 日

被岛内称为"世界三大宗教活动之一"的台中大甲妈祖绕境进香活动 7 日晚展开。虽然在大甲妈祖面前没有政治颜色,但岛内有意角逐 2020 年地区领导人的政治人物一个个争先恐后参拜,希望吸引成千上万的信徒目光,进而借神威助登大位。

纪念妈祖诞生 1059 周年大会昨在湄洲岛举行

黄国清

《湄洲日报》2019 年 4 月 28 日

昨日是农历三月二十三日,纪念妈祖诞生 1059 周年大会在湄洲妈祖祖庙天后广场举行。

国潮,让妈祖贴近年轻人

俞 靓

《福建日报》2019 年 5 月 15 日

4 月 27 日至 5 月 12 日,在莆田市古谯楼莆阳书房中,一场以"妈祖带路"为主题的文创展吸引了不少市民、游客驻足。时尚与古典在这里碰撞,擦出火花。

民心相通　加速融合

吴伟锋　曾　园

《湄洲日报》2019年5月10日

今年妈祖诞辰前后，"天下妈祖回娘家"高潮迭起，来自中国其他地区以及美国、泰国、马来西亚、新加坡、阿根廷、越南、老挝等十多个国家和地区的妈祖信众，纷纷来到湄洲妈祖祖庙，拜谒妈祖，畅叙情谊。

当台湾民间信仰遇上政治

路　梅　毕永光

《团结报》2019年4月18日

农历三月，民间信仰繁盛的台湾地区迎来民俗活动的高潮，各路神祇的出巡、诞辰庆祝活动接连不断，尤以台中大甲镇澜宫妈祖的绕境进香活动堪称年度盛事。镇澜宫妈祖出巡21个乡镇、80余座庙宇，历经9天8夜，跋涉300多公里后，回到大甲，16日深夜举行回銮安座仪式。

台湾政治为何如此"迷信"

谢　楠

《环球时报》2019年4月18日

台湾鸿海集团董事长郭台铭17日在国民党中央党部接受党主席吴敦义颁发的荣誉状后，宣布参加2020年台湾地区领导人国民党党内初选。郭台铭当天在前往新北市板桥慈惠宫参拜时，向公众表示，前几天妈祖托梦给他，要他一定要"出来"为台湾地区做事。

第十一届海峡论坛·妈祖文化活动周昨开幕

黄国清

《湄洲日报》2019年6月11日

妈祖故乡迎盛会，湄洲圣地聚宾朋。6月10日，以"中华妈祖情　两岸一家亲"为主题的第十一届海峡论坛·妈祖文化活动周开幕式在湄洲岛举行。

心灵契合　两岸和合

吴伟锋

《湄洲日报》2019年6月13日

妈祖架心桥，情缘通两岸。昨日，来莆参加第十一届海峡论坛·妈祖文化活动周的台湾地区38家妈祖宫庙信众代表，前往中华妈祖文化交流协会参加以"心灵契合·两岸和合"为主题的联谊交流活动。

海峡阻挡不了两岸融合发展

吴伟锋　郑已东　蔡昊

《湄洲日报》2019年6月11日

两岸一家亲，共叙妈祖情。6月9日下午，纪念台湾地区渔船直航湄洲岛30周年恳谈会在妈祖文化发源地湄洲岛举行。30年前台湾地区渔船直航湄洲岛的发起人、宜兰南方澳南天宫名誉主委林源吉等两岸直航亲历者、妈祖文化专家学者、妈祖信众代表一起忆往昔、话未来。

福建"女神"为何异常出彩？

谢海潮

《福建日报》2019年7月15日

自古"闽多淫祀"，诚如清道光版《厦门志·风俗志》所述，"石狮无言而称爷，大树无故而立祀，木偶漂拾，古柩嘶风，猜神疑仙，一唱百和，酒肉香纸，男妇狂趋"，以至胡朴安在《中华全国风俗志》中感叹：中国人迷信鬼神，崇拜偶像，各地皆有此风，不足为奇。

福建莆田立法保护"妈祖故里"湄洲岛

龙　敏

《中国海洋报》2019年7月31日

福建莆田市湄洲岛7月26日获立法保护。当天下午，福建省十三届人大常委会第十一次会议批准了《莆田市湄洲岛保护管理条例》。

每年有三十万台胞过来祭拜

邰晓安

《团结报》2019 年 6 月 13 日

刚参加完妈祖祭拜活动，来自台湾宜兰南方澳南天宫的十几位台胞便簇拥在福建湄洲妈祖祖庙的图片展板前。面对着 30 年前一组登陆湄洲岛的老照片，这些年过半百的台胞仔细辨认，兴奋地谈论着。

深化融合　共享发展机遇

吴伟锋　许双萍

《湄洲日报》2019 年 6 月 21 日

湄洲岛与台湾地区血缘相亲、地缘相近、文缘相承。每年有超过 30 万人次台胞到湄洲岛朝圣、旅游观光等，湄洲岛成为大陆吸引台胞最多、最密集的地区之一。

两岸同启妈祖文化活动

《团结报》2019 年 9 月 10 日

自 9 月 6 日起，海峡两岸开启了妈祖文化活动。9 月 6 日当天，2019 年海峡两岸妈祖文化交流暨湄洲妈祖巡安布福江苏、上海活动在福建莆田启动。同时，"2019 北台湾妈祖文化节"在台湾宜兰县举行。

牢记嘱托勇于担当　切实保护好湄洲岛

黄国清

《湄洲日报》2019 年 9 月 3 日

9月2日，市委书记林宝金带领市直有关部门负责人深入湄洲岛调研。他强调，要认真落实好习近平总书记关心湄洲岛发展、保护好湄洲岛的重要嘱托，以时不我待、只争朝夕的精神状态投入工作，进一步把湄洲岛保护好、发展好。

倡行妈祖精神　共叙海洋情怀

陈佳邑

《中国海洋报》2019 年 11 月 6 日

妈祖，扶危济困，善良勇敢，28 岁时在一次海上救援中遇难，被沿海人民尊为"海上女神"，立庙祭祀。从一个普通女子，到拥有 3 亿多名信众的中国历史上唯一的航海女神，几千年来，妈祖精神代代相传，形成了一种独特的文化力量。

民间公益救助　传承妈祖精神

刘金通

《湄洲日报》2019 年 7 月 15 日

南日渔民常年在外打鱼，从事海上养殖作业，易发生意外事故。除了政府应急救援部门外，还需要一支懂技能、知水性，又乐于奉献、无偿参与的民间救援队伍。日前，莆田蓝天综合救援中心获批成立，南日蓝天救援分队成为其中一员。

互联互通互融　共商共建共享

吴伟锋

《湄洲日报》2019 年 11 月 15 日

第四届世界妈祖文化论坛圆满落幕，论坛效应也越来越明显，湄洲岛持续沿着习近平总书记指引的方向奋进，推进世界妈祖文化中心核心区建设，让妈祖文化迸发出更加璀璨的时代光辉。传播妈祖文化，促进心灵融合。

第四届世界妈祖文化论坛昨在湄洲岛举行

黄国清　吴伟锋　许爱琼

《湄洲日报》2019 年 11 月 2 日

妈祖故乡，喜迎盛会。在妈祖信俗列入世界非物质文化遗产代表作名录 10 周年之际，11 月 1 日，第四届世界妈祖文化论坛在湄洲岛举行。全国政协副主席、民革中央常务副主席郑建邦出席并宣布：第四届世界妈祖文化论坛开幕。

保护世界文化品牌　发挥作用造福人类

莆田妈祖文化研究院

《湄洲日报》2019.年 9 月 18 日

作为一份世界非物质文化遗产，妈祖文化要充分保持旺盛的生命力和影响力，就必须做到创新发展。既要做足内功，以自身发展作为妈祖文化走向世界的坚实基础，又要扩大交流推广，把传统文化和现代精神统一起来。同时还要搭建好平台，让其在推动世界文明发展中发挥更大的作用。

妈祖文化,打响品牌

卓晋萍　吴伟锋　郑已东

《湄洲日报》2019年1月7日

莆田是妈祖的故乡,妈祖文化是莆田最亮丽的一张名片。近年来,党中央、国务院和省委、省政府十分重视发挥妈祖文化的积极作用。我市借势发力、乘势而上,进一步打响世界妈祖文化论坛品牌,提升莆田的知名度、影响力,加快建设世界妈祖文化中心核心区。

澳门妈阁行

林群华

《湄洲日报》2019年12月24日

"你可知Macau不是我真姓,我离开你太久了,母亲……"1999年,澳门回归祖国怀抱,那时闻一多先生的《七子之歌——澳门》响彻祖国大江南北。当时在上中学的我不曾懂得Macau与自己朝夕仰慕的妈祖的关系竟源远流长。出生于妈祖故乡湄洲岛的我,打小就听着长辈讲妈祖故事长大。

硕博论文

平乐县妈祖文化传播研究

赖伊婷

(广西大学 2019 年，指导老师：邢永川)

妈祖原型为宋代莆田湄洲岛一名叫作林默的渔家姑娘，她热心助人、勤劳勇敢、见义勇为，在 28 岁因救助海上遭遇风浪的渔民而羽化升天，成为当地人们心中的"海上保护女神"。1000 多年来，妈祖"立德、行善、大爱"的精神不断被传扬，妈祖信俗逐渐成为我国最重要的民间文化之一，于 2009 年被列入人类非物质文化遗产代表作名录后，愈加受到关注。而以妈祖信仰为核心的妈祖文化更是中华民族优秀传统文化的重要组成部分。平乐，一个处于广西东北部的内陆县，却盛行着在沿海地区流行的妈祖文化。平乐县妈祖文化始自明末清初，至今已有 400 多年的历史，其在县城发展的历史中起到了重要的作用，产生着广泛的影响力，"平乐妈祖信仰习俗"于 2018 年被列入广西第七批自治区级非物质文化遗产代表性项目名录。平乐县妈祖文化在传播过程中不断发展演变，与当地的其他文化碰撞融合，共同构成了平乐多元的民俗文化。该文以平乐县妈祖文化为研究对象，以文化传播理论为主要依据，通过田野调查和文献搜集，获取第一手资料和历史资料，了解平乐县妈祖文化的传播情况。首先，文章从历时性的角度对平乐县妈祖文化的起源与发展进行梳理，理清了妈祖文化在平乐县的传入与扩散、式微与沉寂以及复兴的历史发展脉络；此外，从共时性的角度阐述了平乐县妈祖文化对外的符号呈现，将其分为了物质文化符号、精神文化符号和行为制度符号 3 个部分。其次，文章对平乐县妈祖文化的传播现状从传播主体、传播渠道、传播效果 3 个方面进行了分析。传播主体由政府和信众构成,传播渠道包括口头传播、纸质媒体传播、电子媒体传播及网络媒体传播,并对各种传播渠道中涉及平乐县妈祖文化的相关内容进行了整理归纳。最后一章着重对传播现状中出现的问题提出了优化建议,以期对平乐县妈祖文化在新时期的传播有所裨益。

仪式与认同:台湾白沙屯妈祖进香习俗研究

王梓薇

(华中师范大学 2019 年,指导老师:徐金龙)

妈祖信仰作为海峡两岸共同的信仰,是维系两岸关系的重要纽带,也是证明两岸同根同源的重要证据。研究妈祖信仰,有利于维系两岸的亲缘与友谊的桥梁,有利于促进两岸学术文化交流,更有利于促进两岸和平发展与统一。由于台湾岛四面环海,当时人们的主要产业依然是渔业,所以妈祖作为海上守护神始终在台湾人民心中占据重要位置。后来,随着妈祖信仰的根深蒂固,人们不仅仅将妈祖视为海神,而是逐渐扩大妈祖的功能,最后将之演变成如同妈妈一样可以诉说心事的全能平安保护神。台湾妈祖信仰体系复杂,在台宫庙众多,规模不一,各主要宫庙有各自的信仰圈和祭祀圈,并且有各自有同有异的庆祝节日及宗教仪式。在各地区人民心中,本区的妈祖是守护一方的守护神,他们从妈祖那里得到心灵慰藉与人身保护,他们也有义务在特殊的日子里为妈祖举行相关仪式奉祀妈祖。最盛大的莫过于每年农历三月二十三日妈祖诞辰,全岛的妈祖信众都会视自身情况参加妈祖进香仪式,跟随妈祖銮轿前往祖庙"回门"进香,并从祖庙取回代表祖庙"灵力"的香灰,放进"分灵"庙的香炉中,以示"灵力"的增强,全程七到十五天不等。笔者通过实地调研,走访了台湾部分地区主要的几座妈祖庙,如北港朝天宫、大甲镇澜宫、白沙屯拱天宫,尤其对白沙屯拱天宫妈祖进行重点研究,全程参与徒步进香,并进行后续跟踪调研和采访。该文根据史料和田调材料,从妈祖信仰本身出发,对台湾地区妈祖信仰的来源、妈祖信仰在台湾地区本土的演变和发展情况进行介绍,并对根植台湾地区后所形成的本土的祭祀圈与信仰圈进行分析，重点阐释妈祖进香仪式以及其中所隐含的个人认同和群体认同——自身人格和品质的修炼及信徒之间由共同信仰建立起来的如同兄弟姐妹一般亲切的人际关系——及其带来的影响，对女性和儿童在仪式过程中所扮演的特殊角色给予特别关注。该文将在全文中贯穿民间信仰对社会结构和社会秩序的建构作用，分析民间信仰在人们道德体系中所占的重要位置，以及民间信仰中暗含的精神力量对人的积极意义。

中国古代妈祖服饰研究

李乃翘

（苏州大学 2019 年，指导老师：张蓓蓓）

妈祖信仰肇始于宋代，是中华民族在长期的历史发展过程中所形成的独特传统民俗文化。经过千年的继承和发展，妈祖信仰不断绵延，信徒不断增多，遍布中国及海内外华人华侨聚居区，妈祖成为全球 40 多个国家 3 亿多名信众所崇敬的女神。妈祖信仰中的服饰艺术研究是妈祖文化研究领域中的一个重要方面，其中蕴含着民间信仰与中国古代服饰设计等诸多文化因素。妈祖塑像、版画、壁画及其他艺术表现形式作为该信俗的物化载体，积累了大量的有形文化资源。该文基于图像学的视角，对妈祖立体塑像和平面图像中的服饰艺术进行剖析，探讨不同时期妈祖造像的特征，分析不同艺术形式中妈祖形象与服饰的变化，比较妈祖服饰中所体现的官民及帝后服饰元素，选取与妈祖同为女神的观音、西王母，论述妈祖与观音、西王母形象及服饰当中的异同，发掘妈祖服饰与形象中反映的共性与特性，以期在妈祖艺术研究领域做出新的探索。

现代化背景下的民间信仰变迁
——泉州城南片区的个案研究

杨诗琪

（华侨大学 2019 年，指导老师：范正义）

改革开放后，民间信仰如雨后春笋般在我国各地复兴起来。探讨民间信仰与现代化的关系有助于我们进一步把握民间信仰在当代的作用，了解当今中国实现现代化的过程。在现代化改造的浪潮中，许多宫庙让道于城市建设而被拆毁。泉州城南片区是古代城市生活的中心、商业贸易的源头，那里的民间信仰同样正经历着城市建设、传统历史街区改造和社区营造的现代化"冲击"。而令人疑惑的是，城南片区仅 0.5 平方公里的范围内庙宇"林立"。在现代化的背景下，城南民间信仰得到官方政府和社区营造者的认可，被视为一种文化资源和社会资本，从而得到恢复和发展，成为社区营造、城市营销及两岸交流舞台上的"常客"。泉州市老城区的"城乡接合部"为何在现代化建设中得以生存？它以怎样的路径实现自身的发展？它和现代化又有着怎样的联系？该文将民间信仰视为一种文化资源和社会资本，将民间信仰放置在现代化语境下，通过对泉州城南片区民间信仰发展的历史梳理和田野考察，分析城南民间信仰的特点和转型因素。通过总结西方学者有关民间宗教和现代化的研究理论，进行个案对比，进一步思考城南民间信仰与现代化转型的关联，探讨民间信仰如何服务于现代化建设的诉求。

澳大利亚华文媒体对中华文化的传播研究
——以《澳大利亚时报》和澳洲新快网为例

周 瑞

（兰州大学 2019 年，指导老师：许小平 谢志娟）

约瑟夫·奈（Joseph Nye）教授曾说过，国家的实力和形象不能单凭政治和经济的力量决定，社会生活条件、文化水平，即"软实力"也是重要的因素。文化软实力指一个国家或民族的传统文化、价值观念等文化因素对内发挥的凝聚力、号召力、精神动力，以及对外产生的影响力、吸引力和说服力。中澳自 1972 年建交以来，两国交往不断深化，近年来中国和澳大利亚在国家建设上都步入了新阶段，贸易往来频繁。随着中澳关系的推进，如何提升澳大利亚社会对于中国文化的理解与认知至关重要。这不仅缘于文化自身的要义，更在于全球化时代，文化已成为国家软实力的重要部分。以此为背景，海外华文媒体发挥的作用逐渐引起重视，其对中国文化的传播成为人民普遍关注的话题。该文对澳大利亚具有代表性的华文媒体进行了内容分析和文本分析，并辅之以访谈法，通过对澳华文媒体内容分析得出澳华文媒体对文化议题的报道较重视，并对中华文化持认可与肯定态度的结论；在具体新闻报道的文本分析中，从文化范式和文化价值观两个方向切入，得出澳华文媒体在新闻语言上更加认同中华文化传统行为准则和更加热爱中华文化的结论，但这一结论也从侧面反映出了海外华人华侨在多元文化社会中对于文化认同的焦虑与踌躇心理，阐释了澳大利亚华文媒体是如何通过新闻语言向海外受众建构中华文化认同的。

妈祖文化意象
——王清源漆画创作研究

王清源

（台湾艺术大学书画系造形艺术硕士班 2019 年，指导老师：陈炳宏）

妈祖慈爱、悲悯如母亲般的情怀，是早期先民渡海来台，在异地垦荒的精神依托，因此庙宇遍布全台，自然而然形成所谓的妈祖文化，是在地文化的象征，也是笔者创作的灵感素材。笔者因机缘巧合得以学习传统工艺中的漆艺，古代漆器属于贵族阶层，现今新兴媒材普及、价格低廉，而使漆器渐趋式微。因此笔者思索，如何结合自身所学的水墨、书法艺术，应用天然漆的特殊性，秉持用古老的媒材、新的思维来诠释创作，寻找出属于自己的漆画诠释，形塑现代感的风貌，并具有艺术性的内涵与意蕴。如何把书法与绘画融合，产生另一种新的可能，不再只是传统上书法、绘画的各自分流，也是此次研究的重要尝试。错置、分割、重叠，让绘画表现形式不再只是描写性，而是更多元。"分割"后的画面，因技法和色彩不同的处理，形成几何性色块般的形或或是理同时空性的错置。线质、质感则应用天然漆的特性，尝试性为漆画寻找更多元的艺术性与不同的视觉效果，因为漆画同时具有绘画性与工艺性的双重属性。

如何形塑自己的艺术风格，并非短期内就能有所收获，祈愿借由这次的研究，来探讨系列性作品的艺术语汇，进而思索漆画的艺术品位与自我风格的形塑。现阶段的创作与论文学理的探讨，是笔者未来创作上的起点，借以激荡启发出新的探索性精神，以使未来创作上有所依归，并坚持爱我所爱，无怨无悔。

人群祭祀组织之研究：以西河林姓七角头妈祖会为例

林冠娴

（台湾屏东大学社会发展学系硕士班 2019 年，指导老师：曾光正）

该文在文献的基础上，通过访谈耆老和相关人士、实地观察相关仪式活动等方式，了解西河林姓七角头妈祖会的形成、组织架构、运作，所进行的祭祀活动和人群之间的关系：来自同安的林姓人士，在渡海来台的同时，也将妈祖神像由故乡带入台湾地区，以求神明保佑能平安渡过黑水沟，对于林姓人士而言，妈祖除了是保佑渡海平安的海神之外，更是具有祖先的成分，所以在角头组织内对于所祭拜的妈祖，称林姑婆祖。堂号西河并且同为林姓的同安人群，在淡水河下游两岸形成了七个处于不同空间的角头，分别是关渡角、江子翠角、南路厝角、狮头角、南港角、菜寮角以及三重角。因应着淡水河的自然环境及人群活动，各角头间的人们建立合作互助的关系，同时淡水河运的发达使得两岸物资得以交换，也让人们向外迁徙，得以扩展人群生活空间。然而在不同的角头中，可以发现每个角头的人们对于其所属的空间都有特有的解释方法，得以形塑出有不同特色的角头空间。不同角头的人群在每年农历三月十八、十九日举行的妈祖祭祀仪式、过头仪式、绕境活动中，得以聚集进行共同活动，透过共同参与的过程，人们得以形塑其存在空间，加强七角头人群对组织的认同，并且以带有人文意涵的方法，对七角头人群组织进行诠释。然而，在日据时期即开始展开了陆上交通设施的兴建，配合一连串的淡水河防治工程的建设，让原本生活和淡水河息息相关的七角头组织，人群所分布的空间、生活形态，也因此产生了改变；再加上各都市计划的实施，部分人群离开了原本生活的空间，使得七角头组织不再像从前般运作。

妈祖绕境之艺阵表演艺术研究

郭美照

（台湾高雄师范大学表演艺术硕士班2019年，指导老师：姚村雄）

妈祖信仰与台湾地区社会有着密切契合和依存，妈祖文化在台湾地区传播特点是以庙宇为传播轴心点，民俗艺阵扮演传承衔接角色。透过妈祖绕境活动在民间热烈的展演，台湾地区民俗艺阵以宗教仪式与妈祖绕境活动结合的特殊表演艺术形式已从传统型态发展为台湾地区本土化多元性创新展演表演艺术形式，现今多元性发展已成为台湾地区传统艺阵文化的一种新文化表现。该文基于妈祖绕境活动之艺阵演变文化发展探讨研究宋江阵、艺阁表演艺术类型与在地文化结合的运作发展模式，研究者采用深入访谈法、汇整文献资料分析、影像纪实研究进行本次研究。该文以宋江阵、艺阁传统艺阵为出发点，研究者以表演艺术内容归纳类型分析传统宗教性开脸宋江阵、地方性创意宋江阵竞赛、创新宋江阵竞赛以及艺阁文化传统艺阁蜈蚣阵及北港艺阁研究表演艺术对地方性、教育性及周边文化产业的影响与发展。该文发现民众透过庙宇举办大规模酬神庆典、绕境活动，让人民向妈祖神灵寻求心灵上的孚宁与精神的仰望，进而发展社区的互助凝聚力。在地化庙宇绕境活动亦牵动宋江阵、艺阁文化的创造发展与创新契机，在地方政府对文化产业的推动下，台湾地区近年来对宋江阵、艺阁文化的保存与维护，让地方性民俗艺阵活化再生，如今随着社区在地化计划发展已逐渐改良打造成一门精致民俗艺术，也带动地方性相关文化产业发展。宋江阵、艺阁文化除了扮演酬谢神明恩典仪式的重要角色，也成为台湾地区妈祖绕境活动、迎神赛会的独特性在地化标志景观。民间结合政府推广在地化活动,透过民俗艺阵文化精髓,进行传统艺阵文化传承与创新推广,旨在打开传统艺阵新视界,展现创意民俗技艺表演艺术新文化艺术魅力。该文分析宋江阵、艺阁表演艺术重点化特色类型,聚焦在地文化酬神庆典、节庆活动结合创造的影响与效益,将表演艺术发展整理归纳出以下五点,建构表演艺术运作模式:1. 传统宗教性开脸宋江阵以社区再生、活化传统生命力运作模式。2. 内门创意宋江阵竞赛以在地文化跨领域教育、发展推动国际化运作模式。3. "宋江很操"功夫操运动竞赛以媒体为健康营销、推动台湾地区文化软实力运作模式。4. 学甲上白礁蜈蚣阵传统艺阁以落实台湾地区乡土艺术文化教育、发展在地文化深化国际交流运作模式。5. 北港艺阁以文化造镇营销国际、发展城市美学运作模式。

罗东嘉义仔妈祖庙圣安宫与地方发展

康乃心

(台湾佛光大学宗教学研究所2019年,指导老师:陈旺城)

该文以罗东嘉义仔妈祖庙圣安宫为研究对象,从罗东地区林业发展、嘉义仔妈祖庙圣安宫的建庙发展与宗教活动为主要研究起始点,阅读参考罗东地区开发、圣安宫相关之各种地方志书、文献、专书、报章杂志、期刊论文、寺庙出版品等,并采用人类学之田野调查方式,实地走访嘉义仔妈祖庙之祀神与宗教文物,并透过访谈耆老、庙方人员以及香客信众,借以获得嘉义仔妈祖庙的管理组织与信众口述资料,来阐明嘉义仔妈祖庙之名称由来、创建过程,以及嘉义仔妈祖庙圣安宫与罗东地方发展的关系。罗东地区自清嘉庆十七年(1812)噶玛兰厅与罗东巡检司之设置以来,至今已有200多年历史。罗东地区居于宜兰县溪南地区之交通枢纽位置,为当时货物与商品之集散转运地;太平山开发后,林业出张所设置于罗东,堪称促成罗东地区由农转商的关键。由于长年的开发与经营,现今罗东已成为宜兰溪南地区政治、经济与文化的汇聚处。台湾地区为移民社会,面对生老病死等人生课题,有着离乡背井、身在异乡的不安与不定,为了求得心灵的慰藉与精神寄托,并且祈求家庭平安、事业顺利,民间信仰蓬勃发展。云嘉移民由嘉义笨港港口宫奉请三妈分身至罗东,且圣安宫早期的管理阶层大多为云嘉木业从事人员,这便是嘉义仔妈祖庙圣安宫之名称由来。圣安宫凭借手轿问事巩固罗东本地的祭祀圈并拓展信众,经由跨境进香的宗教活动来扩大信仰圈,借助各种宗教活动与仪式的进行,吸引香客信众前来共襄盛举。人潮即商机,圣安宫周边也出现许多与宗教相关的产业,满足衣食住行等需求之商家林立,逐渐形成一个商业圈。香客大楼和停车场的落成,参与公益活动以及配合政府机关举办活动,更让嘉义仔妈祖庙圣安宫在罗东成为一个妈祖信仰的中心。

"通灵神女"影像创
——大甲镇澜宫妈祖出巡为例

尤炜翔

(台湾昆山科技大学视觉传达设计研究所 2019 年,指导老师:曾薰谊)

"三月疯妈祖"是台湾人耳熟能详的宗教活动,尤其在每年农历三月二十三日的妈祖圣诞前夕,庙会文化仿佛是台湾地区常民文化的缩影,从中可以清晰地看见台湾地区宗教信仰、艺术、人文等多元面貌。该研究以妈祖出巡影像创作为核心,研究者实际参与九天八夜的大甲妈祖绕境进香活动,实地观察和跟拍。将所拍摄的作品,依创作理念和民俗节庆活动的内涵表现,分为单幅影像、系列影像和荧光风格影像等三大类型来呈现,试着描绘出人与神之间的情感联结。首先透过文献分析纪实摄影的本质,并掌握基础架构,理解拍摄实务上的准则;其次透过影像记录参与过程中与信众和当地居民的互动历程,了解民俗节庆活动的意涵和精神,并且对大甲妈祖绕境进香活动有更深入的全面认识,彰显出地方的文化价值,也借此呈现台湾地区独有的人情味。

庙会活动与社区参与：中部六妈祖会香之分析

何宜真

（台湾东海大学公共事务硕士在职专班 2019 年，指导老师：纪俊臣）

2017 年 7 月，台中市政府协同横跨台中市、彰化县、云林县和嘉义县的著名的供奉妈祖的宫庙，依 1917 年七妈会香的过程，在百年后的台中市设立行宫，办理六妈会香宗教活动。此项百年一见的庙会活动，笔者有幸躬逢其盛，且参与该计划之规划和执行，深觉具有地方治理上的特别意义，尤其在社区治理中的社区参与，乃至跨域上的公私协力合作，皆有值得深入探讨之处，因此在指导教授同意下，以此主题进行研究。笔者由于平时工作繁忙，余暇不多，以至撰写过程写写停停，备感艰辛。指导教授诲人不倦，细心指导，使得笔者在资料搜集较为完整后，完成本论文。基本上，该文系以文献分析法搜集相关庙会资料，再以田野观察法分析六妈会香的文化系列活动，从而获致若干研究发现。该文之主要发现，包括：中台湾六妈会香系展现社区参与的典型庙会活动；中台湾六妈祖会香因宫庙的协力得以呈现中台湾地区信众对妈祖信仰之一致性；中台湾妈祖会香系公私协力的社会力表现；中台湾六妈会香也是社区居民参与公众事务的检验模式。基于上揭研究发现，提出研究建议：一、为强化社区资本累积，宜运用宗教庙会的集体活动；二、中台湾六妈会香经验，显示政府部门对公众议题责无旁贷；三、中台湾六妈会香类似活动，可成为地方治理发现地方特色的可行模式。

传统民俗运用媒体提升文创活动成效之研究
——以白沙屯妈祖进香活动为例

谢岳龙

［台湾政治大学经营管理硕士学程（EMBA）2019 年，指导老师：詹文男］

台湾地区重要的民俗活动白沙屯妈祖进香，近年来参与人数的增长幅度呈倍数增加,研究者认为与媒体传播有关,尤其近年兴起的新世代网络媒体——直播,更是为此活动成效增长重要的关键因素。借由研究者在三立电视台任职二十多年的资历,透过电视台的内部信息,以及多年来与白沙屯拱天宫管理委员会实务合作的经验,借由口述访谈搜集到的初级资料和平面、电子媒体报道的次级资料作为研究分析的主轴,本论文将针对传统平面、电子媒体以及新世代的网络媒体直播活动,探讨媒体结合传统民俗活动提升活动成效的效果。研究结果发现传统民俗活动结合媒体带动的活动成效是正向且具有相当大影响力的,可以让原本只是村庄间的民俗活动扩展成全台性的活动,也让更多人来参与、体验活动的过程;还发现面对媒体所带来的正向效益,传统民俗的执行成员是否准备好跟着时代一起成长,又或是被时代潮流推着向前,甚至没入了整个"e世代"的浪潮底下,是值得台湾地区所有民俗活动执行者思考的部分。

图书期刊

●《中华妈祖》CN-35(Q)第0071号 2019年第1期 总第82期

中华妈祖文化交流协会主办

栏目：

新闻视点

湄洲祖庙庆祝改革开放40周年暨祖庙重兴40年活动展风采（林群华）

中华妈祖文化交流协会艺术团成立暨新春团拜会举行（陈志聪）

擂鼓迎春庆国泰　纳福祈年祝民安（黄美珍）

靖恭妈祖圣殿开光庆典暨两岸迎春交流场面壮观（墨华）

北高东皋妈祖文化园天后宫落成（美珍）

中华妈祖文化交流协会慰问在莆知名妈祖人（李记）

《中华妈祖》杂志社召开年度编委会工作会议（林芳）

中华妈祖文化交流协会"大爱妈祖国学班"现魅力（晓烨）

莆田市城厢区妈祖文化交流协会成立（志聪　曾寿渊）

妈祖之声

特别报道

活动常态化　不断构建妈祖文化交流的新平台（俞建忠）

推动公益化　不断激发妈祖文化善行的新活力（谐会）

慈善公益芳名榜

关于尽快报送首届"全球优秀妈祖人"评选活动推荐候选人名单的通知

专题笔会

慈善事业是妈祖文化题中应有之义（郑世雄）

弘扬妈祖精神　开创公益新常态（郭松芃）

打造妈祖公益品牌　传播爱心正能量（定伯）

大爱情缘

爱心铺就慈善路　善举真情暖人间（吾民）

非常道上的行与愿（陈丹）

海峡两岸同名姐妹认亲记（苏丽彬）

信俗大观

琉球妈祖文化见闻（周金琰）

艺苑览胜

大爱无垠（林春荣）

炊烟·香火（陈建平）

《妈祖故里朝圣图》创作感想（徐学仕）

莆田红荔枝——妈祖特色供品（黄黎强）

文论纵横

妈祖信仰薪火相传缘由初探（叶金魁）

嘉庆帝与御园惠济祠天后祭祀（张小李）

地区巡礼

声名隆盛的山东庙岛（胡承嵩）

名闻遐迩的中元庙会（乔萍）

底蕴深厚的文化圣餐（王岳）

结缘会亲的两岸交流（胡瀚文）

口授心传的校园文化（王国胜　刘志刚）

圣迹寻踪

浮铜炉枫亭朝圣（妈祖儿）

封面：妈祖传说（证仙班九日升天）

封底：版画（龙王来朝）

● 《中华妈祖》CN-35（Q）第 0071 号　2019 年第 2 期　总第 83 期

中华妈祖文化交流协会主办

栏目：

刊首语

万紫千红总是春

新闻视点

妈祖诞生 1059 周年纪念大会在湄洲岛举行（黄国清）

协会开展系列活动纪念妈祖诞生 1059 周年（苏丽彬）

凝聚社会力量　繁荣妈祖文化（郑已东）

金门县妈祖交流团赴湄洲岛朝圣（已东）

第四期"中华妈祖国学班"在江苏昆山举办（亚娟）

莆田市市长邀约：把湄洲岛建成两岸向往的幸福家园（美珍）

《妈祖文化志》在台湾地区首发（张丽明）

协会领导赴上海、江苏等地考察妈祖文化（翁劲松）

俞建忠前往深圳、汕尾等地（陈永腾　罗镲）

妈祖之声

特别报道

研究学术化　建设项目化　服务规范化　全面推进妈祖文化的繁荣发展（俞建忠）

颂唱妈祖　感恩父母　立志成材　报效祖国（陈丹）

感悟传统妈祖文化　启迪现代医学人文（黄志霖）

专题笔会

妈祖文化对现代医学人文价值的启示（清风）

扬大爱医界榜样　治瘟疫千秋留名（李家卫）

妈祖精神的价值趋向与医学人文教育（王守安）

挖掘弘扬妈祖健康文化（林丹华）

妈祖文化中医药健康内涵（郑金林）

妈祖的治病救人风采（许更生）

妈祖健康文化的医学人类学思考（定伯）

妈祖与健康文化（马顿）

妈祖药签之治病救人（周丽妃）

田寮妈祖赐药传奇及药册（罗镲）

信俗大观

从疗疾看妈祖文化的医学人文关怀（医道）

从生育神看妈祖文化的生命关怀（金霖）

妈祖宫庙药签概述（杨惠婕）

妈祖传说故事（周金琰）

大爱情缘

让记忆中的照片变成行走的皇会（李卫国）

史料宝库

海上漂来妈祖庙（汪毅夫）

话说乾隆题匾御赐朝宗宫（龚小莞　林坤山）

文论纵横

三坊七巷的天后宫（黄国华）

艺苑览胜

莆田进行曲（胡鸿杰）

书法作品选登（林加国　林春）

地区巡礼

辽东獐岛天后宫话旧（许延光）

欣逢盛世复建天后宫（晓光）

神奇生动妈祖故事传（原野）

妈祖文化助建新渔村（言光）

圣迹寻踪

神示梦宰相献地建庙（妈祖儿）

封面：妈祖传说（梦神嘱应宁顷成）

封底：版画（灵符回生）

● 《中华妈祖》CN-35（Q）第0071号　2019年第3期　总第84期

中华妈祖文化交流协会主办

栏目：

刊首语

五彩缤纷的风景线

新闻视点

第十一届海峡论坛在厦门举行（正谐）

第十一届海峡论坛·妈祖文化活动周　聚亲情谋福祉（宗禾）

台湾渔船直航湄洲朝拜妈祖30周年纪念活动在湄洲岛举办（徐国荣）

台湾38家妈祖宫庙信众代表在协会站联谊交流谱新篇（吴伟锋）

台湾中华妈祖联谊会会长张伟东一行莅莆参访表同愿（肖笑）

海峡两岸青年创新创业暨妈祖文化研习夏令营携手同进（陈各辉　郑志颖）

广西桂林平乐举办妈祖文化旅游节（凭综）

寻根谒祖　妈祖一家亲（雅馨）

两岸妈祖文化学术交流座谈会举行（定伯）

同心行善举　义诊获盛赞（陈亚娟）

俞建忠参加汕尾红海湾宫前妈祖文化公园落成庆典（黄晓烨）

广西进香团莅临协会参访交流（晓风）

两岸妈祖缘文化交流活动在天津启动（津文）

央视拍摄《丝路女神》走进平海镇（肖海英）

中华妈祖莆仙十音八乐团懿德队获全国金奖（李记）

妈祖登上央视新闻频道《世界周刊》(悯闻)

特别报道

牢记嘱托　不负众望　充分发挥妈祖文化在构建人类命运共同体中的积极作用（俞建忠）

心灵契合　两岸和合（苏丽彬）

和平女神　华阳东升（李家卫）

专题笔会

在自觉认知中提升　在自信基础上推进（翁卫平）

唱响自信之歌　讲好中国故事（孟建煌）

妈祖文化构筑莆田城市自信（陈祖芬）

自信源于自觉　自信方可自强（吉峰）

自信蕴藏文化力量　担当顺应时代要求（周丽妃）

大爱情缘

美国人 Mark：妈祖很伟大（雨禾）

外国姑娘：学习妈祖做好事（闲真人）

俄罗斯伊莲娜："妈祖您好"（一萤）

泰国留学生：在泰国家里也供奉有妈祖（山书童）

多位外国留学生：希望妈祖文化传播越来越广（学蜂）

国际友人：盛赞优秀传统文化（琳琅）

南非民众：共沐妈祖灵光（［莫桑比克］张飞帆）

澳大利亚国际友人：妈祖是我们生活中的一员（［澳大利亚］黄智敏）

诺唯真游轮中国区总裁：虔诚拜谒浦江妈祖（李莺）

德国学者：协商建立合作关系（王炎）

马尼拉市长批复：在马尼拉建永久妈祖行宫（吾农）

澳大利亚老人：对妈祖文化很感兴趣（［澳大利亚］柯碧霞）

泰国驻厦门总领事：要向泰国民众传达妈祖精神和妈祖文化（黄美珍）

史料宝库

瓣香湄洲　八纮共祖（一）（郑金国）

潺潺霍童溪　巍巍天后宫（周金琰）

妈祖信仰：人们对海洋防灾减灾的精神诉求（梅子）

中马之约

承接妈祖元素　弘扬中华民族精神（[马来西亚]黄良凉）

吉隆坡千人绕境巡安　"妈祖头"发髻艳爆全城（[马来西亚]张玳维）

妈祖国外绕境巡安　南洋华人社会认同（谢雅卉）

艺苑览胜

又临湄洲岛（余兆禄）

文论纵横

清政府对妈祖文化传播与传承的重要贡献（蔡天新）

地区巡礼

海口市妈祖宫庙和文化园区（刘福铸）

临高天后宫暨妈祖文化交流协会（文寿）

三亚蜈支洲岛妈祖庙（金昔）

文昌妈祖庙暨南海妈祖世界和平岛（福裕）

澄迈妈祖庙暨妈祖文化交流协会（涵齐）

琼海潭门圣娘庙妈祖文化活动及其他妈祖资源（子文）

圣迹寻踪

木自至指挥建阁（妈祖儿）

封面：妈祖传说（观海潮铜炉溯至）

封底：版画（祷雨济民）

● 《中华妈祖》CN-35(Q)第0071号　2019年第4期　总第85期

中华妈祖文化交流协会主办

栏目：

刊首语

放歌十五年

新闻视点

首届中华妈祖全球行　奖学颁奖大会召开（苏丽彬）

2019 中华妈祖捐资助学仪式（莆田站）举行（黄晓烨）

妈祖文化绽放 2019 西雅图华埠海洋节（朱丽花）

南半球首届妈祖巡安庆典在悉尼举行（吴启昌）

童心绘妈祖　礼赞新时代（吴伟锋）

福建莆田立法保护湄洲岛（龙敏）

协会与人民日报社签订战略合作协议（郑国荣）

湄洲祖庙召开年度奖教奖（助）学大会（周建国）

蔡辅雄一行到下宫天后古庙参访交流（际云　马兴雄）

加拿大天妃艺术团成立两周年庆典举行（嘉闻）

深圳龙岗区举办"龙岗妈祖慈善节"（维昇）

中华妈祖国学班（福鼎站）圆满结课（亚娟）

广东华阳珍珠古庙举行奖学颁奖仪式（翁劲松）

广东和平下宫古庙获颁爱心助学牌匾（海松）

特别报道

环球妈祖信众热议协会成立十五周年

社会各界为协会成立十五周年题词

专题笔会

搭建平台　实现聚力新跨越（黄志霖）

两岸交流　构建互动新格局（翁卫平）

海丝之路　开拓传播新途径（宋嘉健）

道德建设　培育践行新常态（陈亚娟）

学术研究　挖掘文化新内涵（周丽妃）

史料宝库

瓣香湄洲　八纮共祖（二）（郑金国）

海峡论坛·妈祖文化活动周剪影（公羽）

品牌项目　亮点纷呈

文献资料　硕果累累

宣传团体　谱写新篇

大爱情缘

《中华妈祖》助推湄洲妈祖文化体系形成（李家卫）

记首届莆台妈祖文化活动周（林洪国）

天下妈祖回娘家活动概览（丰谷）

传承与引领（黄瑞国）

《中华妈祖》特色创刊　品质办刊匠心强刊　成效亮眼（周文辉）

我与协会的那些缘（陈祖芬）

艺苑览胜

纪念中华妈祖文化交流协会成立十五周年诗词选登

潘继生美术邮票作品欣赏（潘继生）

许志挺美术作品欣赏（许志挺）

信俗大观

中华妈祖文化交流协会会员大会巡礼

研讨普查学术交流集锦

文论纵横

妈祖显灵传说与海洋防灾减灾（无为子）

圣迹显踪

护允迪高丽通使（妈祖儿）

封面：妈祖传说（明前迹复现神槎）

封底：版画（湄屿飞升）

● 《中华妈祖》CN-35（Q）第0071号　2019年第5期　总第86期

中华妈祖文化交流协会主办

栏目：

刊首语

"黄金十年"一回眸

新闻视点

协会举办系列活动祝福祖国赞唱妈祖（肖笑）

海峡好歌声——首届"妈祖杯"青年歌手大赛莆田选拔赛开赛（翁劲松）

首届全球妈祖文化论坛在纽约联合国总部举行（陈尔全）

"妈祖信俗"申遗十周年座谈会召开（晓烨）

妈祖金身绕境巡安湄洲岛（陈盛钟　林春盛）

湄洲妈祖巡安先行团到泰国踩点（潘素银）

电影《妈祖回家》首映礼在榕举办（郑已东）

第十七届澳门妈祖文化旅游节举行（胡瑶）

莆田市北岸妈祖文化交流协会成立（已东）

德化举办妈祖陶瓷创作大赛（磁陆）

大连妈祖宫落成庆典举行（集集）

莆田湄洲妈祖信俗调研活动汇报会在闽召开（郑声）

"妈祖杯"海峡两岸集卡精品邀请展在莆开展（一纸轻枫）

"同心助学"教育扶贫捐赠活动启动（吾农）

特别报道

15载春风化雨　15年大爱同歌（俞建忠）

同沐妈祖灵光　共享千秋福缘（吴伟锋）

传播妈祖文化　我们永远在路上（苏丽彬）

专题笔会

无限感慨话入遗（郑世雄）

"妈祖信俗"世遗《决议》的重要意义（刘福铸）

申遗成功所带来的巨大变化（正谐）

妈祖文化对人类社会的贡献（翁卫平）

保护传承与发展任重道远（海广）

充分发挥妈祖文化的积极作用（叶金魁）

史料宝库

1997年——千年一回的"世纪巡安"(摇海)

2002年——亲情交融的"三地直航"(潮音)

2013年——前无古人的"妈祖聚会"(海思)

2017年——谱写新篇的"再度入台"(梅源)

台湾历次直航湄洲谒祖进香(芦永芳)

瓣香湄洲　八纮共祖(三)(郑金国)

大爱情缘

妈祖信俗"申遗"的那些人与事(海石)

众人拾柴火焰高(连载一)(周金琰)

林金赞的两岸情：常来常往，越走越亲(陈祖芬)

文论纵横

妈祖信仰的分香、进香与绕境(蔡相辉)

清代中国最西部妈祖庙记载的发现(郑丽航)

地区巡礼

祖祠圣地焕新彩　心灵原乡展英姿(林美媛)

人文交流筑平台　双向互动架金桥(林洪国)

联谊交流搭平台　深化共识促发展(李金灿)

涌泉济师莆台缘　靖海巡安妈祖情(王金寿)

三妈回銮喜寻根　返乡众亲笑相迎(林坤山)

沪台两地妈祖情　越走越近一家亲(李莺)

波涛千顷难分隔　信有天妃一线牵(罗镲)

圣迹寻踪

佑柴山琉球册封(妈祖儿)

封面：妈祖传说(示白湖凿泉疗疫)

封底：版画(和平女神)

●《中华妈祖》CN-35(Q)第0071号　2019年第6期　总第87期

中华妈祖文化交流协会主办
栏目：
刊首语
千灯互照　共证华光
新闻视点
妈祖文化　海洋文明人文交流（黄国清）

以通促融　以惠促融　以情促融（答案）

庆祝中华妈祖文化交流协会成立15周年暨三届四次会员大会举行（苏丽彬）

《大爱妈祖——妈祖非遗保护与传承》系列微纪录片摄制研讨会召开（吴猛）

第三届"妈祖杯"海上丝绸之路国际羽毛球挑战赛闭幕（晓翁）

海峡好歌声——首届"妈祖杯"青年歌手大赛落幕（晓翁）

《妈祖回家》入选金鸡百花电影节特别展映单元（厦闻）

世界妈祖文化论坛永久性会址荣获"鲁班奖"（许双萍）

各地妈祖文化机构纷纷学习贯彻十九届四中全会精神（林芳）

第五届国际妈祖文化学术研讨会在湄洲岛举行（张鑫艳）

莆田与扬州两地对接妈祖文化园项目（陈锋琴）

广东汕尾凤山妈祖庙举行重兴25周年庆典（罗镲）

微雕妈祖亮相第四届世界妈祖文化论坛（晓吾）

纪念邮戳添彩世界妈祖文化论坛（邱天）

第四届"湄洲女发髻技艺表演赛"举行（湄文）

莆田妈祖文化交流促进会年会召开（晓烨）

莆田城厢区妈祖文化交流协会举行挂牌仪式（晓苏）

广东省惠来县妈祖文化交流协会召开2019年年会（林铿英）
特别报道
盛会巡礼（宗合）

第四届世界妈祖文化论坛共识

在中华妈祖文化交流协会三届四次常务理事会上的讲话（林兆枢）

第四届世界妈祖文化论坛"妈祖与航海"主题论坛主旨演讲(林兆枢)

在中华妈祖文化交流协会成立15周年暨三届四次会员大会上的讲话(林兆枢)

牢记使命践大爱　不忘初心再前进(俞建忠)

讲好可歌可泣的妈祖人故事(工炎　何索)

妈祖巡安　谱写中泰民间交流新篇章(陈荣富)

当妈祖保佑遇到萨瓦迪卡(吴伟锋)

专题笔会

妈祖与航海学术论坛综述(翁卫平)

"妈祖文化与两岸心灵家园"平行论坛综述(陈祖芬)

大爱情缘

众人拾柴火焰高(连载二)周金琰

闪光的足迹(海石)

史料宝库

妈祖金银纪念币(程元郎)

妈祖流通纪念币(肖靓)

妈祖纸钞(李慧)

艺苑览胜

曾国防美术作品欣赏(曾国防)

信俗大观

《妈祖》邮票诞生记　朱合浦

"妈祖文化与海上丝绸之路展"参访记(梁右典)

文论纵横

故宫文创对两岸妈祖宫庙文化创意产业发展的启示(吴周)

妈祖传说在海上防灾减灾中的精神激励作用(晓梅)

地区巡礼

香港与深圳地区妈祖文化信仰概况(黄圣雅)

妈祖爱国精神在香港的传播(丹艺)

深圳经验　启发香港(思玮)

妈祖文化助力大湾区建设（雅南）

圣迹寻踪

飘红灯陈询脱险（妈祖儿）

2019年妈祖文化交流大事记（翁劲松）

2019年度《中华妈祖》总目录

封面：妈祖传说（逢怪物祷神起碇）

封底：版画（断桥观风）

● 《妈祖文化研究》CN-35（Q）第0130号　2019年第1期　总第9期

莆田学院妈祖文化研究院主办

栏目：

妈祖与海洋文化、海丝文化

美国妈祖文化的发展传播与中美妈祖文化交流的强化（曹萌）

论建设"妈祖海洋文化"的重要意义（陈祖芬）

回溯、演进与展望——海丝之路之上的妈祖文化传播考察（吉峰）

海外妈祖文化传播

日本关西地区华侨华人社会及其中国传统信仰——以神户华侨华人社会及其妈祖信仰的有关调查为例（潘宏立　安田ひろみ　林雅清）

天后上天与回家：越南金瓯华人天后信仰的变迁与在地化（［越南］阮玉诗　阮俊义）

中国区域妈祖文化

香港坪洲岛天后宫的中元建醮考察——聚焦妈祖信仰和先祖祭祀（［日本］松尾恒一　梁青译）

妈祖文化与文学艺术

妈祖形象的符号化建构与文学传播（张宁宁）

妈祖音乐的"海丝"意境营造（杨鸣）

妈祖信俗与创意产业

大甲妈祖绕境进香仪式转变的想象与诠释（钟承翰　徐荣崇）

妈祖文献发掘与研究

元代天妃文献史料辑录（陈支平）

● 《妈祖文化研究》CN-35（Q）第0130号　2019年第2期　总第10期

莆田学院妈祖文化研究院主办

栏目：

妈祖与海洋文化、海丝文化

明清海上丝绸之路上的妈祖信仰（连心豪）

郑和下西洋与妈祖文化传播（黄瑞国　黄婕）

妈祖传播与泉州海上丝绸之路枢纽作用的联动——基于双核心驱动模式的视角（卞梁　连晨曦）

海外妈祖文化传播

韩国华侨的妈祖信仰与韩国海神（[韩国]李钟周　唐田译）

海峡两岸妈祖文化传播

厦门朝宗宫的过去与现在（石奕龙）

移居地宗教文化对移民适应策略的影响——以大上海及慧聚天后宫之台商妈祖信仰为例（于明华）

谱系观念与妈祖信俗的非遗保护——以湄洲妈祖祖庙为中心的考察（游红霞　田兆元）

妈祖文化与节庆旅游

跨文化交际视阈下湄洲岛旅游日译文本的优化（林炜莉）

妈祖信俗与创意产业

湄洲岛妈祖信仰圈的构成及其传播演绎现象（谢雅卉）

"妈祖宴"文化内涵及其制作方法的探讨（汪琼　李文武）

●《妈祖文化研究》CN-35(Q)第0130号 2019年第3期 总第11期

莆田学院妈祖文化研究院主办
栏目：
妈祖与海洋文化、海丝文化
从朝鲜使臣的航海经历看妈祖文化的影响——以天启四年的朝鲜谢恩、奏请使一行为例（刘凤鸣 刘晓东）
论妈祖文化对漕运影响及在"海上新丝路"建设中的价值（黄少强）
妈祖传说在海上丝绸之路的传衍、变异及其海洋文化质素（谢瑞隆）
海外妈祖文化传播
中国妈祖信仰的韩国式变化与海洋文化（[韩国]李定勋 唐田译）
海峡两岸妈祖文化传播
海南岛妈祖文化传播状况、原因与影响（刘福铸）
论台湾妈祖信仰中的居士型"诵经团"（徐荣崇 钟承翰）
妈祖余音：日据时期台湾消失的妈祖庙探析——以竹堑内妈祖天后宫为例（林孟蓉）
村庄共同体——台湾"联庄"妈祖庙研究（潘是辉）
妈祖文学艺术
论仙游枫亭灵慈庙壁画的图像视觉性（黄劲）
学术会议综述
2019年"妈祖文化与'一带一路'建设学术研讨会"会议综述（林明太）

●《妈祖文化研究》CN-35(Q)第0130号 2019年第4期 总第12期

莆田学院妈祖文化研究院主办
栏目：

海峡两岸妈祖文化传播

妈祖信仰在安徽的传播(俞黎媛)

山东庙岛显应宫和台湾北港朝天宫妈祖信仰文化之比较(田茂泉)

海外妈祖文化传播

日本青森县大间町"天妃样行列"的调查研究([日本]潘宏立　林雅清)

潮人妈祖信仰在一带一路上的在地化研究：以新加坡和印度尼西亚廖内民丹岛作为比论([新加坡]林纬毅)

妈祖文献发掘与研究

明代关于"天妃"封号的论辩(陈支平)

清代揭阳乔林乡双忠庙及天后古庙碑刻研究(欧俊勇)

妈祖文化与文学艺术

以妈祖信俗活动为依托的八乐传承——以湄洲岛为个案(谢芳)

两岸妈祖叙事中信俗文化的文学功能——一个阐释人类学的视角(李诠林)

妈祖文化与当代社会

妈祖文化与社会工作价值观的对接(杨忠候　吉峰)

世界妈祖文化论坛可持续良性发展的探讨——兼论精耕两岸心灵契合的精神原野(黄瑞国)

妈祖信俗源流

妈祖信仰与仪式中的搭配现象之解析(林美容)

试析妈祖信仰传播过程中的"关键节点"(林震)

始母与天后：女娲与妈祖的异同比较(卞梁　黄艺娜　胡棋)

学术会议综述

2019年"海峡两岸妈祖文化与地域发展学术研讨会"会议综述(林明太)

综合类图书

● 《道教女仙考》

姜守诚、张海澜著，中州古籍出版社 2019 年版，第 137 页 "海上女神——天妃妈祖"。

● 《〈宣和奉使高丽图经〉整理与研究》

孙希国著，黑龙江人民出版社 2019 年版，第 59 页 "《宣和奉使高丽图经》与宋代妈祖信仰的流传"。

● 《民神护身符：中国传统吉祥文化图说》

徐丽慧著，山东画报出版社 2019 年版，第 37 页 "海神妈祖"。

● 《宁波风俗传说》

滕占能主编，光明日报出版社 2019 年版，第 147 页 "石浦妈祖与台东如意省亲行会"。

● 《千村故事：民风民俗卷》

周新华主编，中国社会科学出版社 2019 年版，第 113 页 "洞头东沙村：妈祖圣灵保东沙"。

●《中国农村调查》(总第63卷·村庄类第17卷·华南区域 第9卷)

徐勇、邓大才主编,社会科学文献出版社2019年版,第133页"妈祖节"。

●《民间百神》

徐彻、陈泰云著,上海三联书店2019年版,第286页"海神妈祖"。

●《中国神话故事:彩绘注音版》

黄林琼主编,四川辞书出版社2019年版,第159页"妈祖"。

●《福建非物质文化遗产名录 3》

福建省文化厅主编,海峡书局2019年版,第196页"妈祖信俗(霞浦、莆田贤良港海祭)[宁德、莆田]"。

●《古代神话》

蒋婷婷、耿小敏主编,外语教学与研究出版社2019年版,第163页"中国海神妈祖"。

●《澳门历史建筑的故事》

林发钦主编,广东经济出版社2019年版,第150页"妈阁庙",第160页"莲峰庙"。

●《道界百仙》

徐彻、李焱著，上海三联书店 2019 年版，第 172 页"天后娘娘"。

●《信仰与秩序》

陈春声著，中华书局 2019 年版，第 127 页"妈祖的故事与社区之历史——以明清时期粤东一个港口的研究为中心"。

学界概况

研究机构

● 连江县妈祖文化研究会

连江县妈祖文化研究会成立于1995年12月。2019年1月21日,福建省连江县妈祖文化研究会举行2019年连江县妈祖文化研究工作会议。会议庆祝中国改革开放40周年,总结2018年工作,全面部署2019年研究会工作任务。连江县有关部门领导、连江县妈祖文化研究会会长杨文健、研究会13位副会长及班子全体成员、全县各地的51家妈祖宫庙机构正副负责人、专家学者、研究会顾问、友好社团负责人等200多人参加会议。会议由副会长郑德佺主持。研究会会长杨文健对2019年工作指出,需继续对闽台民俗文化赴台交流项目做好实施落实工作,采取两岸互动、缔结两岸友好宫庙、签订两岸妈祖文化交流协议等形式,扩大影响范围和效果。2019年,研究会赴金门、澎湖等宫庙进行联谊交流活动,密切海峡两岸妈祖信众的情感,使妈祖文化真正成为进一步联结海内外中华儿女的感情纽带。副会长郑德佺则传达了中华妈祖文化交流协会〔2018〕47号文件,印发《2019年两岸妈祖文化交流系列活动方案》的通知。通知指出:一、抓住机遇,主动作为,积极做好2019年两岸妈祖文化交流系列活动;二、落实责任,辛勤耕耘,全力推进《中华妈祖志》编纂和妈祖文化普查工作;三、胸怀全局,放眼天下,认真构建妈祖文化传媒新优势。许燊副部长代表连江县委统战部,黄绍俊副部长代表连江县委宣传部,张雅英副主任代表连江委台港澳办，吴乐文副局长代表县民政局，郑新顺主席代表县文联对连江县妈祖文化研究会新的一年工作，分别做了具体的指示。

● 涵江区妈祖文化交流协会

2019年2月2日，涵江区妈祖文化交流协会第二届理监事就职典礼在江口东岳观举行。中华妈祖文化研究院院长林国良、中华妈祖文化交流协会常务副会长俞建忠、湄洲妈祖祖庙董事会副董事长庄美华等出席，中华妈祖文化交流协会副秘书长、涵江区妈祖文化交流协会创会会长蔡承武主持大会。涵江现有妈祖文化机构109个，其中国家级文物保护的有1个，省级文物保护的有5个，市级文物保护的有18个。长期以来，涵江区妈祖文化交流协会无私奉献，主动作为，去年，中华妈祖文化交流协会在此召开两次妈祖文化品牌现场会，向各地推广、共享世界妈祖文化普查的涵江经验等。俞建忠代表中华妈祖文化交流协会，对新当选的协会会长及全体成员表示祝贺，向长期关心支持涵江区妈祖文化事业发展进步的各级有关部门和社会各界表示感谢。他说，涵江区妈祖文化交流协会继续推选林国珍担任会长，蔡金水为会长助理兼协会党支部书记，主持日常工作，非常有优势；期待涵江区新一届妈祖文化交流协会不忘初心，牢记使命，共同推动妈祖文化在新时代再上新台阶。林国珍也表示，感恩妈祖、学习妈祖、报效桑梓、服务社会是涵江人的光荣传统和优良风格。涵江区妈祖文化交流协会将团结广大乡亲和妈祖宫庙，共同"用妈祖文化弘扬妈祖精神，用妈祖精神传播妈祖文化"，着力丰富妈祖文化内涵，提升活动品位，增进团结合作，拓展文化交流，联结海内外父老乡亲，奉善而行，为构建和谐、发展的社会发挥积极作用。

● 陆丰市妈祖文化研究会

广东省陆丰市妈祖文化研究会成立于2002年7月。2019年2月17日，陆丰市妈祖文化研究会举办"迎新春文化交流"庆典系列活动，近500位妈祖文化人相聚，欣赏妈祖文艺节目。陆丰市文化、旅游等部门负责人和来自广州、深圳、揭阳、汕头、香港、澳门等的客人共襄盛举。会中，来自妈祖故乡的湄洲书画院画家们所创作的28米长的"百吉图"备受瞩目，为活动掀起最高潮。12月25—26日，陆丰市妈祖文化研究会举行"妈祖缘，迎新年，2020爱你爱你"慈善系列活动，传承中华优秀文化，弘扬妈祖大爱文化精髓，先后在城东、潭西、东海等3镇8村（社区）慰问老人，探望家庭患病者。此次系列活动还包括妈祖文化义卖、妈祖景观灯光秀、民间民俗技艺、妈祖主题园区庆典等项目。

● 安溪善坛妈祖文化研究会

安溪善坛妈祖文化研究会成立于2010年9月27日。2019年2月24日，福建省闽台民俗协会详细报道了安溪县官桥镇善坛妈祖庙800多年的历史源流及其被评定为安溪县"文物保护单位""非物质文化遗产保护项目"，以及被文化部定为"中国妈祖文化重点保护单位"等事迹。

● 中华妈祖文化交流协会

2019年2月27日，中华妈祖文化交流协会偕清华大学、福建师范大学、东南大学、浙江农林大学等校学者，赴日本冲绳，对妈祖文化在当地的历史脉络、遗存现状、延续趋势等方面进行交流和调研。访问团一行人拜会了冲绳那霸市久米崇圣会和冲绳教育局文化财科等单位，探讨妈祖文化在那霸市的传承情况。据介绍，那霸市久米村人是明代"闽人三十六姓"入冲绳的后裔，几百年来，始终保持华人的一些习俗，特别是拜祭孔子、妈祖的传统，延续着传统的中华文化。那霸市目前有多处妈祖文化遗产，例如南港川的传说拜点和上天妃宫遗址、下天妃宫、"首里"妈祖庙等等；而在距离那霸市船程4小时的久米岛，也保持着一座完整的妈祖庙，当地称"天后宫"，是冲绳文化遗产点。那霸久米崇圣会，多年来重视传承中华传统文化，并为传承妈祖文化做出可贵努力。此次中华妈祖文化交流协会日本冲绳之行，相关调查与研究取得了阶段性成果。

2019年10月31日上午，"庆祝中华妈祖文化交流协会成立十五周年暨三届四次会员大会"在湄洲岛世界妈祖文化论坛会址——会议中心平安论坛召开。来自海内外的700多家妈祖文化机构代表,众多对妈祖文化事业做出较大贡献的企业家、慈善家,以及新闻媒体代表等出席会议。中国侨联原主席、中华妈祖文化交流协会原副会长林兆枢,中华妈祖文化交流协会名誉会长、福建省人大常委会原副主任袁锦贵,莆田市人大常委会主任阮军,中华妈祖文化研究院院长、中华妈祖文化交流协会原常务副会长林国良,中华妈祖文化交流协会顾问、福建省人大常委会原常委林光大,莆田市人大常委会副主任宋建新,中华妈祖文化交流协会常务副会长俞建忠,中共湄洲岛国家旅游度假区工委书记林韶雯,协会副会长、上海玉成天赐珠宝有限公司董事长赵柳成,中华妈祖文化交流协会副会长兼秘书长林金榜,协会副会长、莆田市湄洲妈祖祖庙董事会董事长林金赞,协会副会长单位代表、台湾大甲镇澜宫常务董事吴鹤鹏,协会副会长单位代表、台湾台南祀典大天后宫委员苏介川,协会副会长单位代表、台湾鹿港天后宫副主委蔡平琨,协会副会长单位代表、台湾嘉义新港奉天宫董事叶国荣,协会副会长单位代表、台湾台南祀典大天后宫委员苏介川,协会副会长单位代表、福建泉州天后宫董事会董事长黄泽阳,全国台湾同胞投资企业联谊会常务副会长兼新闻发言人孙德聪,马来西亚雪隆海南会馆天后宫董事长丁才荣等众多嘉宾出席大会。

莆田市人大常委会主任阮军在致辞中,充分肯定了中华妈祖文化交流协会自成立以来的15年中,有力地推动了妈祖文化从"湄洲妈祖"到"中华妈祖"再到"世界妈祖"的华丽转变。中华妈祖文化交流协会已成为海内外妈祖文化机构和妈祖敬仰者联谊交流的重要桥梁、团结合作的重要纽带、共谋发展的重要平台,得到了社会各界的广泛赞誉。他指出,妈祖文化是连接两岸同胞感情的文化纽带,是凝聚华侨华人力量的精神桥梁,是中国海洋文明的旗帜象征,是人类共有的精神财富。当前,莆田正全面贯彻习近平新时代中国特色社会主义思想,以及习近平总书记治理木兰溪的宝贵经验和"保护湄洲岛"的重要嘱托,实施"建设美丽莆田示范区""世界妈祖文化中心""妈祖文化专项行动"的战略部署,争创"历史文化名城",打造全域文化旅游,发挥地域人文优势,融合各方智慧力量,推动莆田各项事业的全面发展。希望中华妈祖文化交流协会继续发挥妈祖文化的积极作用,开创包容、创新、开放的人文交流新局面,传承中华优秀传统文化,促进两岸关系和平发展,服务"一带一路"倡议，积极融入"海丝之路"和"海洋强国"战略，推动妈祖文化事业的繁荣发展。同时，衷心希望各位领导、各位会员、各界有识之士继续关心和支持莆田市委、市政府的各项事业，为莆田经济社会发展建言献策、添砖加瓦。

中华妈祖文化交流协会常务副会长俞建忠代表协会做协会 2019 年度工作报告。工作报告包括 4 个方面内容，分别是：中华妈祖文化交流协会成立 15 周年的辉煌成就、2019 年协会主要工作、2018—2019 年度协会财务收支情况，及 2020 年的工作打算。整个工作报告围绕服务国家战略，紧扣时代发展脉搏，讴歌了党和国家对妈祖文化的关心与重视，歌颂了伟大时代创造的妈祖文化对世界的突出贡献，充满了妈祖人特有的正能量、文化自信和大爱情怀；报告内容丰富、客观实在，指导思想明确，目标任务清晰，重点工作突出。俞建忠在最后强调：新时代、新思想、新目标、新征程，站在新的历史起点上，让我们紧密地团结起来，不忘初心勤服务、主动作为勇担当，同心同德再创妈祖文化新辉煌，为构建人类命运共同体、实现中华民族的伟大复兴做出新的贡献。

会中，湄洲妈祖祖庙董事长林金赞代表大会承办单位致辞。他表示，"世界妈祖同一人，天下信众共一家"。协会是全体会员共同的家园，协会让世界妈祖敬仰者之间的交流、联谊、合作更加紧密，让妈祖文化在全世界的传播更加广泛。他强调，湄洲妈祖祖庙将继续与大家携手同行，密切往来，互相学习，加强合作，共同推动妈祖文化在弘扬优秀传统文化、增进海峡两岸交流合作、服务"一带一路"倡议、促进世界和平与发展等方面，发挥更加重要的作用。

中国侨联原主席、中华妈祖文化交流协会原副会长林兆枢受中华妈祖文化交流协会会长张克辉委托，在会上也发表了重要讲话。他表示，中华妈祖文化交流协会成立 15 周年的庆祝活动，是个大事，要认真总结好 15 年来之不易的成绩，增强信心，鼓舞斗志，为把妈祖文化全面推向新时代，凝聚起更为强大的智慧和力量。林兆枢转达张克辉的指示指出，过去的一年，协会工作在俞建忠等一大批妈祖人的共同努力下，干得非常不错，主要的成绩和创业的历程都较好地体现在理事会的报告中。林兆枢指出：关于明年妈祖文化的发展方向、目标任务和工作重点，理事会工作报告都做了很好的规划、部署和安排。张克辉表示完全赞同。希望大家抓住明年妈祖诞生 1060 周年的契机，切实做好"两岸连线·同谒妈祖"等妈祖文化活动的大事要事，结合各自实际，取得新的更大的成绩。

大会期间，增选台湾中华妈祖弘道文化交流总会等 6 个团体常务理事单位；增选美国妈祖基金会等 5 个理事单位；增选加拿大北美中华妈祖文化发展公司等 58 个团体和黄金华等 4 位个人会员，共 62 家会员单位。会议要求，新的一年，在张克辉的领导下，各地妈祖文化机构和全体妈祖人，将思想进一步统一到党和国家的决策上来，使妈祖文化更好地服务国家发展与世界和平；将精力进一步集中到推动海峡两岸妈祖文化合作与交流上来，为祖国统一大业做贡献；将行动进一步落实到这次会员大会的报告和各项决议部署上来，共同创造妈祖文化更加美好辉煌的未来。

● **中华妈祖文化研究院**

2008 年 9 月 19 日竣工落成。2019 年 3 月 15 日，中华妈祖协会常务副会长、中华妈祖文化研究院院长林国良，及中华妈祖文化交流协会常务副秘书长周金琰、莆田妈祖文化研究院林俊海等一行 4 人，前往霞浦县调研妈祖文化工作。霞浦妈祖文化交流协会郑寿本副会长代表李上庚会长表示欢迎，并向中华妈祖文化交流协会领导汇报近一年来霞浦县松山天后宫，竹江村前沃、后沃天后宫赴台开展妈祖走水表演活动，以及组团参访台湾北港朝天宫、鹿港天后宫、金门天后宫，受到台湾地区民众热烈欢迎和盛情接待等事。其后，周金琰副秘书长传达了当前妈祖文化的重点工作：一、《妈祖志》霞浦地区的撰写由林国敏负责；二、霞浦地区妈祖文化普查，由黄亦钊负责。林国良院长则对霞浦妈祖文化交流协会的工作强调："妈祖协会要立足本职工作，目前全国县级妈祖机构还是比较少，因此要大力弘扬妈祖，工作要思路清晰，有计划要明确，工作步骤要加快，争取做出更好的成果。"编撰《妈祖志》和妈祖文化普查工作是为后人留下一笔精神财富，参与这两项工作的同志，任务艰巨而光荣。此外，会中周金琰特别邀请牙城镇梅花宫罗美丹女士与会。罗美丹女士为盐田畲乡普兰村人，10 余年来自力捐资 230 多万元，在牙城梅花村兴建天后主宫、山门、斋房、修路，故拟调查、核实罗美丹的善举后，予以表扬、载入史册。

● 中国北方妈祖文化研究中心

中国北方妈祖文化研究中心成立于 2016 年 4 月 26 日。2019 年 4 月 23 日，"第四届中国北方妈祖文化（曹妃甸）学术研讨会"在中心召开。曹妃甸蚕沙口妈祖文化已经有 700 多年的历史传承，目前结合妈祖文化研究工作与"一港双城"旅游产业的深度融合，期望使古老的妈祖文化焕发新的活力。

● 加拿大中华妈祖文化交流协会

2019 年 4 月 27 日，加拿大中华妈祖文化交流协会和加拿大中华湄洲妈祖庙、加拿大天妃艺术团在多伦多万锦市的中华天后宫隆重举行了"纪念妈祖诞生 1059 周年"的庆典活动。与会嘉宾包括联邦国会议员谭耕、蔡报国、陈圣源，省议员柯文彬、白必勤，万锦市市长薛嘉平等在内的各级政府代表、社团代表、社会名流、善男信女共 200 多人莅临现场，共同纪念妈祖诞辰。加拿大中华妈祖文化交流协会成立于 2016 年，是旅居加拿大的中华妈祖文化研究员及信众组织的非营利性文化社会团体。其宗旨是承担中华妈祖文化在北美地区的传播及交流，团结海内外中华儿女，共同弘扬妈祖文化，为传承发扬中华优秀传统文化和促进中加两国的发展而努力。

● 莆田学院妈祖文化研究院

2005 年 4 月 30 日莆田学院创置妈祖文化研究所，2007 年改制妈祖文化研究中心，2012 年整合校内相关院系资源与学术力量，成立妈祖文化研究院。2019 年 4 月 27 日，"大爱妈祖：妈祖信仰在宁波"文化活动周在庆安会馆启幕。莆田学院文化与传播学院院长孟建煌博士及中华妈祖文化交流协会常务副秘书长兼学术部主任、莆田妈祖文化研究院副研究员、中国民俗学会理事周金琰，分别以"妈祖文化与文化自信"和"妈祖信俗活动的影响"为题，在宁波图书馆"天一讲堂"做讲座。本次活动周以"大爱"为主题，旨在颂扬妈祖"立德、行善、大爱"精神，传承中华民族优秀传统文化，丰富宁波城市文化内涵。文化活动周由3个系列活动组成，包括纪念海上和平女神妈祖诞生1059周年暨"大爱颂"歌舞献演，庆祝妈祖信俗成功申遗10周年暨"大爱妈祖"鲁樵画展，以及重温妈祖文化与21世纪海上丝绸之路互促共进时代讲座。鲁樵画展展出了知名青年画家鲁樵近年创作的50多幅"大爱妈祖"系列画作，以及数十幅山水、花鸟、人物精品。鲁樵特别为本次活动周创作的约1.78平方米画作《德泽万方》，已由庆安会馆收藏，长期展出。宁波作为通商大埠和历史古港，是重要的妈祖信仰传播地之一。该次系列活动旨在深入发掘、整理宁波以及浙江其他地区的妈祖文化资源，促进市内外、省内外、海内外的妈祖文化交流。

● 广东省、海南省妈祖文化交流协会

2019年5月3—4日，"粤西妈祖文化调研传福活动"在海南省展开。活动由广东省妈祖文化交流协会邀请部分资深妈祖文化专家和热心妈祖文化的各界人士，联合海南省妈祖文化交流协会共同发起。在罗如洪、罗家善两位会长的带领下，随行近30人，先后拜谒了雷州夏江天后宫、雷州夏岚靖海宫、湛江通明港宣封圣庙等妈祖宫庙，并与各宫庙理事会成员及当地文化部门负责人、妈祖人、妈祖信众深入座谈，指导当地妈祖文化在新时代的规划和发展。5月4日，在园中园迎宾馆召开"广东、海南两省妈祖文化研讨会"，由雷州市城市规划建设局局长吴朝卿主持，他指出，妈祖宫庙在雷州地区经历过宋、元、明、清、民国至今几个时代的发展，数量众多、规模不一、香火鼎盛、信众奉行"立德、行善、大爱"妈祖精神，妈祖文化从夏江天后宫（也称龙应宫）于宋代在雷州建庙后，就为雷州文化注入了勃勃生机。2016年3月，妈祖文化写入"十三五"规划纲要；习近平总书记也多次强调要重视、保护和发展妈祖文化。如今，雷州市委市政府高度重视妈祖文化在民风民俗和精神文明建设方面所发挥的作用，准备在夏江天后宫的基础上，用八百亩土地打造集文化旅游、教育培训、休闲度假、文物保护、传统文化展示、民俗传习等功能于一体的妈祖文化园，以此带动社会主义新农村建设和社会主义核心价值体系构建。

广东省妈祖文化交流协会罗如洪会长的发言带领大家回顾了协会成立五年多来走过的光辉历程；学习了习总书记"既是乡土文化也是重要旅游资源的妈祖文化，

是凝聚两岸同胞的一条纽带，要充分发挥其在促进两岸交流合作中的重要作用"，"发挥妈祖文化等民间文化的积极作用"等关于重视妈祖文化的重要论断；讲述了妈祖从宋代以来，经历元、明、清等各朝代，受到民众崇拜和历代皇帝总共36次敕封，封号高达66个字；妈祖祭典被列为"三大国家祭典"之一，我国台湾地区80%以上的民众信奉妈祖等精彩故事，阐明了妈祖不仅是优秀的民间文化，而且是国家文化的重要组成部分。结合新时代重视中华文化"创造性转化，创新性发展"，国家重视文化旅游事业的发展，紧跟全面实现小康社会这个大好形势，罗如洪会长建议大家利用发挥好妈祖文化，发扬好妈祖护国庇民的伟大精神，共同助力国力民生。海南省妈祖文化交流协会罗家善会长也全面介绍了海南妈祖文化发展的情况、协会发展的规划，以及位于文昌地区的世界妈祖和平岛工程的规划、建设情况。罗会长立足海南省妈祖宫庙建设情况，结合全国各地天后宫和妈祖文化机构在每年妈祖诞（农历三月二十三日）和升天纪念日（农历九月初九日）前后组织开展的各类传统文化纪念活动的盛况，强调当下妈祖宫庙和文化机构理清管理经营思路，以及妈祖人素质培养的重要性，讲出了妈祖文化的时代自信。会中，著名妈祖文化人、福学家、广东省妈祖文化交流协会高级顾问黄太闻在主题发言中首先表示，他作为出生、成长在雷州半岛的人，代表家乡人对各位妈祖文化交流协会领导、专家、学者、妈祖人的莅临指导表示欢迎和感谢，感恩雷州文化、妈祖文化对自己的熏陶和培养。其次，他也和大家分享了自己在国内外妈祖文化活动的所见所闻，阐述了自己坚持30多年研究妈祖文化，开创福学文化的心得体会。黄太闻说，妈祖从宋代以来，一直都是民间的道德模范和国家精神的象征之一，所以在全国各地随着民俗文化发展，宫庙越来越多；历朝历代皇帝对妈祖和妈祖宫庙屡次敕封，据不完全统计达36次，封号从2个字到66个字。妈祖在世时是宋代的人，和我们很多人一样，都受到当时道家、儒家、佛家乃至诸子百家文化的熏陶，她自然也会运用各家文化去为民众排忧解难，救苦扶伤，护国庇民。妈祖逝世升天之后，各家（宗教）文化，包括朝廷都争先追认妈祖为他们各派的文化代表，因此也建宫庙、寺院来祀奉妈祖（但是不等于妈祖属于哪个教派）。而随着受妈祖精神激励的华人在全世界各地创业成功，参与支持各地社会发展建设，妈祖精神逐渐演变成了"立德、行善、大爱"的和平、幸福的正能量被广泛传颂，成了在海外传得最广、最快、最好的中国优秀传统文化"奇葩"。迄今，全球有华人的地方都有妈祖天后宫，天后宫也受到世界各种宗教信仰人士的参拜。20世纪80年代，联合国有关机构授予妈祖"和平女神"称号。2009年9月，"妈祖信俗"被联合国教科文组织列入世界人类非物质文化遗产代表作名录。黄太闻相信，妈祖文化将在实现祖国和平统一，实现中华民族伟大复兴中国梦，构建人类命运共同体的道路上发挥重要的引领和助推作用。妈祖文化历史悠久，博大精深，包括海洋文化、生态文化、忠孝文化、和平文化、健康文化、幸福文化等，代表并满足人类的幸福诉求。

雷州夏江天后宫理事会理事长、文保小组和雷州妈祖文化园建设理事会负责人唐华文则介绍了当地妈祖信众对妈祖文化的普遍看法，妈祖信众对妈祖祈求的内容和形式也与时俱进，开拓创新，从祈求出海打鱼平安顺利，到保佑家庭幸福，林林总总，无所不包，有求必应，因此妈祖成了全能的"福神"。他感恩党政领导、广大群众对夏江天后宫和雷州妈祖文化园项目的支持和关注，期待未来建成的妈祖文化园能推动社会主义新农村建设，充分体现妈祖时代精神，代表国家形象，具有世界高度，吸引全世界的大爱人士前来参观；祈求妈祖保佑国泰民安，风调雨顺，世界永久太平。广东省妈祖文化交流协会副会长兼秘书长袁胜坤和陈丽涵、林炳欣等几位副会长也参加了本次研讨会，大家对雷州妈祖文化调研活动做了简单总结，一致认为，两省妈祖文化交流协会雷州行格局大、规格高、宫庙人数多、内容丰富、影响深远、收获丰。参加活动的宫庙负责人和妈祖人热情洋溢，对本次两省的调研活动评价甚高，认为聆听这次研讨会和在各个地方领导嘉宾的发言，都好像在现场听妈祖文化大讲堂，对妈祖文化有越来越清晰、正确、全面的理解，谢谢有关领导和专家不辞劳苦，千里迢迢到群众中来传经送宝，传福活动名副其实。两省妈祖文化交流协会主要成员除了在雷州开展调研活动，还考察走访了阳江平冈慈恩堂天后宫、阳江海陵岛大角天后宫、湛江调顺祖庙、阳江儒洞天后宫等宫庙。

● 四川省民生研究会妈祖文化研究中心

2019年5月27—28日，首届"中国西部妈祖文化论坛暨妈祖榜样人物评选"专题活动在金堂开展。28日上午9点集体参加妈祖分灵祭典、起驾巡安、驻跸安坐仪式；下午 2 点 30 分举行了《巴蜀妈祖寻踪》纪录片首映仪式、首届中国西部妈祖文化交流会和当代妈祖榜样人物评选专题启动仪式，来自台湾、香港、福建、江西等地的群众、林氏家族代表 500 余人参加活动。四川省民生研究会妈祖文化研究中心负责人、金堂县赵镇商会会长、金堂金裕大酒店有限公司董事长林德凤倡议表示："做一个妈祖人，建一个好家庭。"信奉妈祖要从自己做起、从家庭做起，培育良好的家教、家风，为社会输送正能量。评选结果在 2019 年 12 月 25 日下午，在金堂金裕大酒店隆重举行 2020 年"妈祖春晚"暨"当代妈祖榜样人物"颁奖晚会，表彰了四川省 10 位在各行各业具有妈祖大德大爱精神的默默奉献者。

● 台湾新港奉天宫世界妈祖文化研究暨文献中心

该中心与台湾淡南民化研究会合作，成立于 2010 年。2019 年 5 月 31 日至 6 月 3 日，由台湾新港奉天宫"世界妈祖文化研究暨文献中心"主办的"2019 新港奉天宫两岸妈祖文化与艺术论坛"在台湾嘉义举办。来自中国社科院、上海社会科学院、莆田学院妈祖文化研究院、大连海事大学、深圳大学、台湾交通大学和台湾新港奉天宫"世界妈祖文化研究暨文献中心"的学者参加了会议。10 月 22 日，奉天宫董事会何达煌董事长赴霞浦、福鼎等地开展妈祖文化交流活动，参访了点头天后宫。点头妈祖天后宫重建于明永乐年间，重修于清乾隆时期，是福建省文物保护单位。近年来大力举办妈祖文化节，与福鼎白茶文化等民间文化结合，推动地方经济发展。

2019 年 12 月 17 日，台湾嘉义新港奉天宫参访海南临高天后宫，并敬赠"圣慈母德"匾额。奉天宫参访团表示，此次海南行主要到海南临高天后宫安座分灵的妈祖，并赠送匾额，深化两座妈祖宫庙情谊。海南省临高县妈祖文化交流协会会长、临高天后宫主委方萍表示，欢迎奉天宫前来进行妈祖文化交流，两座宫庙联谊，常来常往增进彼此了解，促进两岸妈祖文化交流。同时，奉天宫也参访了海口白沙门天后宫、海口中山天后宫、海南省妈祖文化交流协会，开展妈祖文化民间友好交流，促进两岸血浓于水的同胞亲情。

● 莆田妈祖中学

该校为全国唯一以"妈祖"为名的学校,坐落在妈祖故乡湄洲岛。前身为湄洲附中,始建于1959年,2008年更名为"莆田妈祖中学"。2019年6月,陈志勇老师完成了"妈祖文化在学校德育工作中价值体现的实践研究"(编号:DY-201828A)课题,增进妈祖文化在中学教育中的积极影响。该校于2007年也已经和台北县万里中学缔结姐妹校,双方秉承妈祖博爱、和谐精神,促进教学水平的提高,推动海峡两岸教育课程与文化的深入交流。

● 九三学社

九三学社成立于1946年5月4日。2019年7月22日,九三学社湖北省委研究室主任李晖率团参访湄洲妈祖祖庙莆田会馆。李晖一行在莆田市委统战部副部长许卫雄,九三学社莆田市委专职副主委黄秀姐、秘书长陈捷音及副秘书长许云峰等陪同下,莅临湄洲妈祖祖庙莆田会馆。参访行程由民革莆田市直属湄洲支部主委、湄洲妈祖祖庙莆田会馆陈金森馆长率会馆员工热情接待。陈金森首先代表祖庙向来自武汉的九三学社妈祖敬仰者表示热烈欢迎,向他们不辞辛苦与同行来莆交流,并专程到会馆妈祖行宫拜谒妈祖表示敬意。随后陈金森带领参访妈祖文创产品展销区、妈祖文化展示区、妈祖书画展览区,以及祖庙重兴四十周年图片展。在导览过程中,陈金森讲述了妈祖其人及其圣迹和灵验故事,以及祖庙重兴的四十年里,妈祖走出莆田、走出福建、走向世界,实践弘扬妈祖文化的过程。其中尤其着重阐述了习近平主席多年来对湄洲妈祖祖庙和妈祖文化的关心重视,包括在时任福建省省长时拨款修建天后广场的举措,以及对"保护好湄洲岛"的指示,乃至提升妈祖文化的定位,对妈祖文化此一中国优秀传统文化的弘扬,更加深来宾对妈祖的敬仰。九三学社湖北省委参访团表示,感谢莆田会馆的热情招待,他们切实感受到了该馆妈祖文化的浓厚氛围,此次交流不仅能够更多地了解妈祖其人其事,也能更好地学习妈祖立德、行善、大爱的精神。同时也希望与会馆加强联系,增进交流,共同构建和谐美好的家园。

● 天津妈祖文化艺术研究中心

2019年8月31日，天津妈祖文化艺术研究中心所在的中新天津生态城滨海旅游区内，多年建设的滨海妈祖文化园对外开放。天津滨海妈祖文化园区总占地面积3.9万平方米，总建筑面积4033平方米，整体通过填海造陆而成，三面环海，景色优美。其中，妈祖圣像高42.3米，相当于14层楼的高度，由858块石料拼接而成，是迄今为止全球最高的妈祖圣像。滨海妈祖文化园项目于2009年7月奠基。妈祖园整体配套设施包括妈祖圣像、山门、钟鼓楼、妈祖庙、妈祖阆苑、禅居会馆等，集旅游、商业、娱乐、餐饮于一体，为民俗、外交与商贸活动提供优质的平台。

● 北岸开发区妈祖文化交流协会

2019年9月13日上午，"北岸开发区妈祖文化交流协会成立大会暨第一次会员代表大会"隆重召开。成立大会在雄壮的国歌声中开幕，经协会筹备工作报告、通过《北岸开发区妈祖文化交流协会章程》、表决通过第一届理事会和监事会组成人员等系列议程后，大会宣布北岸开发区妈祖文化交流协会正式成立。大会选举崔灯明为会长，林自弟为常务副会长，畲纪德、李亚托、郑清云为副会长，田金良为秘书长，陈金聪为监事长。大会聘请柳金裕为顾问，杨国清等九位为荣誉会长。随后，召开北岸开发区妈祖文化交流协会第一次会员代表大会。市人大常委会原主任、中华妈祖文化交流协会原常务副会长林国良，市人大常委会原主任、中华妈祖文化交流协会顾问林光大，市委原常委、原常务副市长、中华妈祖文化交流协会顾问李辉龙，中华妈祖文化交流协会常务副会长俞建忠，莆田学院前副校长、妈祖文化研究院前院长黄瑞国，北岸党工委书记林修岚，中华妈祖文化交流协会各部门负责人，莆田市妈祖文化促进会、各县区妈祖文化交流机构负责人等出席大会。大会由北岸党工委委员、宣传部部长王义勇主持。大会收到了福建省妈祖文化研究会和莆田学院妈祖文化研究院发来的贺信，中华妈祖文化交流协会等六家单位向北岸开发区妈祖文化交流协会赠送贺礼。

新当选的崔灯明会长在就职讲话中表示，当选为会长，既是肯定也是挑战。自己将以协会成立为契机，努力工作，履好职责，发挥会员及理事作用，凝聚共识；

强化协会自律意识，建章立制，公开协会事务，加大妈祖文化工作宣传，推动妈祖文化交流事业蓬勃发展。林修岚也致辞表示，他向协会成立及新当选的协会第一届理事会、监事会领导班子成员表示祝贺，希望协会能集聚人才，不负使命，在研究、传播妈祖文化方面发挥更大的作用，取得更多的收获。俞建忠则提出了五点意见：希望协会能在服务祖祠文化中出新招；在服务两岸交流交往中迈大步；在服务海洋文明中做表率；在服务公益慈善事业上有作为；在服务旅游健康事业上敢担当。

● 三明市妈祖文化研究会

三明市妈祖文化研究会成立于2013年11月9日。研究会报道，2019年9月16日，三明天后宫妈祖像重塑开光庆典，中华妈祖文化交流协会发来贺信，湄洲妈祖祖庙、莆田贤良港天后祖祠、莆田文峰宫等近200位妈祖信众，以及三明市道教协会各宫庙负责人近200位人士共襄盛举，参加开光活动。三明市委统战部、市民宗局和两区统战部等领导亦莅会指导；同时，三明市兴化商会众乡贤亦大力襄助，邀请莆田剧团表演莆仙戏3天、木偶戏1天，莆田法师主持祈福法会，整座妈祖庙沐浴在妈祖的灵光之中，祈求妈祖庇佑，国泰民安。

● 台湾明道大学妈祖文化学院

2019年9月19—23日，台湾明道大学和莆田学院与相关机构、院校联合举办"2019年海峡两岸妈祖文化与地域发展学术研讨会"，来自中国社科院历史研究所、福建师范大学、台湾科技大学、逢甲大学等高校和湄洲妈祖祖庙董事会、台湾妈祖联谊会、彰化县政府城乡观光处、台明将企业等机构的约30位专家、学者与会，针对"海峡两岸妈祖文化与地域发展"主题研讨交流。

● 晋江市妈祖文化研究会

晋江市妈祖文化研究会成立于1999年4月21日。2019年11月26日，晋江市妈祖文化研究会第四次会员大会暨晋江市妈祖文化研究会第四届理监事就职典礼在晋江东石天后宫举行，莆田贤良港天后祖祠董事会应邀派副董事长黄金象率队参会，同时，泉州天后宫、金井围头湾天后宫、莆田湄洲妈祖祖庙等多家妈祖文化机构和宫庙代表也莅会观礼。会中，黄金象受林自弟董事长委托，对大会的成功举办及新一届理事会成员的当选表示祝贺，也期待晋江市妈祖文化研究会与莆田贤良港天后祖祠董事会多交流往来，常回妈祖娘家看看，共同致力于传承和弘扬妈祖文化。

● 湛江妈祖文化研究会

2019年，广东湛江妈祖文化研究会举办筹备工作会议。根据去年雷州市、吴川市、遂溪县、廉江市等地妈祖机构代表对成立湛江妈祖文化研究会达成的共识，继续在作为广东省文物保护单位的夏江天后宫的基础上，规划研究会成立与运作的基础。

● 福建省妈祖文化传承与发展协同创新中心

该中心由莆田学院联合中国社会科学院历史研究所、厦门大学、福建师范大学、华侨大学、台湾世界妈祖文化研究暨文献中心等五家核心协同单位，以及中华妈祖文化交流协会、福建省妈祖文化研究会、台湾中台科技大学、湄洲天后宫董事会等参与协同单位，于2014年3月成立。2015年9月获福建省教育厅认定为第二批福建省2011协同创新中心。2019年10月31日下午，"福建省妈祖文化传承与发展协同创新中心"理事会暨学术委员会和"福建省社会科学研究基地妈祖文化研究中心"学术委员会2019年工作会议在湄洲岛海景大酒店召开。莆田学院妈祖文化研究院院长、福建省妈祖文化传承与发展协同创新中心理事会副理事长、福建省社科研究基地妈祖文化研究中心常务副主任姚志平，莆田学院妈祖文化研究院副院长林明太等出席会议，福建省妈祖文化传承与发展协同创新中心全体理事、学术委员会成员与会。

姚志平通报了中心2019年度主要工作及2020年工作计划。他指出，中心本年度在突出科研创新、突出人才培养、突出服务地方、突出学术交流、突出机制建设等方面取得成效。2020年中心的工作计划是：在科学研究方面，完成两项编撰研究工作，争取更多高层次科研项目立项，持续完善升级妈祖文献数据库，提高妈祖文化的地位。在人才培养方面，加强妈祖文化传播建设，培养高质量人才，做好妈祖文化硕士点建设，进一步加强与其他高校合作，通过多种方式，继续传播妈祖文化。在社会服务方面，深化妈祖文化应用性研究，积极参与妈祖文化交流活动，服务国家、省、市妈祖文化战略，继续为莆田市参与海丝申遗、建设世界妈祖文化中心等提供智力服务。在学术交流方面，继续办好一年一届的国际妈祖文化学术研讨会，提高学术期刊质量，通过"走出去、请进来"等多种途径加强与海丝沿线国家、地区相关学者的学术交流。在机制保障方面，完善激励机制，推动师生积极参与妈祖文化研究与传播，使其有效融入校园文化，并服务地方文化建设。

● 福建省妈祖文化研究会

福建省妈祖文化研究会成立于2013年9月6日。其成立宗旨在于广泛联络、组织海内外有志于妈祖文化学术研究的专家学者及各界人士参与妈祖文化学术研究活动、办理学术研讨会与会刊，冀以完善、推广妈祖文化研究工作。2019年10月31日，"福建省妈祖文化研究会"第二届理事会第二次会议在湄洲岛海景大酒店顺利召开。福建省妈祖文化研究会顾问、莆田学院妈祖文化研究院院长姚志平，福建省妈祖文化研究会第二届理事会理事与会。会议由姚志平主持。

福建省妈祖文化研究会副会长兼秘书长、莆田学院妈祖文化研究院副院长林明太受研究会会长宋建晓委托向理事会报告了近一年研究会开展的一系列工作。一、积极开展科研创新工作，取得了较好的科研成效。相继在各大出版社出版了《妈祖民俗体育文化及产业化研究》《妈祖文化跨语境传播的话语模式建构》《文化妈祖研究》等著作；先后在核心期刊发表14篇论文；在多项国家级、省级项目获得立项；获得新的科研平台。二、积极开展决策咨询服务，为政府社会提供智力支持。研究会十分重视为社会经济建设服务，为国家、地方党政决策咨询服务。三、积极开展学术交流活动，为"一带一路"倡议、两岸和平发展等做出重要贡献。四、积极按照省社科联要求，做好与省社科联的联系，完成党建和政治学习任务。

其后，林明太报告了研究会2020年工作计划。一、科学研究方面。继续重点围绕把妈祖文化打造为"21世纪海上丝绸之路"沿线国家共同文化的战略目标和让妈祖文化在福建省建设"21世纪海上丝绸之路"核心区发挥更大作用的重大需求，争取申请更多高级别的课题，撰写更多的咨询报告，出版更多有影响力的专著，发表更多的论文等，为国家、福建省提供决策参考意见和智力支持。二、社会服务方面。将进一步整理挖掘妈祖文化内涵价值，为实现中国梦服务；将进一步探索研究妈祖文化在建设"21世纪海上丝绸之路"中发挥桥梁和纽带作用；将进一步探索研究妈祖文化在推进两岸和平发展中的特殊作用；将进一步研究妈祖信俗世界非物质文化遗产的保护与传承。三、学术交流方面。将邀请更多的海内外专家学者，继续办好一年一届的国际妈祖文化学术研讨会，扩大其影响力。将通过在新加坡、马来西亚等国家和其他地方召开妈祖文化学术研讨会、座谈会、讲座、新书发布会等，进一步传播扩大妈祖文化影响力。办好《妈祖文化研究》学术期刊，提高期刊质量。通过"走出去、请进来"等多种途径，加强与海丝沿线国家、地区相关学者加强学术交流。四、党支部活动方面。将按照省社科联社会组织党委统一安排开展党建活动和政治学习，开展党支部活动。力争将研究会发展成为妈祖文化研究的"思想库""信息库""人才库"，以更好地为福建省经济社会文化发展做出应有的贡献。

● 闽西妈祖文化研究所

2019年11月30日，"闽西妈祖文化研究所"随"闽台两岸客家文化生态保护研讨会"的召开同时揭牌运作。会议在福建龙岩学院召开。该次会议由龙岩市文化和旅游局、龙岩学院主办，龙岩学院闽台客家研究院、龙岩市客家文化研究会承办。龙岩市政协副主席、龙岩市客家文化建设领导小组副组长、闽西客联会会长刘友洪，龙岩学院副校长杨小燕教授，龙岩市文化和旅游局局长修洪，以及来自马来西亚，我国台湾、广东、江西等地的海内外客家研究专家100余人与会。杨小燕向来宾介绍了闽西客家文化及其生态保护区的总体概况、龙岩学院简况、学校对客家文化研究的重视程度，以及闽台客家研究院在客家研究方面取得的成果。她希望通过此次会议进一步加强交流与合作，分享新知识、探讨新发现，持续提升客家文化研究水平。刘友洪则指出，客家文化是中华优秀传统文化的重要组成部分，是闽粤赣地区客家人与自然历史互动中创造的社会文明成果，是维系客属港澳台同胞、世界客属华侨华人文化认同的精神纽带，客家文化研究意义重大。北京师范大学博导萧放教授也指出，记录、保护、传承、发扬客家文化生态遗产是守护中华民族生生不息、一脉相承的历史使命；以活态形式留存、传承、发展客家祖先所创造出来的传统文明是中华民族文化可持续发展之需。中华文化是海峡两岸同胞心灵的根脉和归属，两岸客家同根同源、同文同种、心灵契合、文脉相承，希望通过该次会议可以加强闽台客家文化生态保护、传承发展、交流合作研究，促进两岸客家文化感应会通、融合发展。开幕式后，与会人员一同欣赏了"龙岩学院第六届客家文化节"艺术表演、品尝客家传统美食，还为龙岩学院闽台客家研究院"非物质文化遗产研究所""客家文化海外传播研究所""闽西妈祖文化研究所"揭牌运作。

● 中国闽台缘博物馆

2019年12月8日，"2019闽南文化暨闽台科举学术研讨会"在泉州市召开，会议由中国闽台缘博物馆与金门县文化局主办，台湾成功大学文学系、金门大学人文社会学院、台南府城观兴文化艺术基金会协办。来自中国社科院、全国台湾研究会、浙江大学、厦门大学、福建师范大学等大陆高校和学术机构，以及台湾地区的金门大学、成功大学、台湾师范大学、东南科技大学、彰化师范大学等单位的近50位专家学者参会。该次研讨会将闽南文化与科举制度合并为题，不仅涵盖闽台两地多层面的文化考察，而且深刻切入"两岸一家亲"的历史脉相。全国台湾研究会副会长汪毅夫教授发表《科举制度与闽南乡土社会》的主旨报告，以翔实的史料、生动的个案深入阐述了科举制度对于闽南乡土社会的影响。近年来，中国闽台缘博物馆广泛联系两岸专家学者和文化学术机构，共同开展两岸历史关系和闽南文化、客家文化、妈祖文化、朱子文化等祖地文化研究，成为两岸学术文化交流的重要平台。

● 惠来县妈祖文化交流协会

2019年12月15日,广东省惠来县妈祖文化交流协会在青少年宫会议厅召开第四届理事、会员代表大会暨2019年年会。县委组织部、县委直工委、县委宣传部文联分管领导,县人大、县政协等同志出席会议。名誉会长林八弟、吴洪兴、黄宏鹏、蔡明海、李炳遥等暨嘉宾理事、会员代表200多位,出席了本次大会。大会上,惠来县人大常委会副主任郑明辉为妈祖敬献鲜花;县人大副主任郑明辉、县政协副主席孙捷敏、县文联主席黄裕兴、县妈祖文化交流协会会长苏文炳为惠来县妈祖文化交流协会更新衔牌揭彩;苏文炳会长、协会副会长吴汉波为惠来文昌阁天后宫理事会衔牌揭彩。会议中,苏文炳会长做了2019年妈祖文化工作报告,肯定了惠来妈祖人的工作热情,鼓舞大家以更大的热情投入新一年的妈祖文化工作中。本次大会也增选了坂美天后宫理事长林文杰为新一届的协会理事,增选县妈祖文化交流协会办公室理事苏贞荣为本届协会常务理事,并担任协会联络工作室主任,增选协会办公室主任林铿英为本届副会长。同时,苏文炳会长和书法家林锡通也为进凤宫理事长许贞婵入选"全球优秀妈祖人22强"致赠贺匾"长天一鸣,凤声燕誉",向她表示诚挚的敬意。

研究课题

序号	课题名称	负责人	单位	研究时间	资助金额	项目来源
1	妈祖信仰传播与清代台湾社会发展研究（19BZS134）	潘是辉	莆田学院文化与传播学院	2019—2024	20万元	2019年度国家社会科学基金项目
2	"一带一路"的视野下台湾地区妈祖文化与海上经贸关系研究（19BMZ057）	林孟蓉	莆田学院妈祖文化研究院	2019—2024	20万元	2019年度国家社会科学基金项目
3	闽台妈祖信仰经验与两岸融合发展研究（FJ2019B078）	于明华	莆田学院妈祖文化研究院	2019—2022	5万元	2019年度福建省社会科学规划项目

学术动态

研讨会信息与综述

● 福鼎点头闽浙妈祖文化交流广场研讨会

2019年2月26日,"福鼎点头闽浙妈祖文化交流广场研讨会"在福鼎点头镇召开。中华妈祖文化交流协会副秘书长蔡承武、福建省品牌经济发展研究院研究员陈尔全、莆田市妈祖文化陶瓷艺术馆馆长潘晓偕同行与会,和福鼎市点头妈祖天后宫管委会成员共同探讨创建点头闽浙妈祖文化交流广场项目。蔡秘书长考察宸山顶时认为该地是依山望海的仙境韵涵;陈尔全顾问则说,点头创建闽浙妈祖文化交流广场是一个祖祖辈辈想到而不敢想的事,想做而无法做到的事,心有余而力不足。这是两省交界处,能实现这个妈祖梦,是福鼎一件宏伟的历史大事,同时会带动经济社会发展。蔡承武秘书长也表示,点头镇是中国白茶发源地,也是白茶特色小镇,能够建设为闽浙妈祖文化交流广场,是个宏伟壮观的工程,建成以后,对于弘扬妈祖文化带动白茶产业发展和经济推动具有重要作用。

● 天妃显圣录——台湾妈祖庙文化纪录展

2019年3月13—24日,"天妃显圣录——台湾妈祖庙文化纪录展"在新北市客家文化园区巧之艺廊展出。展览由学生创作,以妈祖事迹图像最常参考的《天妃显圣录》内容为准,搜寻多座台湾地区妈祖庙内根据《天妃显圣录》所改建、增建或新建的装饰艺术。展览的创作发想来自学生生活、学业、理念的串联,多样媒材传递创作理念,将年轻活泼的元素融入展览之中,呈现年轻族群所诠释的妈祖文化新视觉形象。

● 迎妈祖:今生最幸福的相遇——2019妈祖征文比赛

2019年4月1日至7月15日,"迎妈祖:今生最幸福的相遇——2019妈祖征文比赛"由台中市文化局主办。台中市文化局从2016年开始举办以妈祖信仰文化为主题的征文比赛,每年设定不同主题和意象,鼓励民众以散文创作,借以文字代替香火,用真实的笔触诉说对妈祖的虔敬与信仰中的启发。征文活动也和联经出版事业公司、联合文学杂志合作,得奖作品除颁予奖座、奖状和奖金外,也将结集出版,以飨读者,一同分享关于妈祖的感动。

● 承先启后,妈祖薪传——2019妈祖信俗国际论坛

2019年4月4日,"承先启后,妈祖薪传——2019妈祖信俗国际论坛"在台湾大甲镇澜宫妈祖文化礼堂举行。来自台湾"中研院"、台中科技大学、逢甲大学、中台科技大学、高雄大学、台中教育大学、莆田学院、美国米浆媒体、法国公视节目、日本作家协会、越南、土耳其电视等单位的20余位专家学者、媒体人参加了本次论坛。莆田学院副校长宋一然教授、莆田学院妈祖文化研究院副院长林明太教授、莆田学院工艺美术学院院长林永生教授受邀参加会议并分别在"十年有成——'妈祖信俗'列为世界非物质文化遗产10周年""放眼未来:'妈祖信俗'的多元化与国际化""国际盛事——大甲妈祖绕境进香文化面面观"等场次做主题报告。宋一然教授在做《大陆高校妈祖文化教育的现状及发展趋势——以莆田学院为例》报告时指出,近年来,大陆妈祖文化教育不断加强,取得了显著成效;莆田学院作为妈祖故乡的高校,多年来一直自觉承担起开展妈祖文化教育这一历史使命和责任,建立了较为完善的妈祖文化人才培养教育体系。2017年起与福建师范大学联合培养社会工作(妈祖文化)专业硕士,2016年起开设了妈祖文化传播本科人才培养特色

班。莆田学院聚焦培养妈祖文化传播人才的思路，不仅仅是地方高校落实立德树人根本任务的创新举措，更是传承发展中华优秀传统文化的探索实践。林明太教授发表《世界非物资文化遗产妈祖信俗的申请及传承保护情况》，他指出，2009年妈祖信俗列入联合国教科文组织人类非物质文化遗产代表名录以来，得到了世界各地有关部门的高度重视。莆田市作为妈祖信俗发祥地，对妈祖信俗世界非遗的保护特别重视，其信俗保护工作经过几年来的努力，已得到稳步推进。林永生教授做《以大陆角度观看大甲妈祖进香文化》报告，他表示，台湾地区负有盛名的大甲妈祖绕境活动至今已有百年历史，镇澜宫以妈祖信仰为纽带，成为海峡两岸关系中的媒介；以"和平女神"妈祖为联系纽带的两岸民间信仰文化交流体系，是"两岸一家亲"理念的基础。论坛开始前，现场还举行了"《妈祖文化志》首发式暨赠书仪式"。《妈祖文化志》是由原福建省地方志编纂委员会与台湾妈祖联谊会汇集了两岸专家学者40余人，历经10年共同编纂完成的。莆田学院孟建煌、刘福铸、陈祖芬、俞黎媛等教授参与了该志书的撰写。该志书分为"妈祖宫庙与文物史迹""妈祖祭典、活动与民俗""妈祖文学艺术与学术研究""妈祖信仰组织"4卷，共300多万字，较为全面翔实地记述了妈祖信仰的形成、发展、流布、影响等，展现了妈祖文化的丰富内涵。

● 2019默潮洄澜——妈祖文化主题画展

2019年4月8日上午，"2019默潮洄澜——妈祖文化主题画展"在台湾明道大学图书馆举行开幕式。画展由莆田学院、台湾明道大学、台湾中台科技大学三校联合主办，台湾妈祖联谊会、台中市万春宫管委会协办。莆田学院副校长宋一然教授、台湾明道大学副校长周建明教授、台湾中台科技大学校长李隆盛教授、台中万春宫管委会吴金雄主任委员、嘉义县新港奉天宫董事会何达煌董事长等嘉宾，以及莆田学院工艺美术学院林永生、张向阳、宁波，莆田学院妈祖文化研究院林明太、台湾明道大学妈祖文化学院谢瑞隆、台湾中台科技大学张桓忠及各主办、协办单位相关人员共100多人出席开幕式。此次画展主题在于弘扬妈祖文化，传承中华优秀传统文化，促进海峡两岸艺术文化交流。开幕式上，明道大学艺术学院老师进行了古琴演奏，接着周建明、李隆盛、宋一然、吴金雄、何达煌等嘉宾分别致辞，随后由谢瑞隆、张桓忠、林永生分别就三校的参展作品做了介绍,最后大家相互赠送书籍等礼品,共同欣赏了画展作品。本次画展是3所院校进行的第二次合作。首次合作于2017年12月在湄洲岛举行的"第二届世界妈祖文化论坛"期间,共同举办了妈祖文化主题联合画展。2019年第二次画展共展出画作52幅,有版画、插画、国画、油画、装饰画、木版水印等丰富类型。所展作品主题鲜明、风格多样、格调高雅,充分体现了三校在研究和传承妈祖"立德、行善、大爱"精神上所做出的大量工作,体现了作者苦心孤诣、驰神运思的精彩创作和不慕浮华时风、前溯古贤、发心精进的艺术精神,以及对艺术探索的孜孜追求和对传统艺术精髓的坚守。该次画展从4月8日开始,到4月30日结束,展期22天。其中在4月13日,大甲镇澜宫妈祖绕境进香团的妈祖神轿也驻驾明道大学,吸引了众多香客涌入明道大学参观画展,具体发挥了"默潮洄澜"、宣扬妈祖精神的效果。

● 2019关渡宫妈祖信仰国际学术研讨会

2019年4月19日,"2019关渡宫妈祖信仰国际学术研讨会(第一届)"在台北市立大学召开。会议由财团法人台北市关渡宫及台北市立大学主办,主题为"从地方到世界——信仰、文化、传统、创新的交汇"。蔡相辉教授发表了"关渡宫的三百年风华"专题演讲,此外还有分别以"宗教信仰""历史地理""文化艺术""社会传播"为主题所开展的分组研讨会,莆田学院工艺美术学院黄劲副教授、妈祖文化研究院林孟蓉副教授等皆发表论文,和来自海峡两岸、澳门地区,以及日本等相关领域的学者探讨与交流。会议新创"妈祖论坛",由关渡宫陈玉坤董事长邀集其他妈祖宫庙执事、信众、学者、政府官员,共同讨论妈祖文化发展的未来与方向。会议也规划"关渡宫文化景观与建筑之美"及"关渡宫神像之美"等实地参访行程,使会议兼具学术研究与实务运作之效,使妈祖文化研究和参与更具整体性。

● 第四届中国北方(曹妃甸)妈祖文化研讨会

2019年4月23日,"第四届中国北方(曹妃甸)妈祖文化研讨会"在河北曹妃甸柳赞镇妈祖文化核心旅游区举行，会议主题为"融入一带一路 文化创造价值"，来自中国民俗学会等的16名专家学者参加了研讨会。会中，中华妈祖文化交流协会特聘研究员尚洁、中国民俗学会副秘书长、中国艺术研究院副研究员杨秀，天津天后文化传播交流中心主任吕映，唐山民俗学会主席郁立女等专家和学者积极发言、交流，一致认为妈祖文化是中国海洋文化的重要标志，其"立德、行善、大爱"的精神内涵和"平安、和谐、包容"的文化特征，与"和平之海、合作之海、和谐之海"的海洋观互相契合。学者指出，曹妃甸海洋民俗文化源远流长，曹妃甸人深谙其中的精髓。蚕沙口妈祖文化是曹妃甸一张靓丽的文化名片。从2016年起，一年一度的妈祖文化研讨会都在致力于北方妈祖文化的历史传承与流变研究，取得了显著成果。曹妃甸在依托妈祖文化，在服务"一带一路"建设和对外文化开放发展等方面做出了巨大贡献。多位学者表示，在今后的工作中，应当继续关注曹妃甸的民俗文化工作，多为曹妃甸的地方文化发展献计献策。他们建议曹妃甸在今后以妈祖文化为支撑做强做大文化旅游产业工作上，要站在政治、经济、教育、科技等一体的大旅游活动层面，研究妈祖文化与"一带一路"、经贸合作的内在联系，让古老的妈祖文化焕发新的活力；探索妈祖文化与"一港双城"、旅游业态的深度融合，使妈祖文化能更好促进曹妃甸文化旅游产业的发展。研讨会是"曹妃甸区2019年妈祖旅游文化节暨蚕沙口传统妈祖民俗庙会"（4月21日开幕）活动项目的一部分，该活动以"游妈祖胜景 促乡村振兴"为主题，凭借曹妃甸700多年历史的独特的妈祖文化，吸引了台湾、香港地区，以及马来西亚、新加坡等海内外客商，来曹妃甸拜谒妈祖。

●广西平乐县第二届妈祖文化旅游节

2019年5月1日，广西平乐县"第二届妈祖文化旅游节"正式开幕，以"一样的漓江，不一样的风光"为主题，除了妈祖三献礼、妈祖巡安，还举行了"昭州文化研讨会""昭州文化书画展"等文化活动，探讨当地与妈祖文化互动及影响的相关议题。妈祖文化旅游节也持续举办经贸交流会，规划海内外企业到平乐考察，洽谈投资合作。

● 隐修传统与信仰的生成——第五届宗教人类学工作坊

2019年5月9—11日,"隐修传统与信仰的生成——第五届宗教人类学工作坊"在山西省大同市浑源县北岳恒山举行。本次会议成员有来自中国社会科学院、华东师范大学、南京大学、中央民族大学、中国艺术研究院、兰州理工大学、兰州交通大学、四川大学、武汉大学、贵州民族大学、黔南民族师范学院、广西师范大学、广东技术师范大学、云南大学、大理大学、哈尔滨工业大学(深圳)、莆田学院妈祖文化研究院、陕西省社会科学院、宝鸡文理学院、澳大利亚国立大学等国内外高等院校、科研单位等的30余位资深专家学者和年轻学人。莆田学院妈祖文化研究院林孟蓉副教授与台湾"中研院"民族学研究所林美容教授联合发表《生命最后的修行:〈坐椅真经度众生〉所示亡故斋友的隐修》论文1篇,并主持第四小组讨论会议,针对核心议题展开热烈的学术讨论。会议讨论议题包括:不同宗教的隐修传统,隐修的文化和宗教意义,隐修中的人、地与信仰,隐修与现代社会,以及与此相关的经验个案和理论层面的对话等。

● 2019年第三届海峡两岸职业教育与创业研讨会

2019年5月18日,"2019年第三届海峡两岸职业教育与创业研讨会"在台湾新北市召开,会议由台湾中华劳促会、台北海洋科技大学、台湾新丝绸之路促进会,及台湾中华职教社等共同举办,福建省委统战部部务会议成员、省中华职教社党组书记王秋梅率团赴台参加,并开展职业教育交流活动,与会的湄洲湾职业技术学院许冬红院长在会中发表"将爱进行到底,深耕妈祖爱心文化"演讲,阐述如何将妈祖文化及其精神运用在职业教育之中,培养学生在职场中发挥应有的敬业、爱业之心,更圆满地达成职业教育的效果。同时,王秋梅也代表福建省中华职教社对研讨会的召开表示祝贺。她表示,近年来,中华职教社持续推动省内职业院校加强职业指导和创业教育,努力搭建平台,积极推动产教融合、校企合作,广泛宣传职业教育,为迫切需要就业和优化就业条件的城乡富余劳动力提供职业教育与培训、职业指导与介绍等帮助,深化职业教育对外交流,认真开展职业教育调研与实践，取得了良好效果。同时，创新创业已成为时代主题之一，研讨会以"探究政府、职业院校、行业企业三方面责任，剖析影响三者行使责任的掣肘因素和干预机制，探索出职业院校和行业企业形成命运共同体的路径与策略"为宗旨，既切合时代主题，也关注职业教育发展难点问题。闽台交流合作具有深厚基础，闽台职业教育互补性强，希望研讨会成为闽台不断加深了解、增进感情、拓宽合作领域的有效平台。

● 乐成宫第三届妈祖学国际研讨会

2019 年 5 月 24—25 日，"乐成宫第三届妈祖学国际研讨会"在中兴大学举行，会议主题为"宗教与性别：传统宗教中女性的形象、组织与禁忌"，大会由财团法人台中乐成宫主办，会务合作单位包括台中乐成宫妈祖文化研究中心、中兴大学历史学系、逢甲大学历史与文物所，以及台湾叙事学学会。大会在两天的会议期间，以"女性神像中女性特征的显与隐""传统宗教仪式中的性别禁忌与其文化意涵""跨域视野中的女性形象与角色""宗教组织中的女性角色与领导"等 4 个颇具启发意义的主题分组，由李玉珍、林正珍、胡台丽、黄美英、林美容、李弘祺、王秋桂、王嵩山、柯群英、吕玫锾、张家麟、丁仁杰、林欣仪等诸多相关领域重要学者交换研究成果，一同深入探讨，莆田学院林孟蓉老师也与会发表论文《从父系社会的角度观看女神妈祖的形象》。大会并规划"前瞻论坛"，讨论女性在传统宗教和新兴宗教中的角色与影响，以及国内外关于女神研究的成果与方法省思。

● 2019 两岸妈祖文化与艺术论坛

2019 年 6 月 1—2 日，"2019 两岸妈祖文化与艺术论坛"在新港艺术高中举行，论坛由知名的嘉义新港奉天宫主办。此前，奉天宫已连年推动两岸妈祖文化论坛交流，今年首次将论坛结合艺术创作展呈现，5 月 31 日在奉天宫凌霄宝殿开幕，展出在地艺术家江鸟、刘美玲及新港小学生共同创作的画作，6 月 1 日、2 日则在新港艺术高中进行妈祖文化与艺术论坛。新港奉天宫成立有"世界妈祖文化研究暨文献中心",作为促进台湾妈祖文化相关研究的重要宫庙与组织,多次举办妈祖文化国际研讨会等活动,颇受海内外好评。嘉义县县长翁章梁、新港乡乡长林茂盛及新港文教基金会董事长陈政鸿、新港奉天宫世界妈祖文化研究暨文献中心主任李明仁等贵宾,与包括来自两岸的曾艺、牛鹏涛、李博、张序、洪刚等文史研究员,共同参与开幕仪式。翁章梁表示,真正的嘉义文化,就是农业耕作与寺庙信仰及休憩作为一体,这次的艺术创作展览就是结合了宗教和艺术,将本土的历史、文化、艺术、信仰发扬光大,也让全球看见妈祖的魅力。当地艺术家、新港小学老师江鸟,擅长以人作为创作题材,从新港小学学生、海瀛村阿嬷,到妈祖绕境的重要人物报马仔,相关的作品都在展场受到瞩目;另外,新港小学老师刘美玲则带领三到六年级的小学生,用复合媒材,发挥想象力,创作出台湾地区特产、古迹名胜、著名景点,展现出台湾地区的在地文化与人文风情,增加对乡土的认同感。

新媒体语境下的妈祖文化交流峰会

2019年6月1日,"新媒体语境下的妈祖文化交流峰会"在天津津利华酒店举行,会议由天津市台办、九州岛文化传播中心、南开区人民政府主办,九洲音像出版公司承办,天津市海峡两岸民间促进会、天津市文化传媒商会、天津天后宫协办。作为"两岸妈祖缘"文化交流系列活动的重要内容,会议以"连接两岸妈祖文化、创新媒体时代表达"为主题,针对妈祖文化在两岸新媒体环境中的传承与传播,开展专题研讨、古琴赏析、圆桌座谈、总结陈述等环节,借以加强两岸同胞对妈祖文化乃至传统文化的认同,感受两岸文化同根同源的血脉亲情,促使两岸同胞共同推动、共同维护、共同分享两岸关系的和平发展。会议同时也进行了"妈祖文化的传承与发展"专题研讨和"通过新媒体渠道构建传统文化新型传播方式"圆桌座谈。在专题研讨会中,与会嘉宾针对传统文化和民间信仰对现代城市发展的积极作用、从妈祖信仰到妈祖文化、民间信仰对国家精神构建的意义、传统文化在新媒体传播中的内容形态、现代传播媒介对传统文化发展的推动作用、两岸媒体共同建构中华文化的传播机制等问题进行热烈交流。

第十一届海峡论坛·妈祖文化活动周

2019年6月10日,"第十一届海峡论坛·妈祖文化活动周"开幕式在湄洲岛世界妈祖文化论坛永久会址举行。福建省有关部门领导、两岸医疗健康产业界代表、妈祖信众代表、台湾村里长代表、文创机构代表、两岸青年代表等各界人士共800多人参加了开幕式。本届"妈祖文化活动周"是第十一届海峡论坛的重要活动之一,除了开幕式外,还规划了2019年妈祖与健康智慧医疗专题研讨会、两岸妈祖文化学术交流系列活动(莆田站)、纪念台湾地区渔船直航湄洲岛朝拜妈祖30周年活动、2019年海峡两岸妈祖文创精英对话、2019年海峡两岸青年创新创业夏令营等活动,旨在共同弘扬中华优秀传统文化,增进两岸同胞往来交流,凝聚亲情乡情,共谋发展福祉。

2019年妈祖与健康智慧医疗专题研讨会

2019年6月10—11日,"2019年妈祖与健康智慧医疗专题研讨会"在湄洲湾北岸及莆田市区举行。该次研讨会也是"第十一届海峡论坛·妈祖文化活动周"的一部分。会议以"大爱妈祖·共筑健康"为主题,由莆田市卫生健康委主办,市口腔医学会、万辉口腔医院、市医投公司、福建省瑞斯健康投资有限公司共同承办。会议在北岸中关村医学工程转化(福建)中心召开,设置了3个主题会场,包括口腔医学专题研讨会、智慧医疗专题研讨会及孤独症专题研讨会,来自两岸医疗健康行业的专家学者、医师等50余人出席讨论会,发表了包括如"酚酞""乳腺癌健康教育及预防""佳音在线智慧社区管理中心""健康力智慧医疗"等专题演讲,针对健康智慧医疗专题深入地开展学术交流。文化周期间,大会也安排与会嘉宾参访莆田市区妈祖健康城项目,为嘉宾实地讲解项目规模、进展和招投情况,介绍政府当前项目发展的优惠政策,提供两岸同胞在莆合作发展的机会。此次健康研讨会不仅弘扬、传播妈祖文化,也为政企之间搭建沟通平台,加强海峡两岸医疗健康行业对接交流,推动两岸医疗健康产业务实合作、创新发展,促进莆田市健康产业的蓬勃发展。

● "心灵契合·两岸和合"两岸妈祖文化学术交流座谈会

2019年6月12日上午,海峡论坛之"心灵契合·两岸和合"两岸妈祖文化学术交流座谈会在中华妈祖文化交流协会会议室举行,会议由中华妈祖文化交流协会第一、二届常务副会长暨中华妈祖文化研究院院长林国良主持。林国良致辞表示,希望借由交流座谈会的举行,增进两岸对于妈祖文化议题更加深入地研究,也通过两岸民间和学界真诚的沟通、充分的理解,真正发挥妈祖精神,达到"心灵契合·两岸和合"的实际效果。座谈会由中华妈祖文化交流协会常务副秘书长暨学术部主任周金琰邀请两岸妈祖文化研究相关学者进行主题发言,依序由莆田学院妈祖文化研究院副院长林明太教授阐述了《加强两岸妈祖文化旅游合作,共同推进"一带一路"建设》,来自台湾地区的莆田学院妈祖文化研究院于明华副教授发表了《慧聚天后宫之台商妈祖信仰对移民适应策略的影响》,莆田学院发展规划处处长黄少强研究员提出了《试论妈祖精神对建设当代诚信文化的启示》,台湾交通大学严文志副教授也发表《台湾信仰圈对妈祖信俗世界传播的推动》,湄洲湾职业技术学院陈各辉副研究员分享了《打造两岸青年共同的精神家园》,最后,来自台湾地区的莆田学院妈祖文化研究院林孟蓉副教授则与大家分享了《妈祖余音:日据时期台湾消失的妈祖庙探析——以竹堑内妈祖天后宫为例》,其中有趣的田野经验,让大家对台湾地区的妈祖宫庙发展情况有了更深入的认识。此次与会嘉宾还包括台湾北港朝天宫蔡辅雄副董事长、福建省台商协会谢铭洋副会长、新港奉天宫陈炳村董事,以及同行团员和妈祖信众,大家共同参与讨论,交流座谈会在热烈、愉快的气氛下圆满落幕。

● 湄洲岛文化旅游与创新发展研讨会

2019年6月23日,"湄洲岛文化旅游与创新发展研讨会"在妈祖故乡湄洲岛举行。湄洲岛党工委书记林韶雯,管委会主任林锋,以及台湾文化资产保存发展基金会董事长李斌等多位两岸专家、学者与会。会中,李斌发表了《文创与文旅——台湾经验助力湄洲岛新经济》的主旨报告,其后,与会学者也提出《数据赋能——助力湄洲岛文旅发展》《运营前置——湄洲岛的乡村振兴模式探索》等重要的研究成果。该次会议是在"2019年春节湄洲岛乡村振兴联合设计工作营"的基础上,由清华大学中国城市研究院、厦门大学和湄洲岛管委会共同策划主办,旨在共同探讨湄洲岛文旅融合发展的新模式、新理念,打造湄洲岛文化传承与创新的新品牌,为进一步建设湄洲岛国际化文化传承与创新智库平台奠定基础。

● 施琅与妈祖学术研讨会

2019年7月2日,"施琅与妈祖学术研讨会"在莆田市举行。会议由莆田市玉皇文化研究会、莆田学院文化与传播学院、平海天后宫、贤良港天后祖祠、文峰宫等单位联合主办。包括王日根、李祖基、连心豪、石奕龙等在内的专家学者,针对"施琅与妈祖的密切关系""妈祖宫庙文物与史料考证""妈祖文化传播与'海丝'文化建设"等主题进行主旨发言,并交换意见,深入探讨。

● 新编潮剧《妈祖》剧本研讨会

2019年7月8日,"新编潮剧《妈祖》剧本研讨会"在广东省汕头市召开,会议由汕头经济特区潮剧一团举办。汕头市知名剧作家、戏曲学者和作曲家、潮剧界专家、剧团主创班底参与了研讨会,部分国内知名编剧也为研讨会发来书面修改意见。潮剧《妈祖》取材于民间关于妈祖林默娘的传说,表现"海上和平女神"林默娘正义仁爱、舍己为人的高尚品德。该剧由知名剧作家范莎侠执笔创作、汕头经济特区潮剧一团倾力打造。创作团队结合他们常年在农村基层服务群众中积累的群众文艺需求,融入新时代的新价值观,旨在给汕头打造21世纪海上丝绸之路重要节点工作大局营造良好氛围,唤起华侨同胞乡情乡谊和故园记忆。研讨会上,范莎侠介绍了故事整体脉络,阐述了剧本创作初衷、背景及意图。与会专家充分肯定该剧在同类题材中别具一格,有深厚的群众基础,有较高的思想、艺术追求。为进一步提高该剧的艺术品位,更好地弘扬潮汕优秀传统文化,学者也认为,在故事演绎中,应该更为突出"人"的情感和精神,塑造一个生动感人、有独特魅力的舞台人物形象,并紧扣潮汕题材、海丝题材,体现潮汕本土深厚的文化底蕴。有机融合潮剧的艺术风格和特点，推动内容、风格、手段的创新，使作品的表现力、吸引力、感染力不断增强，才能对现代人的精神品质和人格修养有触动和启迪，实现社会效益和经济效益的有机融合。出席研讨会的汕头市文广新局领导表示，市文广新局将贯彻落实国家、省、市关于促进地方戏曲传承发展的有关文件精神，大力扶持优秀民营潮剧院团的发展，力求将该剧打造成一部既能参与高水平艺术赛事，又能为群众所喜爱的精品剧目，也希望这部戏能引领优秀民营剧团在艺术建设上达到一个新的高度。

● 妈祖文化与"一带一路"建设学术研讨会

2019年7月19日，"妈祖文化与'一带一路'建设学术研讨会"在辽宁省沈阳市闽商总部大厦举行，会议由中华妈祖文化交流协会、中国海洋发展研究会、莆田学院、台湾明道大学和辽宁省福建商会联合主办。辽宁省政协副主席、省工商联主席赵延庆，辽宁省人大原党组书记、常务副主任闫丰，国家海洋局原副局长、中国海洋发展研究会理事长王飞，莆田市人大常委会副主任王玉芳，沈阳市人大民族华侨外事委员会主任委员衣甫，莆田学院校长、福建省妈祖文化研究会会长宋建晓，中华妈祖文化交流协会常务副秘书长、学术部主任周金琰，辽宁省福建商会会长、沈阳天后宫管委会主任倪新财等领导出席研讨会。同时，来自沈阳师范大学、浙江海洋大学、鲁东大学、嘉兴学院、莆田学院、辽宁金融职业学院和台湾明道大学等各高校的妈祖文化研究学者，辽宁省福建商会部分会员、沈阳天后宫管委会的部分成员共60余人出席了当天的研讨会。上午9时，研讨会拉开序幕。

倪新财代表辽宁省福建商会、沈阳天后宫管委会向与会领导、嘉宾和专家学者表示了热烈欢迎，并简要介绍了辽宁省福建商会和沈阳天后宫的基本情况，表示此次研讨会在沈阳的成功举办，必能让妈祖文化迸发出更加璀璨的时代风采，为辽闽发展注入新生机、增添新活力、带来新发展，为两岸同胞携手共圆中国梦做出新贡献。同时，将借此契机全力将沈阳打造成为中国北方妈祖文化的中心，将沈阳天后宫打造成为北方弘扬妈祖精神、传承中华美德的主导窗口。随后，莆田市人大常委会副主任王玉芳受中共莆田市委书记林宝金和市委副书记、市长李建辉的委托，代表莆田市领导在讲话中特别提道：辽宁省福建商会作为在辽成立的优秀异地省级商会组织，为繁荣福建、振兴辽宁和促进闽辽两省经贸文化合作交流做出了积极贡献，特别是为恢复重建沈阳天后宫，众多在辽闽商群策群力，乐善好施，历时多年，终于使中国最北端的天后宫重现辽沈大地，相信今后沈阳天后宫必将成为联络闽辽两省人民情感的纽带，必将在闽辽经贸文化交流合作中凸显出独特的优势和魅力，成为不可替代的联结桥梁。宋建晓则表示，本次研讨会必将有助于进一步构建专家学者之间的沟通交流平台，提升研究水平，拓宽学术视野，也将对妈祖文化在新时代北方地区的传承产生积极影响。王飞代表中国海洋发展研究会对此次研讨会的召开表示热烈的祝贺，并希望通过此次会议，中国海洋发展研究会妈祖海洋文化研究分会能够挖掘潜力，发挥优势，深入开展妈祖文化研究，为建设海洋强国建言献策。赵延庆也指出，当今是我国推行"一带一路"建设的关键时期，要充分发挥好妈祖文化在促进经济文化协调发展和区域经济深度合作方面的重要作用，使其成为桥梁纽带，促进各国联系沟通，进一步推动"一带一路"又好又快地发展。他还表示，辽宁省福建商会聚贤达，促合力，谋发展，给辽宁经济社会的发展注入了新生机。商会还积极带领会员参与各项公益慈善事业，充分展现了广大闽商精诚团结、好善乐施的情怀和品质，扩大了商会的影响力、凝聚力。赵延庆还提到，辽宁全省上下正在深入贯彻落实习近平总书记在辽宁考察时和在深入推进东北振兴座谈会上的重要讲话精神，补齐拉长"四个短板"，落实"六项重点工作"，加快推进辽宁全面振兴、全方位振兴。辽宁区位优势突出，是东北地区唯一的沿海沿江沿边省份和出海大通道，是"一带一路"建设的重要节点省份。希望在辽的广大闽商借助此次研讨会的举办，在更高站位上传播妈祖文化，在更高层面弘扬妈祖精神，使妈祖文化在"一带一路"的建设中起到新的作用，推动"一带一路"建设行稳致远，进一步推动辽宁与"一带一路"沿线国家和地区文明互鉴、民心交融、深化合作、互利共赢。开幕式后，会长倪新财、名誉会长潘亚海等和沈阳天后宫管委会的领导郑亚兴、林瑞添、郭金柏、吴瑞棋、卓梧桐、林月郎、郭金阳等，陪同各位专家学者前往沈阳天后宫参观，在天后宫内举行了传统妈祖三献礼仪式。同时，辽宁省福建商会执行秘书长、沈阳天后宫管委会副主任徐景泉为大家简要介绍了沈阳天后宫的历史沿革和重建过程，大家对天后宫宏伟的设计方案、一流的建筑材料、优质的施工质量表示由衷赞许。当天，沈阳天后宫妈祖文化艺术团和沈阳天后宫艺术团两支乐队为与会嘉宾和专家学者带来了精彩的助兴演奏。

研讨会中，专家学者们围绕"妈祖与'一带一路'建设"这一主题，就"妈祖与海洋、海丝文化研究""妈祖文献资料体系构建""海外妈祖文化传播研究"等议题展开研讨，取得了丰硕成果。据了解，此次研讨会共征集学术论文28篇。如何发挥妈祖文化在海上丝绸之路建设中的文化纽带作用，成为研讨会的热点议题。研讨会还高度关注妈祖文化在构建人类命运共同体中发挥的重要作用。此外，学者们还从各自的研究专长出发对妈祖文化进行了多角度深入解读，表示将继续推进妈祖文化研究，深入挖掘妈祖文化蕴含的人文精神、道德规范，结合时代要求继承创新，让妈祖文化展现出永久魅力和时代风采，为构建人类命运共同体做出积极贡献。下午5时30分，辽宁省福建商会执行秘书长、沈阳天后宫管委会副主任徐景泉主持研讨会闭幕式，莆田学院妈祖文化研究院副院长林明太做研讨会综述发言，妈祖文化研究院院长姚志平致大会闭幕词。倪新财会长与宋建晓校长在闭幕式上相互交换了纪念礼品，寓意着辽宁省福建商会、沈阳天后宫管委会与莆田学院日后将建立密切联系，共同在弘扬妈祖文化、传播妈祖精神等方面发挥应有的作用。此次活动紧扣时代脉络、服务时代需求，融合妈祖文化与海洋文明，必将为国家"一带一路"倡议提供文化支撑，妈祖文化一定会展现出永久魅力和时代风采，在新时代展现新活力、新魅力，彰显出永不褪色的应用价值，实现文化与经贸的协同推进、融合发展。

● 2019海洋教育国际研讨会暨亚洲海洋教育学者会学术会议

2019年8月23日，"2019海洋教育国际研讨会暨亚洲海洋教育学者会学术会议"在青岛举行。会议上，银海教育集团总校长沈婷发表《海洋教育——从银海起航》主旨报告，介绍银海教育集团开展海洋教育工作的情况；同时，也规划实地参访行程，百余位学者考察了中国海洋大学附属银海学校和教育部全国中小学生研学实践教育基地——中华人民共和国水准零点景区。由于青岛地处黄海，我国一直把黄海海平面定为国家海拔基准面，由此而得的中华人民共和国水准原点在青岛。该景区具有青少年海洋科普教育和社会服务两大功能，形成了"地理测绘、海洋科普、帆船游艇培训与体验、奥帆文化、妈祖文化、海洋文化"六大教育特色。

● 莆田湄洲妈祖信俗调研活动

2019年8月23—28日，"莆田湄洲妈祖信俗调研活动"在湄洲岛和福建师范大学举行。活动由中国社会科学院、福建师范大学、福建省民族与宗教研究所、中华妈祖文化交流协会、湄洲妈祖祖庙董事会等相关单位联合主办，并在福建师范大学举行汇报会。此次调研活动，来自中国社会科学院世界宗教研究所、福建省民族与宗教研究所、浙江大学、香港中文大学、厦门大学、福建师范大学、福建农林大学、莆田学院、中华妈祖文化交流协会、莆田妈祖文化研究院的领导、专家、学者和研究生，围绕"传统的传承与当代的发展"主题，深入湄洲乡村社区调查研究，针对"妈祖信俗"在乡村的影响等主题开展考察工作。这次活动自8月23日在湄洲岛启动，至8月28日在福建师范大学结束。中国社科院世界宗教研究所党委书记赵文洪指出，当前作为妈祖文化核心区的湄洲岛是一个特殊的地方：第一，要着力塑造湄洲岛和湄洲人的良好形象，以妈祖精神来形塑湄洲岛形象，要有独特的"妈祖人"行为；第二，要深入挖掘本地的历史文化；第三，要处理好相关的人文关系，把妈祖文化活动热络地湄洲岛，提升为一个更好的地方。

● 2019北台湾妈祖文化节——兰阳妈祖护台湾

2019年9月6—8日（农历八月初八日至十日），"2019北台湾妈祖文化节——兰阳妈祖护台湾"活动在宜兰县境内办理，同时，绕境会香活动也以海陆并进方式举行。自2004年起，"北台湾妈祖文化节"始由台北市、新北市、基隆市、宜兰县、桃园市、新竹县、新竹市、苗栗县等8个县市政府及轮值宫庙共同办理。活动迄今（2019）迈入第十六年，今年首度轮到南方澳南天宫值东举办，邀请相关县市妈祖庙宇代表及宜兰县内各庙宇参与会香。相对于台湾西部妈祖庙多为分香（灵）文化，宜兰则以独立香火为主，造就出独树一帜的信仰特色，诸如颇具盛名的金妈祖、玉妈祖、珊瑚妈祖，揭示宜兰妈祖信仰的独一无二，以及独特深远的海港文化。从文化脉络的视角观之，北台湾妈祖文化节整合的不仅是相关县市政府或会香的各宫庙，更是透过妈祖信仰连接地方群体的集体想象和共感，遂在深化宜兰特色宗教活动之余，创造各种人与人之间、人与团体之间，甚或人与神之间的交流及体验。

北台湾妈祖海陆绕境路线，9月6日由值东宫庙南天宫办理妈祖起驾仪典，展开海巡绕境；待船舶驶入乌石港后，改以陆巡绕境南行兰阳平原。路线依序从9月6日妈祖驻驾礁溪玉鼎慈天宫、9月7日驻驾罗东震安宫及圣安宫，9月8日回銮至南天宫。同时，为了增添活动的丰富性及文化底蕴，主办单位也安排"神将体验""阵头薪传观摩""钻轿脚"等体验活动，以使参与民众亲近、了解宗教仪典；同时，为了凸显值东宫庙南天宫所在的南方澳渔港特色，也取宜兰腔"劲"的谐音，结合妈祖文化节与南方澳鲭鱼节、鲭鱼祭活动，制作、发送"妈祖鲭保庇"平安符。9月8日更举办1000桌的"妈祖之夜"晚会飨宴，邀请民众共襄盛举、认桌同乐，体验宜兰地道的特色桌菜，欣赏文化活动，共同欢庆北台湾的节庆盛会。

● 妈祖信俗与文化产业：海峡两岸妈祖文化与地域发展研究

2019年9月20日，"妈祖信俗与文化产业：海峡两岸妈祖文化与地域发展研究"在台湾明道大学召开，会议由明道大学、莆田学院、福建省妈祖文化传承与发展协同创新中心、福建省妈祖文化社科基地妈祖文化研究中心、福建省高校新型特色智库等单位主办，并由明道大学妈祖文化学院与莆田学院妈祖文化研究院承办。会议主题探讨妈祖信仰传统及其与文化产业的结合、运用，借以推展妈祖文化长久之发展与未来趋势。

● 澳门历史文化研究会第十八届学术年会暨澳门与中西文化交流国际论坛

2019年9月22—25日，"澳门历史文化研究会第十八届学术年会暨澳门与中西文化交流国际论坛"在澳门召开。会议由澳门基金会、澳门特区政府文化局指导，澳门理工学院主办。澳门基金会行政委员会钟怡副主席、澳门特区政府顾问胡根博士、澳门理工学院李雁莲副校长、澳门大学历史系主任王笛等参加开幕式并致辞。会议参会学者来自中国、美国、日本、西班牙、葡萄牙等多个国家和地区。30多篇经过严选的学术论文在会上进行交流。交流的论文还将刊行在《澳门历史文化研究》学术期刊。莆田学院妈祖文化研究院萧弘德老师在会上进行了发言与交流，发言题目为《葡萄牙治理下的澳门妈祖文化——由澳门与台湾嘉义的比较来试评》，该发言引起了与会学者的共鸣。2019年为澳门回归祖国20周年，多位学者交流的论文探讨了澳门在中西文化与宗教交流中扮演的重要角色，及耶稣会经澳门进入中国内地的各种影响。有学者评，对妈祖文化在澳门的传播与发展进行探讨，彰显了中华传统文化对澳门发展的深刻影响。

●《大爱妈祖——妈祖非遗保护与传承》系列微纪录片摄制研讨会

2019年10月20日，"《大爱妈祖——妈祖非遗保护与传承》系列微纪录片摄制研讨会"由福建电子音像出版社召开，微纪录片主创人员、妈祖信俗研究专家、妈祖文化学术顾问、影视艺术专家以及福建电子音像出版社相关人员参加会议。会议讨论该系列微纪录片的前期录制工作、拍摄方案的总体框架、思路，并对纪录片的创作思想、理论高度、拍摄角度，以及表现手法等问题提出了建设性意见。同时，会议也制订出科学合理的拍摄实施计划和严格的拍摄执行情况反馈跟踪机制，确保如期顺利完成各阶段的工作目标。《大爱妈祖——妈祖非遗保护与传承》是一部以妈祖人的生活故事为主线，以妈祖信俗活动为主要内容，对妈祖非遗尤其是其中濒危项目展开抢救性记录的系列微纪录片。该片的摄制出版将为保护妈祖非遗，传承妈祖文化，弘扬"立德、行善、大爱"的妈祖精神，提供生动而珍贵的影像档案。该片已被列入国家出版基金资助项目，全片规划共50集，预计在2020年底前全部拍摄制作完成。

●2019 文化创意产业永续与前瞻学术研讨会

2019 年 10 月 25 日,"2019 文化创意产业永续与前瞻学术研讨会"由屏东大学文化创意产业学系举办。会议主题包括"地方经济产业再活化""青年微型创业之发展与未来""地方创生与创业之人才培育""客庄与先住民之地方创生与创业",会议发表如《大甲妈祖绕境文化体验之集体记忆分析》等数十篇论文,并结集出版《2019 文化创意产业永续与前瞻学术研讨会论文集》(屏东大学,2020),可作为政策推动文化创意产业发展之参考。

●2019 妈祖文化与福建省胃肠肿瘤外科微创技术论坛

2019 年 10 月 25—26 日,"2019 妈祖文化与福建省胃肠肿瘤外科微创技术论坛"在莆田市召开。会议由莆田学院附属医院、国家远程医疗与互联网中心胃肠肿瘤专委会、中国医师协会微创医学专业委员会外科单孔学组、莆田市抗癌协会、莆田市医学会肿瘤防治分会等单位举办。大会主席、莆田学院附属医院副院长吴黎敏教授主持开幕式。他指出,胃肠肿瘤微创外科目前正面临新的挑战和机遇,相信通过各位专家的学术交流,将有力地促进微创外科的发展。莆田市卫健委主任蔡国萍、莆田学院副校长宋一然等出席开幕式并讲话,对我市医学更快、更好地发展表达了美好祝愿。会议期间,中国人民解放军总医院陈凛教授、乔治教授,福建医科大学附属协和医院黄鹤光教授,厦门大学附属中山医院蔡建春教授,辽宁省肿瘤医院张庆彤教授,中日友好医院周雷教授,中山大学附属第一医院宋武教授,首都医科大学附属北京朝阳医院李敏哲教授等 50 多位国内胃肠肿瘤专业领域的知名专家,通过学术报告,针对近几年外科微创技术领域的新进展、新热点、新理念做了深入交流。会议也安排了手术网络直播,进行观摩交流,由中国人民解放军总医院陈凛教授、福建省肿瘤医院臧卫东教授、中日友好医院周雷教授、首都医科大学附属北京朝阳医院李敏哲教授、辽宁省肿瘤医院张庆彤教授、福建省立医院李伟华教授进行现场胃肠手术演示。莆田学院附属医院吴黎敏教授表示,通过手术视频直播将手术每个操作细节充分展示给各位同道,完美展现了胃肠肿瘤微创手术的技术优势,让全国各地的医护同人同步观看学习、参与互动，加强国内各大医院同行之间的沟通交流，进一步规范外科微创技术在临床中的应用，推动腹腔镜等微创技术的发展。此次会议规模盛大、参与人数众多，尤其手术直播吸引了全国各地的医疗同行在线观摩，点击量近26万人次。此次医学盛会，助推了我国微创外科的快速发展，推动了莆田市外科微创技术再上新台阶，让更多年轻医生受益，同时也让广大患者受益。

● 华东六省一市老年大学摄影协会第五届研讨会

2019年10月29—31日，"华东六省一市老年大学摄影协会第五届研讨会"在莆田市举办，来自上海、浙江、山东等地20余家老年大学的代表与会。"缘聚妈祖故乡，乐襄光影盛会"，会议期间除了摄影联展、经验交流会议、摄影讲座等活动外，同时也安排参访南湖公园和湄洲岛、妈祖文化园等地，进行模特摄影交流采风。这次研讨会的举办，让与会学员开阔了眼界，学到了妈祖故乡积极、崇高的正能量文化，纷纷表示要将莆田的好经验、好做法认真学习、贯彻落实，努力把摄影办成老年大学的品牌专业，让更多的学员加入摄影中来，建设老年教育的高质量发展、贡献摄影人的智慧和力量。

● 第五届（2019）国际妈祖文化学术研讨会

2019年10月31日至11月2日，"第五届（2019）国际妈祖文化学术研讨会"在湄洲岛举行，该会亦属于"第四届世界妈祖文化论坛"10个平行论坛之一。本届研讨会由中国社会科学院古代史研究所、中国海洋发展研究会、莆田学院、福建省社科研究基地妈祖文化研究中心、福建省妈祖文化传承与发展协同创新中心、福建省高校新型特色智库·莆田学院妈祖文化研究院、福建省妈祖文化研究会、莆田市湄洲岛国家旅游度假区管委会、莆田市湄洲妈祖祖庙董事会联合主办。开幕式由莆田学院副校长宋一然主持，并由莆田学院党委书记陈柴生致辞。他简要介绍了莆田学院的概况，以及学校长期以来致力于妈祖文化研究所取得的成效。自2015年以来，莆田学院已连续主办了4届国际妈祖文化学术研讨会，取得了丰硕成果，产生了良好的学术影响，有力促进了妈祖文化研究传承工作。为进一步加强世界妈祖文化学术交流，发挥妈祖文化的积极作用，服务国家、地方经济社会发展。本次大会征集论文89篇，10月31日上午开幕式后，海内外学者先后做主旨发言，围绕"妈祖文化与两岸融合发展"这一主题，就"妈祖文化综论""海外妈祖文化传播研究""中国区域妈祖文化研究""妈祖文化与文学艺术研究""妈祖信俗与创意产业研究""妈祖文化与哲学宗教关系""妈祖文献史料发掘与研究"等议题交流探讨；随后，100多名专家学者以及福建省妈祖文化研究会第二届理事会的理事们参加分组会议，分别在3个主题会场共同研讨妈祖文化与两岸融合发展，进一步加强世界妈祖文化学术成果交流，促进妈祖学学科的构建和发展等重要议题深入研究、交换意见。大会同时也规划了"妈祖宴"、湄洲祖庙参拜祭典、妈祖文化馆等丰富的参访行程，让与会专家、学者亲身体验妈祖文化蕴涵。

● 妈祖与航海学术研讨会

2019年11月1日，"妈祖与航海学术研讨会"在湄洲岛安泰酒店举行，该会属于"第四届世界妈祖文化论坛"的平行论坛之一，由中华妈祖文化交流协会主办，会议由中华妈祖文化交流协会副会长兼秘书长林金榜主持。包括协会成员，以及来自马来西亚、台湾、香港、澳门、上海、天津、湖南、辽宁等国内外的专家学者、妈祖文化机构代表、新闻媒体记者等在内的60余位人员与会。莆田市政协副主席黄华致辞指出，妈祖文化临海而生、因海而长、随海而兴，与中国的航海事业发展密切相连，与中国的航海人息息相关。该次妈祖与航海平行论坛探索妈祖文化与中国海洋文明、中国航海事业的密切关系，探究妈祖文化在中国航海人走向海洋、经略海洋中的重要地位，成果众所瞩目。大会也安排了6位专家学者进行主题报告，分别是：上海海事大学时平教授；马来西亚雪隆海南会馆天后宫丁才荣博士；天津市南开区文化和旅游局研究员尚洁研究员；湖南吉首大学吴晓美博士；龙岩学院陈弦章教授；澳门研究会会长、澳门镜海学园校长刘月莲博士。随后，中国侨联原主席、中国侨联顾问、中华妈祖文化交流协会第一和第二届副会长林兆枢进行总结，他结合妈祖与航海的实践与思考指出：妈祖生于海，又升于海；妈祖文化发轫于航海,又普济于航海;妈祖精神源起于航海,又普照于航海。海纳百川,有容乃大,妈祖精神产生于航海,而当这种精神为海洋文明带来了人类共同的平安期待和善德慰藉后,特别是成为航海人的共同价值观、成为航海文明赖以发展进步的共同信仰后,它升华了。特别近几十年来致力推动"湄洲妈祖巡天下""天下妈祖回娘家""妈祖下南洋·重走海丝路""世界妈祖文化论坛""两岸妈祖文化活动周"等妈祖文化国际品牌,推动妈祖文化国际化,致力于打造妈祖文化国际品牌,使妈祖精神在构建人类命运共同体的伟大实践中焕发出勃勃生机和活力后,妈祖精神之于航海文明的价值已经远远超越原来的概念范畴了。妈祖精神就像海洋一样博大精深,呈现出妈祖精神与构建人类命运共同体的时代大课题。

● 第七届边疆与海洋论坛——新时代中国边疆研究的经世与致用研讨会

2019年11月8—10日,"第七届边疆与海洋论坛——新时代中国边疆研究的经世与致用研讨会"在浙江省金华市举行,会议由浙江师范大学、《学术月刊》杂志社、中国现代文化学会区域文化专业委员会共同主办,浙江师大边疆研究院承办。会议收到70篇论文,50多名学者到场参与。莆田学院妈祖文化研究院萧弘德教授发表论文《台湾对大陆的妈祖分灵初探——边疆中华传统文化对内地之补充》。评议人四川师范大学孙勇教授认为,该文有新创见,也对台湾北港朝天宫"分灵妈祖"远达北方数省市感到惊讶,边疆研究院于逢春院长总结提道:"妈祖信仰,就是边疆研究对象。"

● 临水文化与女神信仰学术研讨会

2019年11月18日,"临水文化与女神信仰学术研讨会"在政治大学举行,由政治大学华人宗教研究中心及台湾传统文化促进会主办。会议安排李丰楙教授主题演讲,阐述临水文化与女神信仰的关系与神祇谱系。在分组会议中,安排了"临水夫人""王母""观音"等主题深入探讨,其中,李玉珍和林美容教授发表论文《女神的静默：观音、马利亚、妈祖的修行与救度》，分析在不同宗教体系中的女神信仰内涵与差异，颇具启发。亦可见近年来学者对于女神信仰在各种传统社会与文化中之角色、功能、影响与变化，投注更多的关注与研究。

● 一带一路与中国、巴基斯坦、阿富汗区域合作发展学术研讨会

2019年11月22—24日，"一带一路与中国、巴基斯坦、阿富汗区域合作发展学术研讨会"在浙江师大举行，会议由浙江师范大学主办，浙江师范大学中巴经济走廊研究中心、边疆研究院、人文学院历史系承办。巴基斯坦驻华使馆参赞以及来自巴基斯坦、土耳其等国家和国内的学者参会。莆田学院妈祖文化研究院萧弘德教授发表论文《巴基斯坦、印度、马来西亚、新加坡、日本等亚洲诸国对"一带一路"的观察与评析》，主张"一带一路"应多注意他国意见，并加以响应，结论主张包括妈祖文化在内的中华文化在世界的传播也可促进"一带一路"。该文引起了与会学者的回响。

● 2019闽南文化国际学术研讨会

2019年12月6日，"2019闽南文化国际学术研讨会"在金门大学举行，会议由金门县文化局和金门大学举办，县长杨镇浯、文化局许正芳局长，及金门大学陈建民校长皆莅会响应。大会由台湾"中研院"杜正胜院士主持、陈庆元及杨松年教授做主题演讲，阐述蔡献臣对制义的追求，以及唐代福建开基主陈元光信仰的探究。各场分组会议共发表14篇闽省相关历史、文化、教育、信仰、侨民等诸多面向的研究论文，李瑞腾、王秋桂、陈益源、戚常卉、蔡振念等知名学者皆热情与会，发表见解。而在妈祖信仰方面，亦有泰国华侨崇圣大学范军教授发表的《妈祖信仰的跨境传播与衍变——以泰国妈祖信仰的多元宗教文化融合为例》，说明妈祖信仰在泰国多元的宗教文化处境中，如何适应、综摄，以至融合新出，呈现符合当地需求的泰国妈祖信仰的新面貌。大会更别初心裁地邀请金门县仙洲薪传南音社及金门傀儡戏剧团分别做开幕和闭幕的表演，让与会嘉宾亲身体验、欣赏传统且地道的闽南

文化之美,感受其真实、永续的生命力。

● 新时代全媒体建设与新闻传播教育发展学术论坛

2019年12月7日,"新时代全媒体建设与新闻传播教育发展学术论坛"在四川省西昌学院举行,会议由中国新闻史学会台湾与东南亚华文新闻传播史研究委员会、西昌学院主办,厦门大学新闻传播学院、西昌学院文化传媒学院承办。来自厦门大学、云南大学、复旦大学、重庆工商大学、西安交通大学、台湾铭传大学、华侨大学、云南民族大学、兰州大学等校学者和来自福建海峡导报、北京报业集团、凉山广播电视台、凉山州非物质文化遗产保护中心、西昌市融媒体中心、西昌广播电视台、凉山天后传媒广播有限责任公司等业界专家近200人共襄盛举。开幕式由西昌学院院长贺盛瑜教授与厦门大学新闻传播学院副院长、中国新闻史学会台湾与东南亚华文新闻传播史研究委员会会长阎立峰教授致辞,并由7位学者专家发表主题演讲,其中,凉山天后文化传播有限责任公司总经理高其香从妈祖文化的起源与发展、妈祖在凉山以及妈祖文化传播与影响等3个方面分享妈祖信仰与文化在当地的状况,对于如何运用传播媒体促进凉山民族地区的地方特色,提供了许多值得思考的宝贵意见。

会议工作报告

● "妈祖信俗"申遗十周年座谈会报告

2019年9月25日,"妈祖信俗"申遗十周年座谈会在莆田举行。对"妈祖信俗"文化遗产申遗成功后的保护与传承,是座谈会上专家学者热议的话题。大家纷纷谈道:申遗成功只是万里长征的第一步,成功之后的路更长、更艰巨、更伟大。《中华妈祖》杂志社编委会副主任郑世雄表示,纪念申遗成功十周年,我们不能陶醉于过去的成绩,不能满足于曾经的辉煌,不能自满松懈,停步不前。

专家认为,作为一份世界非物质文化遗产,要充分保持其旺盛的生命力和影响力,仍有很长的路要走。今后,保护好是前提,传承好是关键,发展好是根本。这就必须做到创新发展:一要做足内功,二要交流推广,三要搭建好平台,要源源不断向世界输出"妈祖信俗"文化遗产价值观和文化符号,在世界上塑造独有的文化形象,绽放独一无二的世界和平女神的光辉,让其在推动世界文明发展中发挥更大的作用。

《中华妈祖》杂志社编委会主任林国良表示,新的历史条件赋予妈祖文化空前的弘扬与发展;而悠久神奇的妈祖文化反过来也给新的时代增添了亮丽色彩。妈祖文化从来没有像现在这样,既古老又年轻,既传统又时尚,既中国又世界。在未来的日子里,必须要传承运用好"妈祖信俗"这一份珍贵的世界文化遗产,让这一代表中华优秀传统文化的珍品,能够在世界文化多样性中绽放出更加辉煌而独特的魅力,发挥其在构建人类命运共同体中的作用。

座谈会回顾,2009年9月30日15时,一条来自阿联酋首都阿布扎比的短消息传回中国:由中国政府提名、莆田湄洲岛管委会和湄洲妈祖祖庙董事会联合申报的妈祖信俗，通过了联合国教科文组织政府间保护非物质文化遗产委员会第四次会议审议，成功列入世界人类非物质文化遗产代表作名录，中国首个信俗类世界遗产由此诞生。

一、申遗之路赢得荣光

2008年第四届"湄洲妈祖·海峡论坛"举行，两岸携手联合申报妈祖文化为"世遗"的建议得到广泛认可。时任莆田市委书记杨根生多次批示，湄洲岛要争取将妈祖文化申报为世界人类非物质文化遗产。

一念起，万力生。以时任湄洲岛党工委副书记、纪工委书记唐炳椿为组长的妈祖文化申遗工作小组当即成立。4个月后，"妈祖信俗"成为我国50个申报"世遗"备选项目之一，顶着时间紧迫、任务重大的压力，连闯三关终叩开"世遗"大门。

回想10年前申遗的"激情9月"，现任莆田市委宣传部常务副部长的唐炳椿依然记忆犹新："两周内要保质保量完成申报文本，才有望被文化部转为初选单位或直接报联合国教科文组织秘书处。文本通过后要提交全面的申报材料，才能走到世遗大门前。"怀着使命必达的信念，申遗小组以超标准的要求完成"妈祖信俗"中文和英文版的申报文本、照片、电视宣传片、示意图、书籍、权利让与声明等材料，准时提交至文化部外联局，打包航邮至设在法国巴黎的联合国教科文组织秘书处，成为我国推荐参加"世界人类非物质文化遗产代表作名录"评审的35个项目之一。

最难的关卡在第三个程序：联合国教科文组织非物质文化遗产部要求申请单位补充材料，其中包括"遗产说明"中"妈祖信俗"创始人和实践者的特点，以及涉及遗产肩负特殊责任人员的各种特殊作用和类型，进一步提供与妈祖祭典、供品、音乐、舞蹈等方面的内容及其相关的文化和技能的具体传承方式。

凭借多年来对妈祖信俗的构成要素、内在特征、表现形式、社会地位、文化功能、涉及群体、传承方式等方面的思考与研究，唐炳椿和申遗小组以写实的方式在1000字内向"非遗"最高荣誉殿堂提交妈祖故乡守望者的真诚答卷。2009年1月10日，"妈祖信俗"补充材料通过申报材料的完整性审查，这是中国政府推荐的少数明确进入第三个程序的申遗项目之一。

在此后9个月时间里，不仅海内外掀起浓厚的"妈祖信俗"申遗热，"妈祖信俗申遗"还被写入《国务院关于支持福建省加快建设海峡西岸经济区的若干意见》，得到多方支持。千里桅樯一信风，2009年9月30日，"妈祖信俗"成功登顶世界非遗荣誉殿堂。

联合国教科文组织政府间保护非物质文化遗产委员会第四次会议表决通过的《决议》认为，根据妈祖信俗申遗文件提供的资料信息，妈祖信俗符合被列入名录的条件，主要包括五个方面：

妈祖信俗被不同社会团体认为是自己遗产的一部分，认可为身份认同以及连贯性的一个符号，并且数个世纪以来代代相传；将妈祖信俗纳入名录将促进其作为非物质文化遗产的受瞩目度，并且提高其国际层面的受关注度，从而促进了文化多样性和人类的创造力；该申遗活动中包括了各种各样的现行的、计划中的保护措施，以确保申遗活动的切实可行性和成功率，例如调查研究、提高关注度并建立一个保护组织，从而展示了多方对于保护申遗对象的重视和努力；本次申遗活动是由社会团体组织、村民委员会和各个妈祖庙首先发起的，它们通过提供相关的文献和文化遗产、审查提名文件的内容、接受采访以及规划保护措施等行为参与了申遗的过程，表现出对申遗对象自发的、事先获知、重视的同意态度；该申遗对象已经被列入国家非物质文化遗产名录，受中国文化部非物质文化遗产部门的直接监管。

《决议》内容从妈祖信俗实践主体、文化多样性和创造力、保护现状、申请单位重视程度、国家级非遗五个方面对其进行"官宣"认可。这份决议既是对千年妈祖文化在新时代发展的一次历史性"注脚"，也是从人类遗产的高度给予妈祖信俗一个全新的发展起点。

从有形的载体上看，妈祖文化中有大量与妈祖信仰相关的宫庙、会馆、祠堂、祭祀场所、碑刻、壁画、石雕等实物，以及课本、经文、契约、谱牒等民间文书及传世文献。更不可多得的是，还保存着鲜活而丰富多彩的口传文化，如音乐、戏曲、舞蹈、叙事歌谣、神话、故事、传说、礼仪、民俗、祭仪与祭祀活动等。这些文化遗产，上可溯至宋元之前，下已流传到当今时代，涉及社会与文化各个领域，遍及海内外，其广博、深邃、完整，是传承中华文化的重要体现。

2009年11月，莆田市政府适时推出《加强"妈祖信俗"非物质文化遗产保护的规定》，2016年3月国家"十三五"规划纲要提出要"发挥妈祖文化等民间文化的积极作用"。这些政策的出台，让妈祖文化的传承发展从自发演进升华为自觉推进。

此外，妈祖信俗在全球范围内的精神纽带作用愈加显见。自"妈祖信俗"申遗成功之后，以两岸为重点的妈祖文化交流持续深化。同时，"湄洲妈祖走天下"开始走向世界。2017年，响应国家"一带一路"倡议，湄洲妈祖巡安马来西亚、新加坡等"海丝"沿线国家。翌年10月，又再度"重走海丝路"，与菲律宾联手举办民间文化交流会，开展绕境巡安、妈祖祭典和民间传统节目会演等活动。2016年，妈祖"春祭"大典首次向东南亚等50多个国家和地区现场直播，"MAZU"成为世界信仰者的共同"女神"，妈祖形象及内涵愈发彰显"国际范"。

二、与有荣焉任重道远

随着妈祖文化信仰者的脚步遍天下，妈祖文化在全世界40多个国家和地区广有传承，拥有祭祀宫庙上万座、信众3亿多人。2017年底，莆田市出台世界妈祖文化中心建设专项规划，明确要将世界妈祖文化中心打造为享誉全球、真正以妈祖朝圣为引领的国际旅游目的地。

根据规划，莆田市将把妈祖文化发展融入"两个一百年"奋斗目标，分阶段逐步建成集朝圣、交流、旅游、宣传、论坛、研究、文创、教育、展示等于一体的世界妈祖文化中心。下一步，莆田市将重点推进妈祖文化博物馆、湄洲岛妈祖文化特色小镇等一批工程项目建设，丰富妈祖文化品牌活动，创建妈祖文化研究机构等一批文化宣传阵地，从传承中华优秀传统文化的高度弘扬妈祖文化，加快世界妈祖文化中心核心区建设，构建世界妈祖文化交流中心、学术研究中心、现代传播中心、创意产业中心，加强妈祖文化遗产保护利用，打造高水平妈祖文化人才聚集地。

时光荏苒，妈祖信俗、世界非遗、世界妈祖文化中心已携手走过十年。妈祖信俗成为世界"通用语言"，妈祖文化历千年而愈兴，"立德、行善、大爱"的妈祖精神，在世界上为更多的人所了解所认同。

● 第五届国际妈祖文化学术研讨会成果报告

2019年10月30日至11月2日，由中国社科院古代史研究所、中国海洋发展研究会、莆田学院联合主办的"第五届国际妈祖文化学术研讨会"在妈祖文化发祥地福建省莆田市湄洲岛举行,来自澳大利亚、日本、新加坡、马来西亚、越南等多个国家和海峡两岸的100多位学者提交了89篇论文,围绕"妈祖文化与两岸融合发展"这一主题,就"妈祖文化综论""海外妈祖文化传播研究""中国区域妈祖文化研究""妈祖文化与文学艺术研究""妈祖信俗与创意产业研究""妈祖文化与哲学宗教关系""妈祖文献史料发掘与研究"等议题展开研讨。综合各位学者的观点可以发现,本次研讨会依然聚焦和献策于妈祖文化研究服务国家、社会发展需要的热点问题,出现以下几个特征:

一、聚焦两岸关系,探讨妈祖文化在两岸融合发展中的文化交流与纽带作用

妈祖文化是凝聚两岸同胞的纽带,探讨妈祖文化如何发挥在两岸融合发展中的文化纽带作用,成为研讨会的热点议题。许钢指出,妈祖文化作为中华优秀传统文化,源远流长、博大精深,有着深厚的历史积淀。陈国成回顾了闽台两地妈祖文化交流的历程,认为当前两岸妈祖文化的交流趋向多元化、直航化、高端化、专题化、规模化等特点。陈永佳指出妈祖文化认同是构筑中华民族命运共同体的基础,能够促进两岸认同。黄瑞国、黄婕分析了妈祖文化在台湾的影响及其在台湾地区选举中所起的作用,对加强海峡两岸妈祖文化交流等议题提出若干建议。孙家珅的论文尝试解读妈祖信仰在台湾地区政治中所扮演的角色。帅志强认为当代室外妈祖石雕像既是妈祖文化景观的外显符号,又是海峡两岸文化认同及互动交流的内隐符号,彰显了中华文化的共同归属。许正通过妈祖意象在台湾族群身份认同上的游离与回归,印证台湾文学作为中华文学支脉的基本特质。胡骞认为神缘、地缘和族缘是构成妈祖文化记忆的核心要素,是妈祖信仰得以升华为两岸政治、经济和文化认同的重要来源。周琳莎从宗教宗法伦理出发,探寻妈祖文化的内涵底蕴,探究闽台妈祖信仰文化发展现状的差异。谢雅卉以湄洲妈祖祖庙与大甲镇澜宫为例,探讨两岸妈祖宫庙各自发展的过程及交流状态,认为信众具有高度信仰意识,对两岸妈祖文化有认同感。

二、紧跟海丝建设,探索妈祖文化在海上丝绸之路沿线国家地区传播与在地化发展情况

随着国家"一带一路"倡议的推进,历史上推动海上丝绸之路繁荣发展的妈祖文化今日在海上丝绸之路沿线国家地区的传播发展情况,以及在地化演变情况,成

为研讨会的主要讨论热点之一。林国平认为妈祖信俗特定的内在运作机制使之成为影响深远的民间信仰，其中正统化为妈祖信仰的发展提供政治保障，在地化为妈祖信仰的发展注入强大的生命力，国际化为妈祖信仰的发展提供无限广阔的空间，三者形成良好发展机制。孟建煌认为，推动妈祖文化纵深发展，不仅符合各方的共同利益关切，体现国家政策的影响，更有深厚且悠久的文化自觉与文化自信做支撑与保障。许元振认为，随着传播主体多元化与内容表现形态的多样化，妈祖文化传播出现官媒的公益性传播与自媒体的商业化传播两个维度。公益性和商业化相辅相成，共同推动妈祖文化在移动新媒体的可持续性传播。林庆扬认为，当今妈祖文化传播已经呈现多模态、全方位的新格局。林亦瀚探讨了不同历史时期妈祖信仰在澳大利亚传承的主要支撑力量以及妈祖信仰与华人移民的关系。潘宏立探讨了日本神道教与妈祖信仰的融合，并分析近年台湾妈祖信仰文化对大间妈祖信仰传承的促进作用。小林康正将横滨中华街妈祖庙与东京妈祖庙进行比较研究，认为妈祖庙的复兴与华人身份认同意识的重建有关。刘智豪认为妈祖信仰成为赴日华人承继身份认同的遗产象征。何清认为妈祖信仰在琉球王国的传播具有妈祖充当海上守护神、深受中国妈祖信仰影响、得到琉球政府大力支持等特点。赵雅萍论述了泰国潮汕籍华人中妈祖信仰的传播与发展状况。田茂泉剖析了明末朝鲜使臣祭祀妈祖情况。林纬毅、蔡桂芳认为新加坡和民丹岛天后宫的妈祖信俗应当承自澄海樟林古港，既保留了中华性，也形成了明显的在地性特征。刘崇汉以吉隆坡三座天后宫为例，探讨了妈祖信仰与籍贯文化之间的内在联系。阮玉诗以湄公河三角洲的越南人为例，研究了该区域妈祖信仰的传播和变迁问题。阮福才阐述了越南胡志明市华人的妈祖信仰仪式、历史本源及其演进过程等内容。范怀风分析了越南妈祖信仰的传播、交流、融合过程。朱洁以《蛮娘传》和妈祖传奇为例，对中越女神信仰中的蛮娘与妈祖形象做了比较研究。朱斯以越南北部兴安省庯宪的天后信仰为研究对象，梳理越南兴安省庯宪下庯天后庙与上庯天后庙承载的华人妈祖信仰在越南北部地区发展过程，探究了庯宪人民奉崇天后的现状。

三、留心地域发展，探究妈祖文化与区域经济社会文化发展的内在联系

本次研讨会多篇论文通过分析各地妈祖文化的地域特色，探究其对该区域发展所做的贡献。连心豪以颜思齐登陆垦拓台湾笨港为例，循着新港奉天宫和北港朝天

宫的发展轨迹进行考察，试图廓清台湾早期开发史上的迷雾。张桓忠以百年七妈会画展为例，了解活动举办过程的演变，尝试建构宗教文化与画展结合发展的机制。谢瑞隆以"类妈祖"文化型态作为考察对象，分析台湾地区乡土俗神的演变。林孟蓉以"中元普度"为核心，讨论台北天后宫、士林慈诚宫、淡水福佑宫等3座妈祖庙在中元普度举行的"度亡仪式"中隐含的生命观和民俗意义。于明华考证了妈祖信俗传入台湾的时间与路径。潘是辉以新竹北埔慈天宫为例，对隘垦区联庄妈祖庙展开研究。刘可德分析了妈祖信众的性别差异，为妈祖信俗在台湾的传播提供实证分析。萧弘德、邱振淼认为1987年大甲镇澜宫赴湄洲妈祖祖庙进香后，深刻影响了两岸妈祖文化交流，台湾北港朝天宫与其他妈祖宫庙的分灵也是妈祖文化的重要传播途径。李诠林从人类学的视角阐述了两岸妈祖叙事中信俗文化的文学功能，认为妈祖信俗真正的生命力在民间。曹萌阐述了辽宁妈祖文化研究现状与趋势，试图构建辽宁妈祖文化文献资料体系。杨佳蓉分析了元代河海漕运与妈祖文化的关系。裴齐容介绍了澳门妈祖信俗文化景观概况。欧俊勇通过清代揭阳乔林乡双忠庙、天后古庙碑刻文献故事揭示传统侨乡社会形成发展的脉络过程。周运中介绍了深圳赤湾天后宫与南头兴起的历程。林澜讨论了广西京族的三婆庙与妈祖信仰之间的联系。管庆鹏论述了明清时期西南地区妈祖信仰体系的构建。曾伟考察了仙游龙井宫妈祖回娘家仪式。邱春美研究了台湾妈祖信仰中的药签，对药签内记载的中草药进行解读，指出现今妈祖药签已经衍生出药用植物邮票、辨识植物游戏、木板药签、养生药签书法竞赛等，借以推广妈祖文化。

四、关注传承传播，探讨妈祖文学艺术和妈祖文化创意产业对妈祖文化的传播与传承价值

文学艺术是妈祖文化传播、发展与提高影响力十分有效的方式之一，探讨妈祖文学艺术的传播价值意义重大。程扬考察了妈祖祭祀仪式表演中的艺术性与神性问题。刘福铸考证了清代乾嘉时期诗人陈文述的妈祖相关诗咏创作，其诗多结合时事生发出更高的主题。黄劲以清代《天后本传》版画中的圣迹图式妈祖故事为研究对象，阐释妈祖版画的视觉设计理念，归纳妈祖图像史料的艺术特点及价值。杨旻蔚阐述妈祖海祭鼓吹音乐在声景特征上的表现及发展规律。谢芳以湄洲岛为个案，讨论了以妈祖信俗活动为依托的八乐传承问题。

妈祖文化创意产业发展不仅对区域经济发展具有重要作用，对妈祖文化自身的传承同样具有重要的作用。林美容解析了妈祖信仰与仪式中的搭配现象问题。范正义认为福建惠安沿海地区的妈祖排位现象是当地妈祖信徒通过构建妈祖信仰传播的空间系谱为妈祖文化寻求合法性，形成地方认同感与优越感。胡梅慧、林明太分析了粤港澳三地妈祖文化旅游资源现存状况、妈祖文化联合旅游开发现状和存在的问题，提出了建立开发机制、打造共同市场、共同营销宣传、培养专业人才等建议和对策。吉峰考察了妈祖文化旅游宣传片的传播，阐明妈祖文化旅游宣传片传播的现状和意义。尚光一认为推进妈祖文化创意开发，要秉持业态共振、外围对接的理念，将相关产品、项目、元素等植入已有的文化产业发展体系之中，激发出妈祖文创项目收益的延伸效应。韩春风就妈祖文化资源优势向产业优势转化提出相应对策。陈丽婉以妈祖文化外宣的错译为例，探讨了如何通过语内翻译提升翻译质量，推动妈祖文化对外传播。林立新从闽台妈祖民俗体育现状入手，对闽台妈祖民俗体育文化产业发展中存在的优势和劣势，面临的机遇和挑战进行研究。李宇光认为妈祖文创研究及设计的过程，实际就是从自然美向艺术美不断升华和完善的过程。苏翎清论述了大学生对节庆活动、祭典文化的认知问题。

五、深挖内涵史料，探索妈祖文化内涵与哲学宗教关系，发掘新的妈祖文献史料

妈祖信仰精神内涵与哲学宗教有着密切的内在联系，是需要不断探索的。黄少强探讨了妈祖与道家思想之间的关系。中山纪子阐述了妈祖信仰与希兹鲁信仰之间的关联。刘晓婕分析了妈祖信仰中"灵验"问题的人为操作因素。刘峰铭发现信众在向妈祖祈求消灾解厄或举香喃喃叙事的礼仪中，获得了叙事治疗的疗愈效果。

妈祖文献史料的发掘与研究对妈祖学学科发展意义重大，也是需要持续深入挖掘和探究的。陈支平辨析了明代关于"天妃"封号的问题。黄浙苏阐述了朝廷敕封与妈祖文化内涵的嬗变。唐均考证了"妈祖"名号的南岛语源及其衍化历程。刘涛以张燮《重建天妃宫募缘疏》为中心，考察妈祖信仰在大航海时代的地位。张立朋阐释了近世来华西人视野中的妈祖形象及其文化图像问题。梁右典以台湾《朴子配天宫宫志》为例，分析了妈祖信仰的建构认同问题。

总之，本次研讨会把妈祖文化放置于两岸融合发展的热门主题中讨论，紧扣时代发展脉搏，具有重要的时代价值。研讨期间，参会学者采用跨学科方法，深入探讨妈祖文化多个新议题，从不同视角探究妈祖文化方方面面的价值，展示了新视角、挖掘出新材料，提出新观点，对妈祖学学科建设和发展具有十分重要意义。今后，我们仍将与时俱进，推动妈祖文化研究持续向前发展，为国家、地方经济社会发展做出更大的贡献。

● 中华妈祖文化交流协会工作报告

2019年10月31日，中华妈祖文化交流协会常务副会长俞建忠在庆祝中华妈祖文化交流协会成立十五周年暨三届四次会员大会上提交《牢记使命践大爱　不忘初心再前进》的工作报告。主要内容如下：

今天，我们在世界妈祖文化圣地湄洲岛，隆重举行庆祝中华妈祖文化交流协会成立十五周年暨三届四次会员大会。受十届全国政协副主席、中华妈祖文化交流协会会长张克辉先生的委托，我代表中华妈祖文化交流协会，向创立、建设协会并长期关心支持协会发展进步的各级领导、各有关部门、社会各界、台港澳同胞、海外侨胞和国际友人，表示衷心的感谢！向为妈祖文化事业做出重要贡献的世界各地妈祖文化机构和广大妈祖敬仰者表示崇高的敬意！

下面，我分四个方面报告工作，请审议。

第一部分　中华妈祖文化交流协会成立15周年的辉煌成就

中华妈祖文化交流协会的成立，拉开了世界妈祖文化大交流、大传播和大发展的历史巨幕。大爱春秋，善行天下，15年风雨同舟，15年善缘广布，15年砥砺奋进，世界各妈祖文化机构和全体妈祖人，在这15年间共同绘就了一幅幅波澜壮阔、气势恢宏的中华妈祖文化交流的历史画卷，谱写了一曲曲和谐盛世的世界妈祖文化发展的时代赞歌。

2004年，在中共莆田市委、莆田市人民政府和湄洲妈祖祖庙的大力推动下，经国务院同意，成立中华妈祖文化交流协会，成为文化部（现文化和旅游部）管理的社会组织；20世纪80年代，海峡两岸妈祖人用妈祖文化开启了两岸文化交流的尘封之门，经过各方面的不懈努力，2008年终于推动实现了两岸三通；2009年，在莆田市委、市政府和中华妈祖文化交流协会湄洲岛党工委、管委会、湄洲妈祖祖庙的积极争取下,联合国教科文组织将"妈祖信俗"列入人类非物质文化遗产代表作名录;中共中央总书记、国家主席、中央军委主席习近平,在全国两会期间参加福建代表团讨论时提出,"既是乡土文化,也是重要旅游资源的妈祖文化,是凝聚两岸同胞的一条纽带,要充分发挥其在促进两岸交流合作中的重要作用",第一次科学系统地提出了妈祖文化的概念,为我们做好妈祖文化交流工作指明了方向;在习近平等党和国家领导人的高度重视下,2016年召开的全国人大十二届五次会议,将"发挥妈祖文化等民间文化的积极作用"写入了国家"十三五"规划纲要,标志着妈祖文化正式上升为"国家战略",把妈祖文化全面推向了新时代;2016年,十届全国政协副主席、中华妈祖文化交流协会会长张克辉致信中央领导提出举办世界妈祖文化论坛,中央有关领导分别做了重要批示,在莆田市委、市政府的努力下,论坛申报文件得到了国家18个部委的会签审核,并最终获得了党中央、国务院的批准,首届论坛成功举办。综上,习近平主席和国家"十三五"规划纲要关于妈祖文化科学论断的提出、"妈祖信俗"人类非物质遗产代表作名录的列入、中华妈祖文化交流协会的成立、妈祖文化助力海峡两岸三通的实现、世界妈祖文化论坛的举办,是21世纪以来世界妈祖文化领域发生的五大历史性盛事,是中华妈祖文化复兴征程中的五大里程碑,是海峡两岸共同书写的当代妈祖文化的五大代表作。

15载春风化雨,15年大爱同歌。中华妈祖文化交流协会的成立,不断丰富和发展了妈祖文化和妈祖精神内涵,不断推动了海峡两岸的交流与合作,不断提升了妈祖文化在中华优秀传统文化中的地位和作用,不断促进了妈祖文化在世界各地的传播。在莆田市委、市政府全力支持帮助下,中华妈祖文化交流协会迎来了从创立、发展到完善的历史飞跃!妈祖文化迎来了从烧香焚火到妈祖信俗传播的世遗时代!大爱妈祖、和平女神正以伟岸英姿屹立于世界的五洲四海!

——15年来,我们始终坚持以"用妈祖精神传播妈祖文化,用妈祖文化弘扬妈祖精神"为导向,不忘初心、牢记使命、与时俱进、求真务实,坚持妈祖精神的核心要义不动摇,坚持妈祖文化的基本内容不动摇;勇于推进妈祖精神的实践创新、文化创新,不断赋予妈祖文化以鲜明的乡土特色、民间特色、国际特色、时代特色,形成了与服务构建人类命运共同体相适应的新时期妈祖理论、文化、品牌和载体;以不可辩驳的事实彰显了新时代妈祖文化的鲜活生命力,妈祖精神的光辉旗帜飘扬在海峡两岸、海上丝绸之路乃至世界各地！

——15 年来，我们始终坚持以服务国家发展战略为己任。积极发挥妈祖文化在服务世界和平、国家和昌、社会和谐、民族和睦、两岸和合、家庭和美中的积极作用，使妈祖文化受到不同国家、不同民族、不同意识形态的人群共同敬仰和尊崇；推动"妈祖信俗"列入人类非物质文化遗产代表作名录，妈祖文化传播到世界 45 个国家和地区，妈祖文化机构达 1 万个，妈祖敬仰者达 3 亿多名，遍布全球 5 大洲；特别是推动两岸妈祖文化交流，从绕道到直航，从分散到组团，从单向到双向，从单一到多元，使妈祖信仰成为台湾地区超越党派、族群、阶层的主流民间信仰。

——15 年来，我们始终坚持以文化交流、慈善服务、保护传承、学术研究、传播创新为重点，与全国乃至世界一流的文化团队、研究机构、传播平台和慈善组织携手合作，高起点、广领域、全方位推进妈祖文化在世界各地的传播与交流。在莆田市委市政府的直接参与推动下，妈祖文化交流，从零星分散的请进来、走出去，发展到天下妈祖回娘家、湄洲妈祖巡天下；妈祖学术研究，从小规模的学术研究、小范围的论文交流，发展到国家举办、全球 100 多个国家和地区的政要与专家参与的世界妈祖文化论坛；妈祖文化保护，从民间自发的老物件守护、传统习俗传承，发展到大规模、高规格、有计划、有组织的妈祖文物的国家重点保护、妈祖信俗的世界级非遗保护；妈祖文化的传播，从地方小报、广播站的宣传，发展到人民日报、新华社、中央电视台和世界各大媒介的全媒体矩阵的传播；值得一提的是，中央电视台 38 集电视连续剧《妈祖》，中华妈祖文化交流协会会长张克辉编撰的 20 集大型电视剧《湄洲岛奇缘》，原常务副会长林国良主编的《妈祖文化简明读本》《中华妈祖圣像大观》《莆田妈祖信俗大观》《莆田妈祖宫庙大全》等，副会长兼秘书长林金榜主编的《湄洲妈祖志》《湄洲妈祖祖庙志》等，常务副秘书长周金琰专著《妈祖祭典》，协会与莆田学院妈祖文化研究院、福建省社科"十五"规划重点项目组、湄洲妈祖祖庙董事会共同编撰的《妈祖文献史料汇编》3 辑 16 卷等，以及海内外高等院校、文化研究单位和妈祖文化机构创作的大量妈祖文化作品，对传播、研究、传承和发展妈祖文化，产生了重大而深远的影响。妈祖慈善服务，从宫庙小额赈济、个人济困行善，发展到世界范围内的星罗棋布的妈祖慈善基金会、众志兴起的妈祖救灾、妈祖扶贫、妈祖济困、妈祖助学、妈祖奖学，以及各种形式的妈祖志愿服务等。

——15年来，我们始终坚持以打造和发展妈祖文化的国际品牌为动力，推动妈祖文化国际化，使妈祖文化在构建人类命运共同体的伟大实践中焕发出勃勃生机和活力。一是"湄洲妈祖巡天下"。2006年湄洲妈祖巡安兴化，开创了妈祖故乡全境巡安的千年第一回；2017年湄洲妈祖20周年后赴台再巡安，台湾近500家宫庙约600万人次参加盛会；首度巡安广东潮汕，吸引了近500万人次参加；2017年"妈祖下南洋·重走海丝路"，在马来西亚吉隆坡、马六甲、新加坡等海丝沿线国家重要城市隆重举行，当地政府部门、社会机构、民间组织、妈祖敬仰者、华人华侨、新闻媒体等各界人士超过30万人次参与活动。2018年"妈祖下南洋·重走海丝路" 2000人护驾湄洲妈祖乘邮轮海上直航菲律宾，巡安3000多公里，接受30多万人恭迎朝拜，开创了明代郑和下西洋以来妈祖海上大型文化活动的成功范例；今年湄洲妈祖首次坐动车巡安苏沪，登上了微博热搜第二名。二是"天下妈祖回娘家"，每年农历三月二十三日，世界各地妈祖文化机构到莆田谒祖进香的团队达30多万人次，其中台湾地区进香团有600多个，国外进香团有200多个。三是举办了3届"世界妈祖文化论坛"。每届都由福建省人民政府和国家相关部门等主办、莆田市人民政府承办，张克辉会长出席首届论坛大会，协会原副会长林兆枢、协会名誉会长袁锦贵、协会原常务副会长林国良、协会顾问林光大出席开幕式，林兆枢发表题为《妈祖文化是海洋文明之光》《妈祖文化多样化应处理好三个关系》的主旨演讲，在海内外引起了积极反响。四是"赞歌颂党恩·礼乐献妈祖"莆仙十音八乐156人大汇奏、323人大汇奏、909人大汇奏，连续成功举办了3届，打造了一项世界纪录，获得了一次全国金奖，中华妈祖十音八乐团现有懿字头的莆仙十音八乐队111支1866人的规模，是世界上人数最多的莆仙十音八乐乐团。还有，以"颂唱妈祖·感恩父母·立志成才·报效祖国"为主题的中华妈祖平安成人礼品牌，以"心灵契合·两岸和合"为主题的海峡论坛·妈祖文化活动周品牌，以"争当妈祖人·勤做公益事"为主题的中华妈祖志愿服务品牌，以"心存善念·行践大爱"为主题的中华妈祖大学堂国学班品牌，这些都极大丰富了妈祖文化的精神内涵，成为当代中华妈祖最鲜明的文化标识。

——15年来，我们始终坚持以提高妈祖人队伍整体素质为目标，大力开展中华妈祖文化交流协会"妈祖人"队伍建设年活动,明确了"妈祖人"的初心和使命,提出并全力推动了必须遵循的"四项工作原则",必须达到的"五项目标要求",必须做好的"六项建设内容",必须完成的"七项重点任务",必须落实的"八项保障措施"等,切实加强妈祖文化机构的思想宣传工作,用正确的舆论引导全体妈祖人;加强妈祖文化机构领导班子建设,用榜样的力量垂范广大妈祖人;加强妈祖文化机构各项制度建设,用良好的规章管理妈祖人队伍。15年来,协会每年召开一次会员大会,顺利进行了3次换届选举;组建了中华妈祖书画院、中华妈祖十音八乐团等文化团体,开展了妈祖文化进村入巷活动;举办了妈祖文化信息员、普查员培训班,为世界各妈祖文化机构培养文化骨干;推广妈祖大学堂、文化室、信息点和志愿服务队进宫庙,为各机构注入了妈祖文化的生机和活力,彰显了妈祖文化的精神魅力和时代价值。

15年取得的成就来之不易,我们为参与创造这一历史辉煌、文化奇迹的党和国家领导人,福建省委省政府领导,莆田市委、市人大、市政府、市政协领导,中华妈祖文化交流协会的第一届、第二届、第三届理事会的各位领导成员,世界各地妈祖文化机构的全体妈祖人,感到无比光荣、无比自豪、无比骄傲!

在这里,我受张克辉会长的委托,代表中华妈祖文化交流协会,向各级党委政府、社会各界,向为中华妈祖文化事业做出积极努力的台湾同胞、港澳同胞和海外侨胞,向一切关心和支持妈祖文化事业发展的外国朋友和世界各国人民,向中华妈祖文化交流协会的一、二、三届会员、理事、常务理事和全球妈祖敬仰者表示衷心的感谢!

十五载播德行善,九万里风鹏正举。新时代,让我们在服务构建人类命运共同体的伟大征程中,携起手,肩并肩,不忘初心,牢记使命,谱写妈祖文化交流工作更加辉煌灿烂的宏伟篇章!

第二部分 2019年协会主要工作

2019年,中华妈祖文化交流协会深入贯彻落实习近平新时代中国特色社会主义思想,按照三届三次会员大会决议精神,团结世界各地妈祖文化机构和全体妈祖人,围绕妈祖文化服务构建人类命运共同体的总体目标,同心协力,锐意进取,各方面工作都取得新的进展和成就。

一、齐心协力，和衷共济，认真开好三届三次会员大会

为了推进重大决策的民主化、制度化，协会根据张克辉会长的部署要求，深入调研，集思广益，认真开好一年一度的中华妈祖文化交流协会会员大会。张会长出席三届二次会员大会并讲话，"昆山会议"获得了圆满成功，文化部大型文化类核心期刊《文化月刊》，发表了协会传媒部长达5000字的长篇通讯，专题报道了大会盛况。三届三次会员大会，在认真总结二次会员大会经验的基础上，认真筹划，积极准备，得到了北京妈祖仁爱慈善基金会、湄洲妈祖祖庙、台湾鹿港天后宫的大力支持，2018年11月30日在祖国首都北京胜利召开。张会长高度重视三届三次会员大会的筹备工作，会前召集林兆枢、俞建忠、林金赞、林惠玉等进行认真的研究探讨，提出了会员大会的指导思想、目标思路和总体要求，并委托林兆枢发表大会致辞，委托俞建忠代表理事会做工作报告。协会名誉会长袁锦贵、顾问林光大，以及来自世界各地的45个国家和地区的800多名会员代表参加大会。大会以"牢记嘱托，不负众望，充分发挥妈祖文化在构建人类命运共同体中的积极作用"为主题，全面总结和介绍了各地妈祖文化机构走过的不平凡历程和创造的业绩；大会对新一年妈祖文化的发展方向、目标任务和工作重点，做了规划、部署和安排，提出了要不负重托，主动融入世界妈祖文化中心建设；不耻相师，主动投身两岸妈祖文化交流活动；不遗余力，主动推进丝路妈祖文化弘扬传播；不敢旁骛，主动带头践行妈祖文化的美德；不改初衷，主动完善提升妈祖文化基础工作；不辱使命，主动增强提高妈祖人队伍素质等措施办法；大会审议通过了协会工作报告、《章程（修正案）》和一系列相关的事项，增选林金赞等进入协会领导班子。大会做出了《关于开展首届全球优秀妈祖人评选活动的决定》、建立协会领导联系区域妈祖文化事务的制度、建立常务理事联系会员的制度等。大会的隆重召开，得到了各方的广泛关注和好评，中新网、腾讯网、搜狐网、优酷、知乎、东南网、莆田晚报、湄洲日报、莆田网讯、潮汕妈祖、天下妈祖网、中华妈祖杂志等新闻媒体做了大量的宣传报道，总浏览量超过1000万人次。

二、突出重点，策马扬鞭，整体推进两岸多地的交流合作

妈祖文化交流，始终是协会工作的主旋律，今年以来，我们着力抓好了以下三个方面的工作。

第一，营造大平台，推动大协作。协会坚定不移地把扩大和深化对台的交流与合作当作永恒的工作主线。一年来，我们立足乡土文化、旅游资源、交流互鉴三大优势，突出新生代、新面孔、新领域3个重点，集中精力打造两岸交流合作的大平台。一是认真策划举办以"心灵契合·两岸和合"为主题的第11届海峡论坛·两岸妈祖文化活动周。全国各地参加单位达到了100多个，涉及台湾、福建、广东、天津、江苏、上海、广西等地，人数20万人次。单莆田一地，就举办了中华妈祖文化交流协会、湄洲妈祖祖庙、贤良港天后祖祠、文峰天后宫、涵江区妈祖文化交流协会、秀屿区妈祖文化交流中心、城厢区妈祖文化交流协会、仙游县妈祖文化交流协会、荔城区北高妈祖文化交流协会、荔城区黄石灵慈宫等11站丰富多彩的两岸妈祖文化交流活动。6月12日，协会站开展的五大主题活动，吸引了台湾妈祖文化机构代表100多人参加，两岸实际参加交流达到了5万多人次，协会传媒部现场直播，创造了3小时突破11万次的网络点击量，累计网络关注人数多达100万人次。协会站盛大热烈的活动场面，入选联合国总部"世遗"妈祖信俗10周年成果大展。人民日报、人民网、中国新闻网、莆田侨乡时报、莆田政府网、搜狐网、莆田文化网、东南网、中新社、天下妈祖网、世界妈祖公众号等新闻媒体竞相做了宣传报道。二是湄洲妈祖祖庙、台湾鹿港天后宫联合举办"2019年海峡两岸妈祖文化交流暨巡安布福苏沪"活动。9月6—12日，协会常务副会长俞建忠，与协会副会长、湄洲妈祖祖庙董事长林金赞，协会副会长、台湾鹿港天后宫主委张伟东，协会副会长、上海玉成天赐公司董事长赵柳成，全国台湾同胞投资企业联谊会常务副会长孙德聪及两岸知名的企业家一起，护驾湄洲妈祖巡安江苏、上海。湄洲妈祖祖庙组织230人护驾，台湾鹿港天后宫组织110人护驾，总行程2500公里，横跨华东闽、浙、沪、苏三省一市，当地及沿途朝拜、跟随的妈祖敬仰者达百万人次。湄洲妈祖首次坐动车巡安苏沪的消息引发了包括人民日报、新华社、中央广播电视台、环球时报、凤凰网、新浪网等各大媒体和世界各地的共同关注。三是举办"海峡好歌声——首届'妈祖杯'青年歌手大赛"。10月11—14日，由协会主办，涵江区妈祖文化交流协会、莆田福莆仙东岳观管委会承办，莆田市音乐家协会、莆田市广播电视中心、湄洲日报、福建日报莆田记者站，共同参与举办了华东大赛区福建分赛区莆田选拔赛，参加人数达到2万人，在线观看人数达10万人次。昨天晚上在湄洲国际大酒店进行总决赛，今天晚上将举行隆重颁奖仪式。

第二，抓住大契机，推动大交流。紧紧抓住妈祖信俗列入人类非物质文化遗产代表作名录10周年这一契机，大力推动世界各地以各种形式开展纪念和成果展示活动。10年前，为了争取妈祖信俗列入人类非物质文化遗产代表作名录，我们走过了艰辛而喜悦的历程。10年间，世界各地为传承、传播和发展世遗妈祖信俗工作，做出了巨大的努力和贡献。今年是妈祖信俗列入世遗10周年，各地纷纷举办纪念活动。9月6日在联合国总部，举办纪念妈祖信俗列入人类非物质文化遗产代表作名录10周年图片展，从"国家重视""全球协力""两岸同心""各界参与""成果累累""未来展望"等六大方面的精彩内容进行全面展示，受到了广泛赞誉。联合国世界人民委员会主席斯尔玲女士，中国驻纽约总领事馆领事颜鹏、程淼，美国国会议员孟绍文，纽约市议员顾雅明，与来自中国福建、广东、山东、江西、海南、北京、上海、天津、辽宁、台湾、澳门地区的妈祖文化机构代表，以及美国、日本、新加坡等国诸多学者、企业家、侨社人士、工艺大师和妈祖敬仰者代表一起观看展出，产生了积极的国际影响和文化效应。9月7日，协会领导与湄洲妈祖祖庙、台湾鹿港天后宫、昆山慧聚天后宫一起，在江苏昆山举办了妈祖信俗列入人类非物质文化遗产代表作名录10周年暨妈祖大爱慈善晚会，吸引了海峡两岸100万人次参与和在线观看。10月1日，协会在福建泉州主办了"妈祖世界·瓷路天下"首届"妈祖杯"德化陶瓷现场创作大赛，有力地推动了世遗妈祖信俗项目标准化体系建设进入了实质性运行的新阶段。10月5—9日，在湄洲岛举行了妈祖信俗列入世界非遗10周年暨"妈祖金身绕境巡安活动"，妈祖巡安布福湄洲岛，行程28公里，驻驾驻跸15个妈祖宫庙，沿途举行文艺踩街、绕境巡安布福、诵经祈福、莆仙民俗文艺表演和非遗海祭妈祖典礼等，共有10万人次直接参加了这次历史性盛举，千里眼和快手直播平台累计观看人数150万，海外YouTube、Facebook平台累计观看人数40万，将纪念妈祖信俗列入世遗10周年活动推向了高潮。

第三，开展大活动，促进大和谐。充分发挥沟通协调的作用，积极服务各地举办大型妈祖文化活动。3月5日，莆田文峰宫举行"总元宵"尾暝灯妈祖文化活动，吸引了马来西亚、新加坡，以及天津、广东、台港澳地区的妈祖敬仰者和当地民众30万人参加；4月24日、28日，仙游杨寨碧云阁、莆田贤良港灵慈东宫，举办妈祖信俗"三献礼"非遗展示活动，取得了圆满成功；4月26—30日，霞浦竹江"妈祖走水"文化节吸引了海峡两岸数十万人观看；4月27日，福鼎前岐天后宫妈祖祭典、巡安布福隆重举行；5月1日，广西桂林成功举办了第二届平乐妈祖文化旅游节，19艘彩船护驾妈祖巡安漓江，海内外数十万名妈祖敬仰者夹江迎驾，吸引了17万名外地游客前来平乐观光旅游，央视《新闻直播间》今日头条现场直播；5月4日，宁德敏灶天后宫隆重推出妈祖信俗"三献礼"，大白鹭天后宫举行妈祖普度非遗展示活动，四里八乡的民众近10万人次参加了活动；5月8日，福建点头天后宫举办了大型妈祖祭典和盛大踩街活动；5月28日，成都举办妈祖祭典和巡安活动，中央电视台《财经频道》做了报道；6月14日、10月23日，闽东妈祖圣地大岚头天后宫先后两次举办两岸同谒妈祖盛大活动，吸引了台湾、浙江、福鼎、霞浦多地妈祖人前来参加；10月7日，湄洲妈祖祖庙、贤良港天后祖祠举行纪念妈祖羽化升天1032周年大型海祭活动，受到了海内外的广泛关注，各大主流媒体均做了大版面的宣传；10月7日，洋埭妈祖文化交流协会首次在东山妈祖阁举办大型妈祖祭典，在秀屿区引起强烈反响，《人民日报》海外网、莆田电视台做了深度报道；农历每月初一、十五日，北高东皋妈祖文化园举行敬祭妈祖仪式，吸引了漳州、莆田城关、涵江、湄洲等成千上万的妈祖人前来参加。仙游县、城厢区、涵江区、湄洲湾北岸妈祖文化交流协会、莆田市妈祖文化促进会和秀屿区妈祖文化研究中心、荔城区北高妈祖文化交流协会也都组织举办了丰富多彩的妈祖信俗活动，赢得了各方的好评。

10月10日，由澳门中华妈祖基金会主办的"第17届澳门妈祖文化旅游节"开幕典礼暨妈祖祭典仪式在天后宫隆重举行。澳门特区政府、中联办、中华海外联谊会、全国政协港澳台侨委员会、海南省人民政府、澳门基金会参与举办，全国政协副主席何厚铧宣布第17届澳门妈祖文化旅游节开幕，协会送去贺信和"大爱"墨宝。

一年来，各会员单位不断拓宽交流渠道，努力提升合作内涵，推动各地广泛开展妈祖联谊活动。协会领导积极参与各地妈祖文化交流活动，派人前往日本、马来西亚、美国，以及澳门、天津、广西、广东、江苏、上海、辽宁、北京、台湾，福建平潭、宁德、晋江、福鼎、霞浦等地参加妈祖文化交流联谊。协会坚持以服务至上为原则，努力创新服务机制，探索建立协会联络站等，全面整合交流资源，为海内外妈祖文化机构和妈祖敬仰者提供协助和服务。

三、发挥优势，融媒传播，努力营造妈祖文化的舆论氛围

我们抓住信息全球化的机遇，探索建立科学理性的妈祖文化传播体系，推动妈祖文化在世界各地的传播和发展。

第一，协会会刊《中华妈祖杂志》改革创新迈出了较大步伐。年来，在协会原常务副会长、中华妈祖杂志社社长林国良的直接领导下，在协会顾问李辉龙的协助下，刊物办得深具可读性、资料性、群众性和时代性，受到广大妈祖敬仰者及社会大众的喜爱和好评。《中华妈祖》杂志全年共向会员单位、社会各界免费发放高质量高水平的刊物15万册。《中华妈祖》杂志与马来西亚雪隆海南会馆（天后宫）《海南之声》，签订信息互通协议。《海南之声》特设《中华妈祖专区》栏位，刊登《中华妈祖》杂志提供的稿件；《中华妈祖》杂志特设《中马之约》栏目，刊登《海南之声》提供的稿件。"脸书"在境外目前已成为全球第一大社区网站。《中华妈祖》杂志2019年第3期的相关信息内容，在《海南之声》脸书账号上刊发，通过现代网络媒体在马来西亚大力宣传妈祖文化，促进了妈祖文化在境外现代媒体上的传播。

第二，积极探求妈祖文化新型媒介，为打造覆盖全球的智慧妈祖和全媒体矩阵创造条件。7月3日，协会与《人民日报》海外网签订战略合作协议，计划将协会目前拥有的妈祖文化信息内容等资源，进行整合深耕，打包捆绑，打造妈祖文化的全媒体矩阵，推动妈祖文化在全球的快速传播和高效交流。合作以来，妈祖文化方面的相关报道已在《人民日报》上发表20多篇。同时，协会与"莆鱼网"直播团队合作，先后组织直播了"迎接中华妈祖十音八乐团荣获全国金奖载誉归来""第二届妈祖平安成人礼""中华妈祖首届全球行奖学金颁奖大会""第三届中华妈祖十音八乐大汇奏"等重大文化活动，每次网上观看人数都在10万人次以上。

第三，抓好协会新闻舆论主阵地"世界妈祖""中华妈祖杂志""天下妈祖"公众号建设。"世界妈祖"公众号上累计编发妈祖文化图文信息1340条。其中中华妈祖文化交流协会活动动态占21%，各地妈祖文化机构消息占41%；工作交流类信息占19%，学术理论类占5%，妈祖传说故事类占6%，文艺类占8%；会长寄语《心存善念·行践大爱》栏目由妈祖义工、中华妈祖礼仪队队长负责，坚持一天一期，共从各类优秀传统文化和经典故事中摘录正能量信息476条，在"世界妈祖"公众号、中华妈祖网刊发，成为各地妈祖敬仰者转发朋友圈最多的正能量帖子。

第四，切实加强协会信息点和信息员队伍建设。帮助各地建立中华妈祖文化交流协会信息点，制作、审批、办理妈祖文化信息员证；集中培训妈祖文化信息员，为南京、天津、台儿庄、福鼎、霞浦、莆田荔城区、北岸等地的妈祖文化信息点挂牌。目前，协会信息员已有丁才荣博士等500多名。据统计，今年向协会报送妈祖文化信息，排在前10名的单位和信息员分别是：厦门朝宗宫林坤山、霞浦天后行宫陈杰、天津天后宫李卫国、深圳龙岗天后古庙陈永腾、广东华阳妈祖珠珍祖庙吴宝明、北海妈祖联谊会李福南、连江妈祖文化交流协会杨文健、霞浦竹江天后宫郑寿本、北海市福成镇古城天后宫詹映泓、广东惠来妈祖文化交流协会苏文炳。

四、殚精竭虑，锲而不舍，不断提升学术研究的质量水平

新形势下，妈祖文化面临的新情况新问题越来越多，有的情况和问题还相当尖锐和紧迫。协会迎难而上，组织海内外专家学者参与对妈祖精神内涵、文化特性和社会价值的论证，并通过学术研讨、征文大赛、整理文献、编撰著作等形式，有针对性地回答和解决了许多重大的理论难题和学术课题，为世界各地妈祖文化机构开展妈祖文化工作，提供了正确的理论指导和实践引领。

第一，助力第三届世界妈祖文化论坛的成功举办。第三届世界妈祖文化论坛，由文化和旅游部、自然资源部、中国社会科学院、澳门特区政府和福建省人民政府共同主办，来自国际组织及全球60个国家和地区的代表，46名海外媒体的社长、总编，世界各地妈祖文化机构的代表和专家学者等近300人出席，论坛配套举办6个平行论坛，理清了新时代妈祖文化服务海洋战略等一系列重要思路。论坛期间，高规格举办了第二十届中国·湄洲妈祖文化旅游节，全国政协副主席、民革中央常务副主席郑建邦出席并宣布论坛开幕。中国侨联原主席、中华妈祖文化交流协会第一届和第二届副会长林兆枢，自然资源部总规划师李永杰，福建省人民政府副省长郭宁宁，莆田市委书记林宝金，省政协副主席、民盟福建省委会主委阮诗玮，莆田市人民政府市长李建辉等出席论坛。论坛期间，还举办了首批世界非物质文化遗产——妈祖祭典表演、第三届"湄洲女发髻"非遗技艺表演、妈祖文化灯光秀、中韩妈祖文化油画展、电影《妈祖回家》杀青仪式和湄洲妈祖巡安菲律宾图片展等8个文化系列活动。发表了《第三届世界妈祖文化论坛湄洲倡议》，呼吁建立世界妈祖文化论坛常设机构，加强妈祖文化的持续交流和学术研究，在更高层次、更宽领域、更广范围上落实"一带一路"倡议等。第三届世界妈祖文化论坛的成功举办，被写入2019年福建省人民政府工作报告，截止到目前网上关注人数已超过1000万人次。

第二，协会成功举办了第三届妈祖文化论坛——"全球妈祖文化多样化展示及传承脉络"平行论坛。来自中国、日本、美国、马来西亚、日本、澳大利亚、新西兰等国的海内外学术研究机构的46位妈祖文化专家学者出席。共收到论文32篇，专家们就妈祖文化全球多样化议题做了具有前瞻性的研讨。中华妈祖文化交流协会原副会长、中国侨联原主席林兆枢，以严复故居的一副对联"非新无以为进，非旧无以为守"引题，提出了对待妈祖文化要做到两个坚持、处理好三大关系。这次平行论坛明确指出，妈祖文化不属于任何一个教。平行论坛强调，妈祖文化发展到今天，尤其是妈祖信俗列入人类非物质文化遗产代表作名录后，它已成为全人类共同的精神财富，它有自己的理论体系、文化特征和传承脉络。平行论坛特别提到，我们不否认妈祖信俗曾经受某些宗教的影响，甚至吸收宗教中的有益成分，但妈祖文化自有特色的文化性质和文化地位不能改变。平行论坛还特别提出，妈祖文化在世界上的中国表达要统一和规范。这些论述开辟了新时期妈祖文化理论研究的新境界，受到了各方的好评，并直接影响和指导了当前妈祖文化的实践工作。张克辉会长在协会三届三次会员大会上的书面讲话中，高度评价和全面肯定了林兆枢的主旨演讲内容。

第三，全力推动各地妈祖文化研究工作再上新台阶。一年来，与国内外知名高校、社科机构联合开展妈祖文化与课题的专项研究，约请专家学者，以征文大赛、研讨会等形式，开展妈祖文化课题研究，从不同侧面对妈祖文化的积极作用、民俗文化特性、文化渊源及新思路等论题进行探讨研究。连续成功举办了三届全球妈祖文化征文大赛，围绕"发挥妈祖文化等民间文化的积极作用""妈祖文化与海上丝绸之路""弘扬妈祖文化 融入'一带一路'"主题，马来西亚、澳大利亚、日本、韩国等国专家学者踊跃参与，较好地推动了妈祖学术研究的国际化。组织西安交通大学工程学院、山东财经大学、厦门大学、华侨大学、莆田学院的博士生、研究生等，就当前妈祖文化的热点难点问题，进行深入研讨；在马来西亚主办"妈祖文化与华侨"、在辽宁主办了"北方妈祖与一带一路"等学术论坛，还与中国社科院、清华大学合作研究课题，均取得了积极的成果。

第四，着力妈祖文化研究成果的创造性转化和创新性发展。中华妈祖文化交流协会与莆田市人民政府联合出品了电影《妈祖回家》，讲述了一段台籍老兵曲折的归乡之旅，一个妈祖护佑平安的海上传奇，首映礼在第六届丝绸之路国际电影节期间隆重举行。协会学术部周金琰撰写的论文《妈祖文化是"海丝"的特殊载体》，在中国社科院课题"一带一路"宗教风险研究学术会议上交流。协会传媒部郑国荣编写的46集妈祖动漫电影《天上圣母》剧本、长篇小说《妈祖泪》进入"闽派"重点电视剧选题征集内容；郑国荣创作的妈祖《盛世颂》《国策颂》《世遗颂》《祖国颂》《护国颂》《时代颂》《四海颂》《世坛颂》，整理的妈祖《立德颂》《行善颂》《大爱颂》《平安颂》《和谐颂》《包容颂》等莆仙十音八乐，以及陈建辉、曾鼎创作的《妈祖保佑》歌曲，在妈祖故乡莆田广为演奏、传唱；《赞歌颂党恩·礼乐献妈祖——中华妈祖莆仙十音八乐大汇奏乐谱》《中华妈祖文化交流协会等调研显示冲绳妈祖文化底蕴厚重》《琉球妈祖文化见闻》《人类非物质文化遗产妈祖信俗的影响》《心灵契合两岸和合》《妈祖药签之治病救人》《妈祖传说故事》《妈祖与福建》，在《世界宗教研究》《江苏社科》《民俗》等核心期刊、韩国《江原》期刊等国内外媒体、刊物和相关研讨会上发表，获得好评；同时，《中华妈祖志》的编写工作取得了积极进展，《妈祖巴蜀情》等一批妈祖文化纪录片制作成功，《女神情话》《妈祖在西南》等一批妈祖书籍相继出版。这些都丰富和发展了妈祖文化，受到了广大妈祖敬仰者的普遍欢迎。

五、坚守初心，群策群力，全面拓展慈善事业的广阔领域

一年来，协会继续按照张克辉会长提出"争当妈祖人，勤做公益事"的要求，推动各地大力开展扶危济困、安老助孤、支教助学等活动，营造妈祖志愿服务、妈祖慈善济世的美好社会风尚。

第一，大力开展送温暖活动。湄洲妈祖祖庙开展了"慈善之光"春节送温暖活动，分别为湄洲岛新农合医保金、湄洲岛老龄人慰问金、湄洲岛关心下一代帮扶助学金、湄洲岛扶贫助困慰问金、湄洲岛敬老院慰问金等5个方面发放善款合计511.8万元，受益岛民超1万人次，还为岛上老龄人、孤寡老人、贫困户等发放粮油慰问品和慰问金。深圳龙岗区妈祖文化交流协会举办慈善节，在社会上传为佳话。美国妈祖基金会开展"关注老年健康，享受生命快乐"健康讲座。霞浦妈祖文化交流协

会和松山天后行宫董事会举办"大爱妈祖·情暖人间""大爱妈祖·慈善助学"活动。贤良港天后祖祠,福鼎大白鹭、大岚头、黄岐、敏灶、渔井和水峇天后宫,走访慰问困难群众,组织妈祖文化志愿队,均在当地产生了积极的影响。广西北海古力酒业股份有限公司董事长张远明,挑选公司最好的地创建了一座妈祖庙——福成古城天后宫,每年向困难群众捐赠妈祖慈善财物。湄洲妈祖祖庙的文化提升工程景区、贤良港天后祖祠下广场、东岩山妈祖行宫大院、莆田北高东皋妈祖文化园、冲沁鹅山妈祖文化园、洋埭东山妈祖阁、贤良港灵慈东宫广场、福鼎大岚头天后广场、大连妈祖宫广场、北海东沙嘴龙母天后宫、莆田万好天后宫、仙游郊尾杨寨妈祖广场、平潭妈祖文化交流协会广场等一大批新建成的妈祖文化活动场所,常年为四方民众提供妈祖文化健康服务,晚上跳广场舞、奏十音八乐的人群络绎不绝,受到社会的广泛赞誉和群众的好评。

第二,大力开展妈祖助学活动。8月17日,中华妈祖文化交流协会、莆田市湄洲妈祖慈善基金会、莆田市壶兰教育基金会、广东华阳珠珍妈祖庙、汕头潮阳和平镇下宫天后古庙,联合举办"2019年度妈祖助学仪式(莆田站)"活动,为高考成绩达到本二线以上,并被本科院校录取的品学兼优、家庭贫困的100名学生每人发放5000元妈祖助学金。湄洲妈祖祖庙、汕头潮阳和平镇下宫天后古庙决定与协会一起,每年在妈祖故乡举办一次妈祖助学活动,形成常态化的助学机制。

第三,大力开展妈祖奖学活动。由中华妈祖文化交流协会推动,莆田全球行国际黄金珠宝文化交流有限公司董事长陈玉彬先生于今年初发起创立了中华妈祖全球行奖学金,专用于奖励福建省莆田市小学六年级德智体美劳全面发展的学生,每年奖励一次,每次200名。8月18日上午,在莆田举办了首届中华妈祖全球行奖学金暨莆田壶兰教育基金会奖教表彰大会,212名优秀学生荣获首届中华妈祖全球行奖学金,10所优秀学校受表彰。协会对奖学仪式进行了认真的筹划和准备,经典隽永的颁奖词、精致庄重的获奖证书、感恩励志的大会发言和自编自导的文艺表演,感动了无数的学生和家长,世界各地妈祖敬仰者、社会各界民众共有11.33万人通过网络收看大会现场实况,3800人次留言评赞。爱心接力,慈善相传。8月22日,2018—2019学年湄洲妈祖祖庙董事会奖教奖(助)学大会召开,分别向湄洲岛中高考优秀学生代表、优秀教师代表、贫困学生代表颁发奖教助学金,同时委托莆田市教育局、莆田学院、莆田市关工委、曾德梅爱心助学活动联合会等社会机构，向全市特别是老少边岛优秀教师、贫困学生发放奖教奖助学金共计241.77万元。9月2日，福建省德化县恒丰佳创有限公司董事长陈婉华，又与协会签订设立了"中华妈祖恒丰佳创奖（助）学金"协议，每年奖励总金额不少于20万元。华阳珠珍妈祖庙与和平下宫古庙还为18名优秀学生发放奖学金每人3000元。8月30日，福州市马尾区妈祖文化研究会向11位家庭贫困的学生，发放1000~2000元不等的助学金。9月7日，昆山慧聚慈善基金会向32名学子发放奖助（学）金；莆籍书法家林加国为活动专门题写的书法作品"慧光福聚"被台商以66万元拍下，款项捐献给昆山慧聚慈善基金会，用于当地助学等慈善事业。

第四，大力开展妈祖志愿服务。协会与莆田市委文明办联合成立莆田妈祖志愿总队，在协会懿哲楼挂牌办公；莆田各县区（管委会）、市直各单位成立妈祖志愿服务支队，莆田妈祖文化机构成立志愿服务大队。目前，妈祖志愿服务支队有40支1866多人，单莆田学院的妈祖志愿者就达到了300人，形成了党政机关示范带动、社会力量热情参与的生动局面。

六、开拓创新，锐意进取，积极打造妈祖文化的国际品牌

一年来，协会积极响应莆田市委市政府关于打造妈祖文化国际品牌的决策部署，认真总结世界各地妈祖文化机构创造的成功经验，结合工作实际，着力打造和培育了8个妈祖文化的国际品牌。一是以"颂唱妈祖·感恩父母·立志成才·报效祖国"为主题，打造中华妈祖平安成人礼品牌。妈祖诞辰日，于妈祖故乡莆田10所一级达标校，挑选100名品学兼优的18周岁学生及父母，在协会懿明楼前，为他们举办既富有传统特色又有时代气息的妈祖平安成人礼。在庄严的国旗下，面向大爱无疆的妈祖，100个家庭齐声诵读妈祖平安成人礼《颂文》，献上了他们的吉语行行、馨香片片；100名学生现场深情注视、举臂拥抱自己的父母，而后单膝跪地为父母献鲜花、送成人感恩翡翠，牵着双亲的手过成人门，不少人感动落泪；面向国旗集体宣誓，立志成才、报效祖国的铿锵誓言响彻云霄；通过社会的传播，在海内外激起积极的反响，产生了巨大的品牌效应。二是以"赞歌颂党恩·礼乐献妈祖"为主题，打造中华妈祖莆仙十音八乐大汇奏品牌。这一品牌在去年创造的"世界纪录·十个第一"的基础上，今年又有较大的提升与发展。规模上，今年909人大汇

奏，刷新了去年323人大汇奏创造的扛旗世界纪录，是莆仙十音八乐历史上同台汇奏规模最大的一次；内容上，今年原创《新五颂》曲词，第一次将妈祖为国、护国、保国的内容，用莆仙十音八乐大汇奏进行了全景展现；形式上，今年20名莆仙十音八乐著名乐师第一次同台领奏，千人团员与万人观众同奏同唱《歌唱祖国》；品位上，今年中华妈祖莆仙十音八乐团赴京参加大赛荣获全国金奖；影响上，今年协会传媒部组织的现场直播，吸引了13万多人次在网上观看，现场观众更是人山人海。三是以"心存善念·行践大爱"为主题，打造中华妈祖大学堂国学班品牌。讲授《弟子规》《妈祖精神·伴你成长》《二十四孝》《孝悌忠信礼义廉耻》系列以及《妈祖与妈祖文化》等优秀传统文化国学教育，受到了社会的广泛欢迎和赞誉。四是以"评选全球优秀妈祖人"为载体，培育中华妈祖榜样人物国际品牌。三届三次会员大会审议通过开展"评选全球优秀妈祖人"的决议后，我们始终坚持将评选的过程当作是传播妈祖文化、宣传学习妈祖人先进事迹的过程。协会精心策划活动方案，并将方案在春节前下发各地。按照组织推荐和个人自荐的原则，共有93人自愿报名参加这次众人瞩目的评选活动。评选过程始终坚持公平、公正、公开的原则，12名评委中有4名专家学者、2名主流媒体的代表、6名有名望的妈祖人代表，并请公证处现场公证。两轮网络投票，均委托福建省委宣传部属下的"天下妈祖网"组织实施。第一轮投票从93人中选出46人为初步候选人，第二轮投票从46人中选出33人为候选人。据统计，两轮投票活动，共有86个国家和地区的人参与投票，总浏览量达到298万人次，最高峰时达到156万人次参与投票。10月30日，经过专家组评选，又从33人中根据得分多少，评出16人为正式候选人，30日晚协会三届四次常务理事会又从16人正式候选人中，票决出了10人为首届全球优秀妈祖人，并将于明年纪念妈祖诞生1060周年活动中择机举行颁奖仪式。五是以"心灵契合·两岸和合"为主题，打造海峡论坛·妈祖文化活动周品牌。六是以"争当妈祖人·勤做公益事"为主题，打造中华妈祖志愿品牌。七是以"全球妈祖文化征文比赛"为载体，培育中华妈祖学术研讨国际品牌。八是以"妈祖信俗标准化体系建设"为载体，培育中华妈祖非遗传承国际品牌。

在妈祖文化国际品牌的培育和打造过程中，我们始终坚持做到了"六个有"：一是有机构依托，成立"一院二队三团"六个文化团体，专门对接这些品牌的推进工作；二是有推进目标，做到月月有汇报、季季有通报、年中有小结、年终有总结；三是有项目申遗，每个品牌都进行科学论证并申报非遗项目标准化；四是有展示宣传，每个品牌都通过文艺载体或宣传媒介进行有效传播，扩大品牌效应；五是有品牌主题，每个品牌都确定一个主题；六是有领导主抓，每个品牌由一名领导主抓，一抓到底，抓出成效。

七、谙熟百家，博采众长，充分发挥文艺团队的积极作用

为了适应新形势下传播和发展妈祖文化的需要，今年初，中华妈祖文化交流协会组建成立了中华妈祖书画院、中华妈祖莆仙十音八乐团、中华妈祖艺术团、中华妈祖莆仙戏剧院、中华妈祖礼仪队、中华妈祖义诊队，以充分发挥文艺团队在传播和弘扬妈祖文化上的积极作用。

中华妈祖书画院，由中宣部原副部长、中国文联党组原书记胡振民题赠院名，莆田市人民政府原市长姚振泉任名誉院长。院长由莆田市人民法院原副院长、中国书法家协会会员翁爱珊担任，常务副院长由中国美术家协会会员、知名画家徐国雄担任。中华妈祖书画院在全国各地聘请了60名国家级书画名家加入，半年多来，共义务创作了100多件富有妈祖文化特色的书画精品，作为重大妈祖文化活动纪念品；书画院的10多位妈祖书画名家，通过"世界妈祖"公众号刊发妈祖书画系列作品，传播妈祖文化；姚振泉名誉院长多次带头参加妈祖义务书画活动。院长翁爱珊的书法作品参加慈善义拍，并将义款捐给了慈善组织。近期，翁爱珊的妈祖书法作品在美国展出，受到了各界的好评。目前，他们正在筹办纪念妈祖诞生1060周年"妈祖缘·翰墨情"全国书画名家作品展。

中华妈祖莆仙十音八乐团的成绩前面已做了介绍，中华妈祖莆仙十音八乐团团长，由中华妈祖文化交流协会民俗顾问、莆田市优秀共产党员、城厢区原农工部部长柳金裕担任。中华妈祖莆仙十音八乐团成立后，创造了"世界纪录·十个第一·全国金奖"的工作业绩。目前乐团懿字头乐队已发展到了111个，乐团总人员1866人，遍布莆田市的各个乡村，既丰富了乡村的文化生活，传播了妈祖文化，又让广大老年人老有所乐、老有所为、健康幸福。

中华妈祖艺术团，团长由莆田市机关党工委原常务副书记李永华担任，现有团长1名，总导演1名，编导8名，歌手6名，演员86名，分为市老年大学艺术团分团、回韵文化分团、唐韵文化分团等。成立以来，先后参加了协会 2019 年迎新春团拜年会；海峡两岸论坛（莆田站）、妈祖礼仪队"七一"广场文艺、第二届妈祖成人礼、第三届 909 人十音八乐大汇奏等 10 多场妈祖文化活动。团长李永华多次登台演唱，为践行妈祖大爱精神做出了自己的贡献。中华妈祖艺术团与莆田市老年大学合作，原创以妈祖文化为主题的作品《红团》《走雨》，参加第八、九届全国艺术会演，均获得第二名的成绩。《红团》还被选为市委团拜会、市电视台春晚等表演节目，被列为全省老干部系统国庆晚会节目。目前，中华妈祖艺术团已储备多类文艺作品 20 多个，积极为弘扬妈祖文化贡献力量。

中华妈祖莆仙戏大剧团成立后，在莆田、仙游、永泰、福清、惠安和北京等地演出近 300 场，在中华妈祖文化交流协会懿明楼义务献演 2 场，目前正排演由协会郑国荣编写的莆仙戏妈祖剧《莆田出妈祖》。

中华妈祖礼仪队，于 4 月 28 日授牌成立，共有 99 名队员，本着"自愿、公益、规范、义务"原则，用仁爱心待人，用欢喜心做事，尽己所能，发挥所长，服务于协会的会议、活动。成立以来，在参加妈祖平安成人礼、"歌唱祖国·敬颂妈祖·感恩母亲"暨庆祝母亲节广场文化展演、第十一届海峡论坛妈祖文化活动周（协会站）文艺展演、首届中华妈祖全球行奖学暨壶兰教育基金会奖教大会、"赞歌颂祖国·乐舞献妈祖"——纪念妈祖羽化升天 1032 周年广场文艺展演、909 人莆仙十音八乐大汇奏等活动中，发挥了礼仪服务的积极作用，展现了妈祖人良好的精神风貌。

协会凡有重大妈祖文化交流活动，原则上都要结合组织公益慈善活动。为了配合重大活动，协会成立了中华妈祖义诊队，医疗界医务人员踊跃报名参加，目前已有 120 名义诊队员，各县区（管委会）相继成立了妈祖义诊分队。短短几个月，先后组织了 9 次义诊活动，帮助 300 多名服务对象进行康复保健治疗，同时对 200 多名原始点爱好者进行义务培训。3 月 27 日，中华妈祖义诊队全体队员 99 人在懿明楼，参加了以"弘扬妈祖精神和医者仁心"为主题的培训；4 月 17 日，33 名妈祖义诊队员，在筱塘老人活动中心组织了两批原始点专业技能培训和一期中医技能培训；5 月 12 日，百名妈祖义诊队员参加"母亲节"义诊活动，为母亲们进行保健咨询与治疗；5 月 18 日，27 名妈祖义诊队员在莆田云门寺善缘调理中心开展义诊；7 月 15 日，广大义诊队员按片区义诊下乡，把妈祖义诊活动延伸到乡村地头；8 月 13—

14日，又在筱塘老人活动中心，组织26人进行高级康复养护师与原始点技能培训，提升她们为雇主服务的质量；9月18日，在云门寺善缘调理中心，组织原始点按推技术交流，提升临床诊治技能；10月6—8日，32名妈祖义诊队员，承担了"赞歌颂祖国，礼乐献妈祖"中华妈祖十音八乐909人大汇奏的医疗保障工作并开展了义诊活动；10月13—15日，协会副秘书长蔡成武带领8名精干义诊队员，到广东陆丰、海丰开展妈祖义诊活动。特别是在2019年两岸妈祖文化活动周期间，组织了"两岸妈祖慈善大型义诊"活动，莆田市及台湾地区康健专家40多名妈祖义诊队员，在协会总部懿明楼前，采取现场排队取号的方式，为120多名妈祖敬仰者和社区群众提供了身体保健、健康咨询、康复调理等方面的现场义诊服务。

同时，还收到了海内外各种文化团体和公益机构加入中华妈祖文化交流协会的申请，共有61家，其中境内59家，境外2家，妈祖人队伍不断发展壮大。

过去的一年，我们取得了较好的成绩。这些成绩的取得，是各级党委、政府、社会各界和协会老领导关心支持的结果，是3亿多名妈祖人不懈努力、无私奉献的结果，是张克辉会长带领中华妈祖文化交流协会全体同人辛勤付出、努力工作的结果。

在看到工作成绩的同时，我们也要看到工作中存在的不足：一些地方一些人不重视妈祖文物保护、妈祖"非遗"传承和妈祖信俗标准化建设；不重视妈祖文化的对外交流与协作，不请进来也不走出去；不重视年轻一代妈祖人的培养，不会使用现代信息化的手段传播妈祖文化，更没有对妈祖文化进行理论层面研究；存在不团结、不和谐现象。这些现象和问题已经引起我们的高度重视，新形势下，我们有决心有信心，在党和国家的正确领导下，依靠广大妈祖文化机构和全体妈祖人的共同努力，采取扎实有效措施，认真稳妥地加以解决，推动妈祖文化事业不断向前健康发展。

第三部分　2018—2019年度协会财务收支情况

协会认真执行财会制度和财经纪律，财务收支情况顺利通过民政部、文旅部等部门的年检。2018年11月至2019年9月，协会收入共计肆佰壹拾伍万伍仟贰佰零捌元壹角玖分（¥：4155208.19元），比上年度的壹佰柒拾贰万伍仟壹佰肆拾叁元玖角捌分（¥：1725143.98元），增收贰佰肆拾叁万零陆拾肆元贰角壹分（¥：2430064.21元），同比增长140.86%；支出共计贰佰柒拾贰万陆仟贰佰柒拾叁元伍角捌分（¥：2726273.58元），比上年度的壹佰肆拾陆万陆仟柒佰肆拾玖元叁角陆分（¥：1466749.36元），增支壹佰零伍万壹仟叁佰贰拾肆元贰角贰分（¥：1051324.22元），同比增长71.68%；协会户头账面节余金额为柒佰零肆万贰仟贰佰贰拾叁元捌角陆分（¥：7042223.86元），比上年度伍佰陆拾壹万叁仟贰佰捌拾玖元贰角伍分（¥：5613289.25元），增加壹佰肆拾贰万捌仟玖佰叁拾肆元陆角壹分（¥：1428934.61元），同比增长25.46%。

第四部分　2020年的工作打算

2020年，是妈祖诞生1060周年，是一个具有历史影响力、文化神圣感的特殊年份。世界各地妈祖文化机构和妈祖敬仰者，特别是中华妈祖文化交流协会的会员单位和妈祖人，要以助力构建人类命运共同体为己任，努力在以下"十个方面"下气力，取得"十个好"的成绩。

一、在大舞台中，扮演好角色

认清形势，找准角色，是做好一切工作的前提。新的一年，要做到"五突出五助推"：第一，突出服务世界和平，在助推构建人类命运共同体的大舞台上发挥积极作用。这是妈祖文化在新时代的新使命。区域上，要以海上丝绸之路为重点，辐射、拓展周边国家与地区妈祖文化的传播；人群上，要以华侨华人特别是世界各地的商会为重点，促进、带动所在国所在地妈祖文化的传播与发展；载体上，要以助力"一带一路"倡议为重点，扩大、推广妈祖文化向全球的传播与发展。第二，突出服务祖国和昌，在助推中华民族伟大复兴的大舞台上发挥积极作用。这是广大妈祖敬仰者的共同初心和愿望。我们要始终不渝地以服务祖国为中心，将妈祖文化更深更广地融入"一带一路"倡议，融入国家海洋发展战略，融入国家乡村振兴计划，融入美丽中国美丽乡村建设，融入社会主义核心价值观教育，融入全国各地方兴未艾的文化旅游的大繁荣大发展的布局中去。第三，突出服务社会和谐，在助推决胜小康社会的大舞台上发挥积极作用。要始终不渝地贯彻落实国家"十三五"规划纲要提出的"发挥妈祖文化等民间文化的重要作用"的战略部署，发挥妈祖文化民间性、大众化、参与面广、影响力大的特点，在我国建设小康社会中，凝聚起大爱、平安、包容等的正能量，为构建民族和睦、社会和谐的大家庭贡献力量。第四，突出服务两岸和合，在助推祖国统一的大舞台上发挥积极作用。要始终不渝地按照习近平主席关于要充分发挥妈祖文化在两岸交流合作中的重要讲话精神,扩大新面孔、新生代和新领域活动成果,全面提升两岸妈祖文化旅游的质量和水平。第五,突出服务家庭和美,在助推人民对美好生活追求的大舞台上发挥积极作用。要始终不渝地把妈祖文化造福于人民作为首要的任务,不断地推进妈祖文化进家庭,真正做到既服务于"国泰",又服务于"民安"。

二、在大契机中,营造好氛围

明年是妈祖诞生 1060 周年,这是做好妈祖文化十年一遇的重大契机。凡事预则立,不预则废。各地各妈祖文化机构一定要提前筹划,提前与当地政府协商,提前研究活动主题与内容,提前列出活动的项目清单,提前落实活动项目的时间、地点、责任人和资金预算,提前将活动计划报送中华妈祖文化交流协会备案。从现在开始,就要着手策划纪念妈祖诞生 1060 周年的总体方案。一是要创新妈祖文化传承与发展的思维模式。各地各单位一定要拿出各自的看家本领、打出各自的文化品牌、亮出各自的历史形象,为上一个十年划个圆满句子,为下一个十年开启新的征程。二是要创新妈祖文化传承与发展的内容与形式。一代人有一代人的历史使命,一代人有一代人的时代任务。各地一定要紧扣当今时代的大背景、大主题,来布局策划各自传承与发展妈祖文化的主题,如"两岸妈祖文化交流""妈祖文化旅游节""妈祖文化服务构建人类命运共同体""妈祖文化服务'一带一路'倡议""妈祖文化服务海洋发展战略""妈祖文化服务社会主义核心价值观教育",还有"妈祖信俗"世遗项目传承与展示、妈祖文化论坛、研讨等。三是要创新妈祖文化活动的体制机制。要大胆借鉴各地办活动的好经验好做法,不管是活动资金的筹措还是活动的组织,都要有活动前、活动中、活动后的科学安排和有序统筹。要加强与中华妈祖文化交流协会的密切联系,协会办公室、传媒部、学术部、联络部等职能部门,以及协会的"一院两队三团"将竭诚地为大家提供各方面的服务,共同把纪念妈祖诞生 1060 周年活动办成具有历史价值和时代价值的文化盛举。

三、在大和合中,体现好作为

新的一年,我们要继续办好以"心灵契合·两岸和合"为主题的海峡论坛两岸妈祖文化系列活动,努力做到"四个立足""四个注重""十个共同"。

"四个立足",即:一是立足乡土文化。要把乡土文化当作开展"两岸妈祖文化系列活动"的主要立足点,通过两岸乡土情缘来推进民心相通,用两岸乡土文化来充实、提升妈祖文化;要把妈祖文化存在的地方当作两岸同胞共同的最大乡愁,让妈祖文化在推进两岸心灵契合中展现出时代风采。二是立足旅游资源。两岸各妈祖文化机构,活动前,要认真策划,整合优化两岸妈祖文化旅游线路,推出丰富多彩的两岸妈祖文化旅游产品;活动中,要致力于打造一批妈祖文化旅游品牌,为振兴两岸妈祖文化旅游经济服务;活动后,要主动和旅游部门合作,巩固和提升两岸妈祖文化系列活动的成果,大力推进妈祖文化景区、妈祖文化公园建设,积极举办各种级别、各种类型的妈祖文化旅游节等。三是立足国学精神。妈祖文化和中华民族的其他传统文化一样,其主要载体是国学,只有接续国学薪火,才能传承好妈祖的文化精神。活动中,可结合学习《三字经》《百家姓》《千字文》等国学启蒙读本,体验践行《弟子规》中关于品德修养、行为规范的内容,花大气力将妈祖文化中立德、行善、大爱的精神要义,与中华文化所倡导的忠、孝、仁、义、礼、智、信等理念相融合。四是立足学习互鉴。活动中,要共同学习妈祖文化的要义和精髓,学习妈祖文化历史与发展,学习妈祖文化的传承与应用。两岸妈祖文化各有优势和特色,在活动中,一定要不耻相师,互相学习,台湾青少年来大陆学习,要回溯源头,传承命脉,寻到民族精神的源头活水;大陆的青少年赴台交流时,一定要认真地考察学习台湾地区对中华传统文化的传承和运用情况,做到两岸取长补短,互相比鉴,共同进步。

"四个注重":一是注重新面孔。就是多请从没来过大陆的台湾同胞,来大陆走走看看。台湾的妈祖文化机构要发挥桥梁和纽带作用,在宣传发动、组织团队时,多把目光投向新面孔,鼓励他们来大陆朝圣、旅游和观光,让他们耳濡目染大陆的妈祖文化和经济社会的发展变化。大陆的妈祖文化机构也要多组织新面孔到台湾去,增进了解。二是注重新生代。就是多请台湾同胞中的年轻一代来大陆。两岸妈祖文化交流的接力棒最终要交到下一代的人手里,要继续通过两岸妈祖文化活动月、夏令营、沙滩音乐节以及结亲会友等形式,吸引青年学生来大陆开展文化交流,增进两岸下一代的情谊和感情。大陆妈祖文化机构在赴台交流时,也要增大青少年的比例和数量,为两岸的年轻一代创造互相了解的平台和机会,为两岸妈祖文化交流的代代相传打下善基,种下福根。三是注重新领域。就是在原有两岸交流的层面基础上寻求更大突破。要从两岸妈祖信俗界的交流,扩大到两岸社会各界；从两岸妈祖学术领域的交流，扩大到两岸整个文化艺术领域；从两岸妈祖人的交流，扩大到两岸全体民众。四是注重新形式。就是要在认真总结提升海峡两岸青年歌会、海峡两岸妈祖文化创意产业对接交流会、两岸信众家庭同谒妈祖、海峡两岸民宿旅游产业论坛、莆台工艺美术交流、海峡两岸妈祖书画作品展、"湄洲之夏"·海峡两岸流行乐团邀请赛等活动的基础上，紧扣"海峡情·妈祖缘·青春曲"的主题，持续不断地推出海峡两岸共同的重头戏，吸引更多的两岸青年代表、妈祖信众代表前来参加，心向妈祖，同台献艺，唱响祈盼统一、两岸一家亲的主旋律。

"十个共同"：一是共赏妈祖非遗。妈祖祭典，是人类非物质文化遗产代表作"妈祖信俗"的主要内容，活动中要通过举行向妈祖三献礼等仪式，充分展示妈祖非遗的文化魄力和核心价值。二是共承国学精粹。活动中，要在妈祖大学堂、妈祖文化室等妈祖文化机构，举办形式多样的国学班，大力弘扬妈祖精神，传播中华民族优秀传统文化。三是共度传统节日。活动周，适逢中华民族传统节日端午节期间，要组织两岸妈祖人现场体验各地赛龙舟、挂菖蒲、包粽子、煮艾蛋、尝节糕、驱五毒、点吉符等民间习俗。四是共缔多层结对。活动中，可以是区域结对，也可以是机构结对；可以是家庭结时，也可以是自然人结对。通过结对，建立长期的联谊交流机制。五是共研妈祖学术。活动中，要有意识地组织部分妈祖文化专家学者参与，通过举办妈祖文化讲座、妈祖文化研讨会等形式，开展两岸妈祖文化学术交流活动。六是共做妈祖慈善。妈祖文化是一种大爱文化。要把开展妈祖慈善活动和志愿服务，当作两岸妈祖文化系列活动的一项重要内容，统筹考虑，一并安排。七是共鉴妈祖文物。妈祖文物承载着丰富的历史和文化。活动中，要多组织参观鉴赏两岸的妈祖文物，增强保护和传承妈祖文物的意识，增强妈祖文化自信和历史自豪感。八是共游妈祖景区。活动中，要有计划地安排到美丽乡村、幸福家园参观考察，增进台湾同胞对大陆经济社会的了解；要多组织到博物馆、少年宫和文化创意园学习，特别要注意安排到各地著名的妈祖景区参观学习先进经验，回去后努力将各自的妈祖文化场所建成一个地方的文化旅游景区，成为广大民众的精神家园、文化乐园和生活福园，实实在在地造福一方，惠及百代。九是共办文艺活动。要结合活动的主题需要，安排富有本地民间特色的社戏、歌舞、礼乐等，增添两岸交流的文化氛围。十是共促经贸合作。活动中，要与当地政府和有关方面协作，推出一批招商引资项目，在妈祖文化交流中，助推招商引资，服务经济社会发展。

四、在大媒体中，传播好声音

新的一年，妈祖文化的宣传工作要努力在5个方面取得实实在在的成效：一是举办"两岸连线·同谒妈祖"纪念妈祖诞生1060周年现场直播活动。这个活动是历史性的，湄洲妈祖祖庙、台湾鹿港天后宫等带了好头，目前有联合举办意向的两岸妈祖宫庙有5家。时间选在农历三月二十三日妈祖诞辰日，地点选在两岸有代表性的妈祖宫庙，直播内容选择两岸最有代表性的妈祖信俗的精华，直播的平台选择《人民日报》海外网等中央级媒体网络，预计网上收看人数将会突破1亿人次大关。每年妈祖诞辰日举办一次，每次直播前、直播中、直播后均进行盛大宣传，广为播扬。二是与《人民日报》海外网等深度合作，推动妈祖文化全媒体矩阵上线。依托与《人民日报》海外网签订战略合作的契机，全面整合现有妈祖文化传媒资源，通过强强联手，优化妈祖文化资源配置，进一步将妈祖文化内容进行整合深耕，打包捆绑，通过持续、优质的内容输出，形成全球妈祖文化的IP，并把妈祖文化的IP输出到以人民日报、新华社、中央电视台领衔的全媒体矩阵。三是建成全球妈祖人共享的互联互通的智慧妈祖网络。妈祖文化走到了信息网络时代，我们要倾力建设一个横联世界五大洲、纵贯万个妈祖文化机构、服务3亿妈祖敬仰者的全球性妈祖文化传播网络。四是加强和完善中华妈祖文化协会信息员队伍建设。目前，妈祖信息员队伍发展不平衡，较大地制约了大传媒格局的形成。各地要从妈祖文化继往开来、后继有人的大视野出发，大力培养妈祖文化的网络新人，让懂技术会信息的年轻文化人进入各妈祖文化机构，进入中华妈祖文化交流协会信息员队伍。协会将继续对广大信息员进行培训，使之成为拥有妈祖新闻通讯员、妈祖文化普查员、妈祖事务联络员、妈祖学堂辅导员、妈祖景区讲解员等"五大员"的重要角色，担负起信息时代妈祖文化发展的新使命。五是《中华妈祖》杂志争取跻身国家名刊之列。《中华妈祖》杂志是中华妈祖文化一张闪光的名片，要适应新形势的发展，以妈祖文化独特的优势和特色，改革创新，锐意进取，开创一条与新媒体融合发展的新路子，大胆地向国家文化名刊、世界文化特刊迈进。

五、在大交流中，凝聚好力量

交流是协会工作的主旋律。新的一年，要着重在三个创新上做文章。一是创新交流的内容，集聚起妈祖文化服务经济社会的力量。妈祖文化像个浩瀚的海洋，我们要从世界和平、人类福祉、经济发展、生态文明、经略海洋、文化艺术、伦理道德、人文风尚、慈善救济、民间习俗及科学文化等诸多方面，不断挖掘、优化和创新妈祖文化的内涵。近年来，我们在一些领域进行了有益的探索，但还很不够。为了适应妈祖国际性的需要，顺应广大妈祖文化机构的要求，协会根据国务院深化标准化工作改革方案文件精神，以及《关于培育和发展团体标准的指导意见》（国质检标联〔2016〕109号）等有关规定，按照先急后缓、先易后难、粗细适宜、切实可行的原则，下发了《中华妈祖文化交流协会团体标准管理办法（试行）》的通知，得到了各方面的积极响应。各地要结合实际，齐心协力做好这项工作，切实解决妈祖信俗用品材质不够圣洁、制作不够规范、传承不够准确、管理不够科学等问题，为妈祖文化在世界的科学传播与可持续发展做贡献。二是创新交流的形式，集聚起妈祖文化合作的力量。新时代的妈祖文化交流形式，必须实现大转变、大整合、大创新。要从烧香拜拜，走向妈祖信俗的世遗传承；从看戏热闹，走向乡土文化与旅游资源的高度融合；从山村海角，走向对全国乃至世界发挥积极作用的崇高殿堂。交流中，要用历史文物说话，用文化阵地说话，用艺术团体说话，用特色民俗说话，用非遗精品说话。三是创新交流的机制，凝聚起妈祖文化大爱的力量。一方面，要大力打破狭窄的封闭的落后交流方式，坚决改变个别妈祖文化机构闭门自守，既不走出去，又不请进来，不交流、不合作的状况；另一方面，要坚决克服不注重文化内涵的低效交流、不注重活动主题的盲目交流、不注重活动成果的形式交流。要认真总结妈祖文化交流的成功经验，形成一整套可供各地妈祖文化机构学习比鉴的交流制度、管理办法和评价体系，推动妈祖文化交流的科学化、国际化。

六、在大活动中，发挥好作用

实践证明，妈祖文化，只有活动，才有活力。新的一年，我们要继续发挥优势，实施妈祖文化国际品牌"双五工程"。第一，要巩固提升五大传统品牌：一是天下妈祖回娘家，二是湄洲妈祖巡天下，三是海峡论坛妈祖文化活动周，四是争当妈祖人·勤做公益事——妈祖慈善志愿服务，五是世界妈祖文化论坛——中华妈祖文化交流协会平行论坛；第二，要培育打造五大新锐品牌：一是赞歌颂党恩·礼乐献妈祖——中华妈祖十音八乐大汇奏，二是颂唱妈祖·感恩父母·立志成材·报效祖国——中华妈祖平安成人礼，三是中华妈祖大学堂国学班，四是两岸连线·同谒妈祖——全媒体网络大型现场直播，五是中华妈祖奖学助学系列活动。

各地妈祖文化机构要积极配合、认真实施妈祖文化品牌战略，同时要立足本地，创出各自的妈祖文化品牌，如妈祖文化的乡村品牌、妈祖文化的县市品牌、妈祖文化的省级乃至国家级品牌。妈祖文化品牌的培育打造工作，要参照协会的做法，努力做到有机构依托，有计划安排，有项目申报，有展示宣传，有公信支持，有领导主抓。

七、在大研究中，探寻好思路

妈祖文化的自信，首先来源于理论的自信。新形势下，我们要集中精力，研究好三大类的问题。一是关于如何贯彻落实党和国家对妈祖文化提出的希望和要求。近年来人们普遍关心的是国家对妈祖文化的方针政策。新的一年，妈祖文化的研究一定要有针对性，并形成热度，特别是对如何贯彻习近平主席关于妈祖文化重要讲话的研究，对如何落实国家"十三五"规划纲要关于妈祖文化战略定位的研究，对如何发挥妈祖信俗积极作用的再研究，都要逐一形成研究专题，形成研究风气，形成研究成果。二是关于妈祖文化对当代经济社会的积极影响的问题。理论要为实践服务。当前妈祖文化研究的重点，要放在研究如何为构建人类命运共同体服务上；放在研究如何服务世界和平、社会和谐、民族和睦、国家和昌、两岸和合、家庭和美上；放在研究如何打造妈祖文化的国际品牌上；放在研究如何推动妈祖文化的广泛传播和有效发展上。三是研究好妈祖文化的热点问题。当前最大的热点是妈祖文化与宗教的关系问题。妈祖学术研究要直面这个问题，正确回答、准确解读、明确定位这个问题。协会学术部在调研中，发现如下突出的问题：一些地方，对妈祖文化的核心要义理解不深不透，存在认识上的偏差，对妈祖文化缺乏自信；个别地方，一些机构，借国家宗教政策调整之机，把本应由文化部门主管的妈祖文化简单地划归宗教部门管理；个别地方，在妈祖文化机构中，强行安排宗教神职人员参与管理；也有个别地方，将露天妈祖塑像视为宗教塑像列入整改对象；等等。这些都是对妈祖文化定位的曲解，是不正确的。妈祖是一种民间文化，不是宗教。妈祖文化研究者的使命和责任，是科学、系统地阐述好这个命题，这是国家已经定性的严肃问题，不容理论上的质疑和理念上的偏差。

八、在大公益中，体现好爱心

一方面，要继续做好妈祖慈善事业。妈祖文化是一种善行天下的崇高事业，需要我们一代代人在这个公益慈善的道路上接力前行、无私奔跑。作为妈祖文化机构，我们的义务和责任就是要积极推动妈祖慈善事业的大发展、大播扬，并将广大妈祖敬仰者的善心善意、善款善物用在妈祖慈善事业的善行善举上。当前，我们要积极响应国家的号召，将妈祖慈善有效地融入国家精准扶贫战略，形成妈祖大慈善、大公益的格局，内容包括：（1）救助自然灾害、事故灾难和公共卫生事件等突发事件造成的损害；（2）促进教育、科学、文化、卫生、体育等事业发展的公益活动；（3）防治污染和其他公害，保护和改善生态环境等大爱活动；（4）扶贫、济困、扶老、救孤、恤病、助残、优抚等慈善活动。另一方面，要大力发展妈祖志愿服务。协会的妈祖志愿服务总队已成立三年，世界各地也成立了许许多多的妈祖志愿者团队、义工团队、志工团队等，各妈祖文化机构要担负起责任，健全慈善机构，配备专门管理人员，制定统一规范、服务有序的慈善制度，全面推进妈祖慈善志愿服务。同时，进一步推进各地妈祖文化设施建设。妈祖文化设施建设的资金，主要来源于社会捐赠和民间善款。各妈祖文化机构要健全和完善财务监管机制，管好用好这些钱。设施建设要依法依规进行，遵守国家有关规定，要花得合理，用得和谐。

九、在大服务中，展现好风采

协会是妈祖人之家。为世界各地妈祖文化机构和妈祖敬仰者提供优质高效的服务，是我们所有工作的出发点和落脚点。新的一年，我们要在开展妈祖人队伍建设年的基础上，把协会的各项服务工作引向深入。第一，大陆的妈祖文化机构，特别是有成立中共党组织的妈祖文化机构和共产党员，一定要认真学习贯彻习近平新时代中国特色社会主义思想，主动投身到"不忘初心，牢记使命"主题教育中，全面落实"守初心、担使命，找差距、抓落实"的总要求，并将总要求贯彻落实到弘扬妈祖文化的全过程和各个方面。坚定不移地坚持"三个一流"的创建目标，即，将中华妈祖文化交流协会，打造成政府信任、妈祖高兴、社会满意、群众拥护，能带领和垂范全体妈祖文化工作者走向新时代的一流的妈祖人之家；将各妈祖文化机构，打造成始终走在弘扬妈祖文化前列、善于协调和处理妈祖文化交流事务的一流的妈祖文化基层组织；将全体妈祖人队伍，打造成有信念、有文化、有善行、有规矩的一流的妈祖文化群体。第二，坚定不移地为会员单位和广大妈祖人提供大文化服务。包括帮助建设妈祖大学堂、妈祖文化室、妈祖文化信息点、妈祖志愿服务队，帮助申报和升级妈祖文物、妈祖非遗保护单位，帮助撰写宫史庙志、妈祖楹联、妈祖祝文、妈祖文化活动文案，帮助组织规范妈祖祭典、妈祖巡安和各种妈祖文化旅游活动。第三，打铁先得自身硬，协会严字当头抓队伍，真抓实干当表率。我们提出了"六条自律标准"，即，信念明显坚定，素质明显提升，善行明显增强，管理明显规范，机制明显完善，作用明显发挥。请各位会员共同监督。

十、在大团结中，树立好形象

团聚最喜悦，团圆最幸福，团结最有力。这是习近平主席在2018年春节团拜会上讲的一句话，对我们很适用。新形势下，如何在中华妈祖文化交流协会这个大家庭中实现大团结，关系着未来妈祖文化事业的兴衰成败。古语云，齐则有序，齐则有效，齐则有力。各妈祖文化机构一定要在以下三个方面加强和夯实团结的基石。一要始终不渝坚持正确的办会方向，旗帜鲜明坚定工作机构的"文化"性质。协会和各妈祖文化组织要严格按照国家定义和《中华妈祖文化交流协会章程》规定，逐步纠正将文化做成宗教的偏差，严防邪教的渗透，确保妈祖文化的神圣性和妈祖人队伍的纯洁性。二要健全妈祖人的工作机构。中华妈祖文化交流协会希望有条件的地区都要成立妈祖文化交流协会。各妈祖文化活动场所要依法申报、设立妈祖文化组织。遵循《中华妈祖文化交流协会章程》规定，各妈祖文化机构的管理组织、相关理事会（董事会）要依照国家法律法规和协会章程设立，管理成员经民主协商推选，选拔有责任心、工作能力强、甘于奉献、清正廉明的人员担任领导。要聚天下英才而用之，实行更加积极、更加开放、更加有效的妈祖文化人才战略，以识才的慧眼、爱才的诚意、用才的胆识、容才的雅量、聚才的良方，把海内外的妈祖文化人才集聚到妈祖人队伍中来。三要提高妈祖人的素质水平。坚定妈祖文化自信，筑牢妈祖人的信念。勤读妈祖书，争当妈祖人，乐做妈祖事。坚守妈祖文化自律，树好妈祖人的形象。坚持严管和厚爱结合，激励和约束并重，着力解决一些基层妈祖文化组织弱化、虚化、边缘化问题。加强妈祖人法制和纪律教育，做到知敬畏，存戒惧，守底线。

第二部分
宫庙与祭祀

春秋二祭

● 4月26日（农历三月二十二日），福建莆田文峰宫举办法事道场醮筵活动。4月27日（农历三月二十三日）上午举办"妈祖千秋华诞庆典演出"，晚上举行文艺踩街绕境活动。妈祖诞辰日，到文峰宫烧香的妈祖信众络绎不绝，烧香祈福同谒妈祖。4月28日（农历三月二十四日）上午，举行"三献礼"祭典活动。

● 4月26日（妈祖圣诞前夕），台湾竹北市天后宫为恭祝天上圣母圣诞千秋，欢迎善信与子女至宫参拜，以表契子之诚敬。4月27日，天上圣母1059年圣诞，恭祝妈祖圣诞万寿庆典，上午10时，举办祝寿三献科仪。

● 4月27日零点整，福建湄洲妈祖祖庙成为烟火的海洋，欢聚在湄洲祖庙的妈祖信众，为妈祖诞生1059周年唱生日歌，放礼炮庆祝。湄洲妈祖祖庙董事会用心准备了妈祖的生日派对，由天后艺术团副团长谢淑真主持。

● 4月27日（农历三月二十三日），妈祖诞生1059周年纪念日。妈祖故里湄洲岛，"纪念妈祖诞生1059周年大会暨春祭妈祖大典"在湄洲妈祖祖庙天后广场举行。来自泰国、越南、马来西亚、美国、阿根廷以及中国台湾、香港、澳门和大陆（内地）各省市的妈祖敬仰者近万人欢聚圣地。来自莆田地区20多支民俗表演队上场助兴，精彩的表演使得活动场面热闹非凡。

● 4月27日，福建霞浦松山天后行宫两岸信众齐聚，共同为"海上和平女神"妈祖诞生1059周年庆生，冀望两岸和平。上午，松山天后行宫举行国家非遗"妈祖祭典"春祭典礼，两岸信众统一着装、身披绶带，在该宫董事会董事长陈梅月的带领下向妈祖像行三跪九叩之礼，依次完成迎神上香、三献之礼、诵读祝文等传统祭祀礼仪。

● 4月27日，天津天后宫在正殿站台举行妈祖诞生1059周年庆典活动，进一步弘扬妈祖文化与传播津域民俗。天津的妈祖诞辰活动具有鲜明的津域文化特色。天津天后宫，俗称娘娘宫，始建于元泰定三年（1326），距今已有693年历史。1995年，天津天后宫恢复天后诞辰庆典。

● 4月27日，新北市市长侯友宜昨天一早就到慈惠宫上香并顺赠圣德参天匾额，还为绕境点起马炮。慈惠宫的"板桥妈"上午先车巡整个板桥市区，下午则步巡慈惠宫附近的8个里，为当地居民祈福。

● 4月27日，新北市金包里慈护宫发放2400颗寿桃，同时捐赠6000斤平安米给北海岸地区弱势民众。

● 4月27日，竹南镇后厝龙凤宫举行恭祝湄洲天上圣母圣寿祀宴、圣父母春季典礼及祝寿大典，恭祝湄洲天上圣母1059周年圣诞千秋，祈求风调雨顺，家庭幸福美满，内外街庄合境平安。

● 4月27日，台湾台中市神冈区，新和宫举办天上圣母圣诞绕境活动。8点举行祝寿典礼，并备有平安圆供信众享用。8点30分起驾绕境，并开始诵经。15点庙埕有大戏，向妈祖祝寿。绕境回銮后，一起享用平安宴。

● 4月27日，云林北港朝天宫举办妈祖圣诞绕境活动，今年云林县政府与北港朝天宫扩大举办，由云林县工艺师合力打造一辆特色艺阁，盛况空前。共有39座艺阁参加妈祖绕境祝寿活动，经评审共选出金龙奖3名、金凤奖6名、金狮奖9名，27日晚上所有艺阁绕行市区后在庙前集合，参加颁奖典礼并为妈祖祝寿，得奖艺阁把荣耀献给妈祖，祈求来年再获好成绩。

● 4月27日，由山东烟台市文化和旅游局、烟台市人民政府台港澳事务办公室主办，烟台市博物馆学会、烟台市莆田商会、烟台市旅行社协会承办的"2019烟台天后行宫妈祖文化节纪念妈祖诞生1059周年春祠祭典表演"，在烟台天后行宫举行。

● 4月27日，香港油麻地天后庙，曾停办活动超过50年的"花炮冲神仪式"今年第二年复办活动。贺诞活动中午12时开始，东华三院代表参与酬神仪式，先在天后庙前上香、献酒，然后在"天后诞滚动条"盖上启、风、调、雨、顺的印，寓意风调雨顺，万事如意。贺诞的重头戏是花炮冲神仪式，花炮队将一个近4米高、用竹扎起的花炮，抬起冲向天后庙前，并鞠躬行礼，表示向天后娘娘报喜。

● 4月27日，澳门妈阁庙值理会举行己亥年妈祖阁恭贺天后元君宝诞法会，祈求妈祖恩泽四海、厚德归民、百业兴旺、社会和谐。值理会主席柯万乘，值理柯万国、林国华，监事会主席蔡昌明，秘书林家璇等，联同澳门文化局代表苏建明、澳门文献信息学会理事长杨开荆等及在场善信列队持香参拜。

● 4月27日，越南平阳省台湾商人的信仰中心"巧圣庙"举行天上圣母妈祖诞辰典礼。主任委员蔡炳烈、平阳台湾商会会长吴俊莹及信众逾300多人参加，现场一片喜气洋洋。

● 4月27日，泰国南瑶妈祖宫举行妈祖圣诞祝寿大典暨花灯展。大典开始前主办单位安排精彩祥狮献瑞及电音三太子表演，带动全场热闹的气氛，现场全体信众随后参与过七星桥、棱轿脚等台湾民间祈福仪式，祈求旅泰台湾乡亲都能事业发展、平安幸福。晚间并举行祝寿福宴。

● 4月27日，马来西亚雪隆天后宫（海南会馆）举行2019年妈祖千秋宝诞1059周年祭祀大典暨绕境巡安（增江新村北区）活动。在绕境队伍当中，最吸引人眼球的就是99名手持扇子，穿着蓝色大海衫、红黑裤子，梳着传统湄洲女发髻的阵头。

● 4月27日，新加坡天福宫为庆祝妈祖宝诞，第四年举办迎神赛会，妈祖神辇起驾出巡绕海一周的重点活动，吸引了数千名善男信女出席。另有法会、慈善晚宴及歌台。

● 4月27日，日本东京妈祖庙举行天上圣母妈祖娘娘——圣诞千秋、圣寿无疆典礼，举行了庄严殊胜的浴圣母仪式。

● 4月27日，澳大利亚悉尼数百名华人华侨在悉尼天后宫参加妈祖宝诞庆典和祈福仪式。悉尼天后宫创办人刁振谋介绍说，6月30日将在悉尼郊区卡柏马塔市（Cabramatta）举行妈祖巡安大型活动。

● 4月28日，澳大利亚墨尔本天后宫理事会在天后广场设坛，焚香膜拜，隆重举行庆祝天后娘娘第1059年宝诞盛典，继而在天后宫会展中心御膳堂举行祷颂天后圣德联欢大会，筵开40余席。当天出席贵宾有：中华人民共和国驻墨尔本总领馆曾建华副总领事，维多利亚省国会议员侯凯蒂，玛丽比侬市市长马丁雅哈鲁，维多利亚省多元文化专员陈之彬等。

● 5月20日，台湾财团法人金包里慈护宫董事长游忠义说，慈护宫与其他妈祖庙不一样，农历四月十六日才开始欢庆妈祖圣诞，而每年的海岸绕境活动，庙内的开基大妈与其他宫庙的妈祖会陪同二妈回娘家。

● 10月7日，农历九月初九日是妈祖羽化升天1032周年纪念日，"妈祖故乡"福建省莆田市湄洲岛举行盛大纪念活动。马来西亚麻坡天后宫、印度尼西亚林氏宗亲会，台湾北港朝天宫、新港奉天宫和台湾圣母二妈协会，以及180家闽南地区宫庙共襄盛举，数万名海内外妈祖信众共同观礼。

● 10月7日，湄洲岛隔海北岸贤良港天后祖祠，海内外妈祖信众及各界人士5000多人齐聚，参加妈祖海祭大典。同日贤良港天后祖祠挂牌成为福建省对台交流基地，贤良港天后祖祠董事会董事长林自弟分别向台湾安平天后宫、新港奉天宫、大甲镇澜宫授予捐建纪念牌匾。

● 10月7日，福建莆田文峰天后宫举行妈祖秋祭大典活动，广大妈祖信众齐聚文峰宫新殿同祭妈祖，共享平安。

● 10月7日，美国妈祖基金会、美国妈祖庙隆重举行妈祖羽化成神1032周年纪念日活动。座谈会现场开展了"九九重阳节、孝德感恩慰问"和"保护地球家园、倡世界和平"签名仪式，为与会华人华侨提供吉祥面、平安八宝粥等。美国妈祖基金会董事长朱荣斌，主席黄明萍，创会主席黄升发，副主席薛建民、陈金春、李沣庭，顾问谭康建，法师廓智等近百名信众、华人华侨和小区领导出席座谈和慰问、爱心使者签名活动等。

● 10月7日，加拿大中华妈祖文化交流协会以及加拿大中华湄洲妈祖庙，及协办方加拿大天妃艺术团，在加拿大安大略省万锦市124 Dickson Hill Road的中华天后宫妈祖庙，隆重举办妈祖羽化成神1032周年秋祭大典，逾300位妈祖信众参加了祭典。

● 10月7日，福建厦门朝天宫举办了天上圣母圣诞秋祭大典，有法师诵经、志工表演、台湾三太子舞狮、歌仔戏表演等活动，吸引了众多信众。朝天宫联合众多企业、多家医院帮助小区居民义诊并展开济世活动。

● 10月10日，第十七届澳门妈祖文化旅游节开幕典礼暨妈祖祭典仪式在澳门迭石塘山妈祖文化村（澳门天后宫）举行，全国政协副主席何厚铧出席。一连四日活动，包括开幕式、旅游推介会、澳门天后宫妈祖绕境和妈祖驻驾佑汉公园、专场文艺演出等。执委会主席陈明金期望借活动把妈祖文化发扬光大，促进澳门与各地经贸文化交流。2019 年邀请到海南省为协办单位。

● 10 月 17 日，台湾台南大天后宫举行秋祭妈祖典礼。按照仿古礼进行，邀请台南市市长黄伟哲担任正献官，大天后宫主委曾吉连及友宫庙代表、顾问等，担任陪祭官。

习俗活动

【海内外信众参加湄洲妈祖祖庙跨年活动】

1月1日凌晨，湄洲妈祖祖庙灯火通明。来自海内外的上千名妈祖信众代表，相聚妈祖圣地，参加庄严而隆重的跨年祈福典礼。圣旨门广场前，猜灯谜、拍福照、许心愿，来自五湖四海的妈祖信众和游客用各自的方式告别2018年，迎接2019年。祖庙妈祖大学堂内，饱含两岸文化元素、富有湄洲风情的迎新晚会吸引众多游客观看。天后宫前，323名湄洲女点灯祈福。

【江苏昆山慧聚寺演出台湾布袋戏】

1月1日，台商出资修建主祀妈祖的昆山慧聚寺，从台湾请来闽台阁掌中剧团，在慧聚广场演出3天布袋戏。附近高中知道后，校长还主动来要求到校加演。江苏省是大陆对台经贸交流重镇，据江苏省台办官网，江苏吸引利用台资总量连续15年位居大陆第一；其中，投资30亿美元的台积电南京12英寸晶圆厂2018年10月31日正式量产，为江苏盛事。

【新港奉天宫妈祖文化节开锣】

1月12日晚，嘉义县新港奉天宫举行"2019国际妈祖文化节"开锣晚会，由嘉义县县长翁章梁、奉天宫董事长何达煌、台湾地区民意代表陈明文、新港乡乡长林茂盛，及93岁书法大师陈岳山贤伉俪陆续敲下响锣，为2019年文化节拉开序幕。

【台湾妈祖联谊会第 41 次大会在台中大里振坤宫举行】

1月13日,台湾妈祖联谊会于台中市大里区振坤宫举行第41次会员大会,同时庆祝振坤宫重建18周年,吸引103家妈祖宫庙共襄盛举。

【中天电视频道播《蓬莱馨香妈祖》】

1月20日,台湾中天电视频道播《蓬莱馨香妈祖》专题节目。特别介绍,北港妈祖来自大陆福建省湄洲天后宫,并于1694年(清康熙三十三年)驻留在北港,供奉超过300多年的香火,传至全世界20多个国家。参加"世界妈祖会北港"活动的队伍中,有一支专程从南非开普敦朝天宫远道而来。

【台北市关渡宫春节赏花灯与献血活动】

1月25—29日,关渡宫举办"春节赏花灯"活动。1月27—29日,关渡宫举办献血活动。

【台南市鹿耳门天后宫封印大典】

1月29日,鹿耳门天后宫清晨举办封印大典,号角长鸣、鞭炮声响。刘珍琳担任封印大臣,经火化去年喜神令牌、望燎等仪式,恭送诸神回天庭,现场充满准备过新年的气氛。农历十二月二十四日为送神日,依传统民间习俗,众神于送神日回天庭复旨,民间宗庙祀典用器、礼乐器、印玺等均在封印大典举行圆满褒封仪式,称"圆坛"。同时宣告鹿耳门天后宫文化季揭开序幕。

【南瑶宫春节抢头香祈福活动】

2月4日农历除夕,台湾彰化市南瑶宫春节"抢头香祈福"活动,于本日晚11点正式登场,掷筊求钱母的时间为大年初一至初三日,连续3天。南瑶宫管理人彰化市市长林世贤指出，南瑶宫插头香活动已有缜密安排。南瑶宫香火鼎盛，在大陆以及泰国、日本、美国等地均有分灵宫庙。

【云林西螺妈祖庙春节发红包，有美元也有印度尼西亚盾】

2月4日除夕夜，台湾云林县西螺镇福兴宫除了抢头香活动，还发放6600个美元红包，每年都吸引超过万人排队参与，庙方今年再加码1000个美元红包共7600个。另外西螺广福宫也准备5000个红包，里面放每张面额10万元的纸钞印度尼西亚盾，约新台币260元，只要到庙掷杯，神明点头就能拿到。

【湄洲妈祖祖庙举行新春祈年典礼】

2月7日农历正月初三日，己亥年新春祈年典礼在湄洲妈祖祖庙天后殿举行，依照湄洲岛民间祈年礼俗仪式，按进表、建坛、诵经、进供有序进行。近千名妈祖敬仰者齐聚湄洲岛烧高香祈五福，同谒妈祖，共祈风调雨顺、国泰民安。主祭人与众陪祭人向妈祖行三献礼，依次献上寿酒、寿桃与寿面。规模盛大、内容丰富的祈年盛典吸引了众多游客驻足观礼。

【2019台中妈祖国际观光文化节——百年宫庙风华】

2月9日农历正月初五日，2019台中妈祖国际观光文化节——百年宫庙风华活动展开。有大甲镇澜宫、新社九庄妈、南屯万和宫、大庄浩天宫、台中乐成宫、梧栖朝元宫、台中万春宫、丰原慈济宫、社口万兴宫、大里杙福兴宫、北屯南兴宫、大肚万兴宫等12个宫庙超过40组表演团队参加。

【台中溪州后天宫"溪州妈揪大家趣春游"活动】

2月9日，大家跟溪州妈一起趣游丰原和后里。报名地点：溪州后天宫（彰化县溪州乡东光路20号）。

【台北市南港妈祖光影展】

2月16日至4月27日,举办"妈祖光影展",这是大甲妈祖百年来首度驻驾台北,现场建置妈祖临时行宫,供民众参拜及现场"棱轿脚"祈福,祈愿展现妈祖的慈爱、悲悯,庇护普罗众生。除此之外,也可以免费参观妈祖光雕、玩互动光影、买限量的福袋,这是一项结合艺术与传统文化的展览。

【越南平阳省土龙木市天后宫元宵绕境】

2月19日农历元宵节,越南平阳省省会土龙木市天后宫举行2019年天后宫绕境巡游盛会,祈求风调雨顺、国泰民安。当地及邻近各省、胡志明市30多个团体参与巡游活动。天后宫巡游队伍由当地各华人会馆装饰靓丽的花车,穿着民族服装的华人代表,数十个华人龙狮团、鼓乐队、旌旗队、八仙队、花篮队等组成。

【福建莆田文峰宫妈祖元宵尾暝灯】

3月5日,莆田文峰宫举行了隆重的妈祖元宵尾暝灯活动。来自马来西亚、新加坡,以及天津、广东、上海、湖北、广西、福建、台湾、香港、澳门等地的妈祖宫庙和妈祖文化机构代表也参与活动。莆田市推出以"妈祖爱元宵长"为主题的元宵文化旅游月活动。荔城区文化馆等部门也特地策划举办莆阳宋城庙会。

【广西妈祖文化机构和宫庙代表参访厦门朝宗宫】

3月6日,福建省厦门朝宗宫首次迎来广西妈祖文化机构和宫庙一行20人的参访交流团。包括广西合浦倒流九头古庙、北海市妈祖文化联谊会、北海市涠洲天后宫、北海电建天后宫、北海白屋猴王天后宫、北海高德武神天后宫、合浦平田清惠宫和北海红花天后堂的客人。

【2019 北台湾妈祖文化节】

3月14日上午11时许,由宜兰林姿妙县长以掷筊方式请示南方澳南天宫妈祖,第一次圣杯就同意在农历八月初八日(9月6日,星期五)举行3天的2019北台湾妈祖文化节。这是林姿妙县长落实的政见之一,推动宜兰观光产业,举办2019北台湾妈祖文化节——宜兰妈祖荫台湾活动。

【桃园龙德宫四妈祖绕境回銮　逾4000人相随】

3月17日,台湾桃园龙德宫"四妈祖"为期8天的绕境结束。从9日深夜出发,沿途驻驾新竹竹莲寺、苗栗玉清宫、台中万和宫、鹿港天后宫、清水紫云岩、后龙慈云宫及湖口显圣后宫。龙德宫祖庙为麦寮拱范宫。17日回銮进入桃园市区后,至桃园慈护宫、景福宫等宫庙参香,沿路吸引逾4000名信众随同徒步绕境,不少民众在路边设香案迎接,桃园市市长郑文灿也到龙德宫亲自接驾,场面热闹。

【台湾镇清宫296名妈祖信众赴湄洲妈祖祖庙进香】

3月22日,台湾台中丰原镇清宫主任委员翁火墉率296名信众到湄洲妈祖祖庙进香,祖庙副董事长庄美华、吴国春率董事会成员前往码头迎接远道而来的客人。进香团还在天后宫举行诵经仪式,并于3月23日早上举行分灵妈祖刈香掬火等仪式。

【江苏昆山慧聚寺开"中华妈祖国学班"】

3月23日,第四期"中华妈祖国学班"(原"大爱妈祖国学班")在昆山慧聚寺昆山妈祖文化交流协会活动中心举办。此次中华妈祖国学班是昆山"海峡两岸交流基地"授牌仪式暨第八届海峡两岸(昆台)文化交流月活动中的一项内容,此外还有妈祖圣迹青花瓷版展、两岸书画家联谊活动等。

【广东陆丰南沙两地开展妈祖人文化交流活动】

3月29—30日，广州南沙区旅游发展有限公司负责人率领广州南沙天后宫团队，专程抵达福山妈祖文化主题园区与陆丰市妈祖文化研究会、福山天后宫进行座谈，这是两地的又一次妈祖文化交流。

【北港朝天宫妈祖分灵至福建晋江】

3月31日，北港朝天宫副董事长蔡辅雄率台北圣昭妈祖文化交流协会、高雄妈祖弘道促进会、基隆九皇宫等主委和委员护驾北港妈祖神像分灵至晋江九龙寺，受到当地信众的热烈欢迎。

【迎妈祖：今生最幸福的相遇——2019妈祖征文比赛】

4月1日，全台湾唯一以妈祖信仰文化为主题的征文比赛开始。由台中市政府文化局主办的第四届妈祖征文比赛，以"迎妈祖：今生最幸福的相遇"为主题，邀请民众以散文形式为创作题材，字数1500~2000字，题目自定义，参赛作品不限区域、年代，征稿对象不限年龄、国籍和居住地，2019年7月15日截止收件。

【妈祖信俗国际论坛及两岸合作编撰《妈祖文化志》在台首发】

4月4日，台中大甲镇澜宫特别配合2019年大甲妈祖国际观光文化节，举办妈祖信俗国际论坛，在大甲镇澜宫文化大楼举行。莆田学院副校长宋一然到大甲参与论坛，他指出，莆田学院在弘扬妈祖文化上，都是比较传统。自从与台湾妈祖文化进行交流后，看到台湾传播妈祖文化用文创手法，达到更好效果后，也让莆田学院采用了文创手法进行宣传，如制作妈祖文化明信片、妈祖文化门联设计比赛等。而两岸共同合作编撰的《妈祖文化志》经过10年的筹备，终于在大甲妈祖周日展开绕境之旅起驾前夕，于4月4日问世。马英九、妈祖联谊会荣誉会长颜清标、妈祖联谊会会长郑铭坤，以及两岸相关来宾共同出席会议，上千人共同见证。

【《台湾妈祖与马祖》入围艾美奖】

4月4日,妈祖文化跃上国际舞台。台湾交通事务主管部门下属观光局与美国公共电视网(PBS)热门旅游节目 Joseph Rosendo's Travelscope 联合制作《台湾妈祖与马祖》(Taiwan Matsu Festival and Islands),入围第46届日间创意艺术艾美奖。艾美奖为美国电视界最高荣誉。主持人罗森度介绍台湾民间信仰妈祖文化与马祖的关系,将大甲妈祖文化节与妈祖在马祖巧妙联结。

【大甲镇澜宫与哈雷机车队两天环台莅临鹿耳门天后宫】

4月4日,开始大甲镇澜宫与哈雷机车队两天环台为民祈福之旅。此为两日一夜的活动。首日莅临台南市鹿耳门天后宫休息用餐,之后全体大合照,然后全员出发往下一个目的地。

【台中大甲镇澜宫妈祖绕境进香开始】

4月7日(农历三月初三日),大甲镇澜宫妈祖绕境晚间10点整起驾。大甲妈祖绕境可说是全台妈祖诞辰活动中规模最大、受到最多关注的,被美国 Discovery 电视频道誉为世界三大宗教活动之一。

【苗栗白沙屯妈祖北港进香】

4月8日凌晨1点20分,白沙屯妈祖北港进香从白沙屯拱天宫出发。"白沙屯妈祖进香"与"大甲妈祖绕境进香"皆被台湾文化事务主管部门指定为"台湾重要无形文化资产"。其路线不固定,从起点通霄白沙屯到云林北港朝天宫,这当中只有起点、目的地是确定的。停驻驾地点也不定,妈祖沿途会拜访的地方不一定只有宫庙,民宅、工厂、车行等都有机会,停驻驾地点亦是如此。

【中台·明道·莆田三校妈祖信俗艺文联展】

4月8—30日，明道大学妈祖文化学院规划办理"默潮洄澜——2019中台·明道·莆田三校妈祖信俗艺文联展"，在明道大学承正图书馆一楼开展。此次画展媒材多元，有版画、油画、水墨、工笔画、插画等54幅画作。

【福建霞浦松山天后行宫和台湾新港奉天宫联合举办妈祖巡安】

4月9日，由福建宁德市霞浦松山天后行宫和台湾新港奉天宫联合举办的"两岸妈祖巡安"活动在霞浦县城隆重举行，两岸信众1000多人或护驾，或沿路朝拜，队伍浩大、场面壮观。

【台湾台中金天宫、浩天宫赴湄洲岛谒祖进香】

4月10日，台湾台中梧栖金天宫、台中浩天宫128名妈祖信众，在湄洲妈祖祖庙名誉董事长、云林北港朝天宫副董事长蔡辅雄的带领下，恭抬十几尊分灵妈祖、神尊等，回到"妈祖故乡"福建省莆田市湄洲岛妈祖祖庙谒祖进香。这是梧栖金天宫首次赴湄洲谒祖。

【第十一届深圳龙岗妈祖文化旅游节】

4月14日，第十一届深圳龙岗妈祖文化旅游节隆重举行，这是由龙岗区妈祖文化交流协会主办，在台湾鹿港天后宫管理委员会和张伟东主委的支持下，恭迎了第一尊从台湾分灵到深圳并安座在龙岗天后古庙的鹿港妈祖，与湄洲妈祖祖庙分灵的翡翠玉妈祖共同举行海峡两岸的妈祖巡安活动。

【莆田东岳观与众多宫庙组团赴湄洲妈祖祖庙进香】

4月14日，为庆祝妈祖诞生1059周年暨纪念湄洲妈祖巡安兴化驻跸东岳观10

周年，福建莆田市福莆仙东岳观董事长蔡金水率1200名妈祖信众，恭抬分灵妈祖回妈祖故里湄洲岛谒祖进香，受到祖庙董事会的热情接待。当日，除了福莆仙东岳观进香团，还有霞浦松山天后行宫、长泰县潮水宫、漳州龙海文苑社龙应殿、厦门思明区前埔社灵昷宫、厦门湖里区殿前店、龙海石码解东天后宫、惠安小岞东山后跃宫、漳州武真坛、漳州桥头社昭义殿、漳州海澄天后宫等进香团到祖庙谒祖进香。

【金门登陆进香之旅，湄洲岛南平市签订合作协议】

4月15日，来自金门县各宫庙的1700名信众，在厦门闽南朝天宫（台湾北港朝天宫分庙）会师。金门县县长杨镇浯及前往参拜的各乡镇长等行礼如仪，祈佑宇内繁荣、四海承平。他们从厦门至湄洲、莆田、南平，再回到厦门。圆满告一段落。杨镇浯在平安晚宴中特别向乡亲报告此行和莆田、南平市政府交流合作的成果。

【浙江台州玉环坎门举行妈祖绕境巡安活动】

4月17日，在玉环市妈祖文化交流协会会长李芝文、坎门街道钓艚妈祖天后宫负责人卢志华及林丽玉带领下，举行了隆重的妈祖绕境巡安活动。

【基隆圣安宫妈祖到大甲镇澜宫进香】

4月24日，大甲妈祖分灵之基隆圣安宫妈祖，在数千名基隆信众簇拥下，抵大甲镇澜宫进香，先驻驾大甲区公所大厅，接受各界祭拜，信众争相钻轿底，午时大甲妈祖陪基隆妈神銮绕境市街，场面热闹。基隆圣安宫妈祖于1957年农历十月十六日从镇澜宫分灵一尊妈祖作为镇殿妈，每年农历三月二十日都会来大甲镇澜宫进香，历经60余年从不间断。

【2019年第十一届广州南沙妈祖文化旅游节开幕】

4月26日上午，广东广州南沙天后宫迎来了一年一度的妈祖文化盛会——2019

年第十一届广州南沙妈祖文化旅游节。此次活动从 4 月 26 日至 28 日，为期 3 天。妈祖文化旅游节作为南沙区的重点文化品牌活动之一，每年都会吸引来自香港、澳门、台湾以及东南亚等地区的信众前来。

【台湾嘉义县朴子配天宫真人艺阁盛大绕境】

4 月 26 日，妈祖诞前一天，嘉义县朴子配天宫盛大绕境，许多孩子化装打扮坐上艺阁，沿路撒糖果、玩具。停止了 20 年的真人艺阁绕境今年恢复，并获得 56 个商家、个人赞助，有四海龙王朝妈祖、妈祖赐福、妈祖凤仪天下、妈祖灵光渡化众生、乾隆谕旨敕配天及瑶池圣宴。4 月 27 日还有绕境，游行时间为下午 1 时至晚上 9 时。

【竹北市天后宫到台北市士林慈诚宫参加绕境】

4 月 26 日，台湾新竹县竹北天后宫林启贤主任委员率领委员、干部前往台北市士林慈诚宫参加慈诚宫绕境活动，传达竹北妈的恩慈。

【百架无人机升空排成妈祖庄严神像】

4 月 26 日晚间 6 点 30 分，台湾台南土城"正统鹿耳门圣母庙"举行妈祖诞辰的暖寿活动，南科无人机团队以 100 架大型机队排列成妈祖、寿桃、虱目鱼等图案。100 架无人机在空中组成了妈祖慈悲庄严的神情，惟妙惟肖，而且不只有庄严版还有 Q 版妈祖，并有飞龙与凤凰盘旋空中祝寿。这也是无人机排出妈祖图像的世界纪录。

【"大爱妈祖"2019 鲁樵中国画展在浙江宁波开幕】

4 月 27 日，"大爱妈祖"2019 鲁樵中国画展开幕，由浙江宁波妈祖文化交流协会筹委会、宁波庆安会馆（甬东天后宫）主办，宁波中华文化促进会、宁波美术馆、宁波画院、深圳美术馆、潍坊市美术馆为艺术指导,并与在甬异地商会等单位联合协办。该画展共展出了画家鲁樵历时两年多创作的"妈祖胜迹故事"大型系列画作40余幅及新近创作的山水、花鸟共计100余幅作品。

【新北市义天宫行善事贺妈祖圣诞】

4月27日,新北市副市长谢政达前往三重义天宫向妈祖参拜,并致赠"圣德参天"匾额。义天宫26日除了提供近2000斤的油饭、汤圆等福食让信众"吃平安",还捐赠市立医院三重分院45个市价120万元(新台币)的护理床、捐赠20万元(新台币)给市府家外安置计划等,彰显妈祖慈悲。

【金瓜石妈祖文化节】

4月27日,新北市金瓜石山区由劝济堂发起的"金瓜石迎妈祖绕境"活动已超过百年历史,銮轿在山区行动需要不断上上下下阶梯,途中也经过市定古迹金瓜石矿业圳道及圳桥,引来摄影好手捕捉特殊画面。途经多项已指定或登录的文化资产是山城绕境的最大特色。

【浙江温州洞头妈祖平安节开幕】

4月27日上午,第十届洞头妈祖平安节在北岙街道东沙天后宫广场隆重开幕,来自台湾地区的同胞和各地游客千余人欢聚一堂,共同传承妈祖文化,祈福平安和谐。开幕式上,中华妈祖文化交流协会做交流发言,还举行两岸同心妈祖慈善基金授牌仪式。洞头有妈祖庙(天后宫)22座,其中以北岙街道东沙天后宫最具代表性,其被列为省级文保单位。

【2019烟台天后行宫妈祖文化节】

4月26—28日,烟台天后行宫妈祖文化节举行文艺演出。节目表如下:4月26

日上午：《卖水》《窦娥冤》《望江亭》；下午：《女起解》《三娘教子》。4月27日上午：福建莆田国家级非物质文化遗产"莆仙十音八乐"；下午：折子戏《二进宫》（程派）。4月28日上午：《孔雀东南飞》《春秋配》。

【浙江温州洞头妈祖文化石头屋】

4月28日，"2019浙台邻里节温州会场"在浙江温州洞头启动，两岸嘉宾80余人参加。来自中华洞头妈祖文化文创总会的王淑恩在金岙101项目中改造一间以妈祖文化为主题的石头屋。洞头对台合作交流频繁，近年举办"洞头妈祖平安节"、两岸媒体聚焦半屏山等活动，海峡云村金岙101项目正在建设，投资近5亿元的精灵海岸颐养度假庄园已签约落地，洞台交流合作日趋紧密。

【2019花莲祈愿成真马拉松】

4月28日，花莲县港天宫举办"2019花莲祈愿成真马拉松"。本次路跑除了推广体育运动，还结合妈祖文化特色，借马拉松路跑活动促进花莲观光发展并活化在地特产销售商机。运动与传统庙宇活动相结合，展现港天宫的特色、热情与活力。

【桂林平乐县第二届妈祖文化旅游节】

5月1—3日，广西桂林平乐县第二届妈祖文化旅游节在该县县城举行。其间举办妈祖三献礼非遗表演、妈祖巡安、经贸交流、文化研讨、工农业旅游产品展示、非遗民俗秀、美食体验、文艺演出等系列活动。龙舟赛是本届旅游节系列活动之一，广西广播电视台公共频道现场直播此次比赛。

【台北"弘扬母爱音乐会"】

5月4日、5日晚上，松山慈惠堂举行台北母娘文化季系列活动，在台北小巨蛋举办弘扬母爱音乐会，免费提供1000张入场券。

【台湾 2019 北海岸传奇妈祖文化节】

5月11—12日，台湾2019北海岸传奇妈祖文化节举办。由新北市政府民政局、金山区公所和慈护宫等单位设计了许多系列活动，如艺展神技、妈祖金游万金、行动妈祖老街祈福、海神与花等，让民众了解并体验在地民俗文化。慈护宫是新北市金山最具规模的庙宇。金包里妈祖出巡、金山全境大绕境及金包里二妈回娘家海岸行脚活动是金山区地方盛事。2019年，二妈回娘家适逢慈护宫建庙210周年。

【台湾莆仙同乡会到湄洲妈祖祖庙进香】

5月22日，台湾各县市莆仙同乡会理事长蔡文辉偕110名妈祖敬仰者，在湄洲妈祖祖庙董事会林金赞董事长等人陪同下，手持清香，敬备鲜花、鲜果、金帛，礼奉湄洲妈祖驾前，祈求风调雨顺，泽惠两岸。

【广东海门镇天后太宫与龟山天后宫至湄洲妈祖祖庙进香】

5月22日，广东省汕头市潮阳区海门镇天后太宫500多名妈祖信众在湄洲妈祖祖庙拜谒，众人三跪九叩，祈求福祉。另广东陆丰龟山天后宫管委会会长林奕生偕几十位妈祖敬仰者，向妈祖敬上虔诚心意。

【妈祖故乡湄洲岛两岸共植同愿林】

5月26日，两岸共植同愿林活动在湄洲岛湖石淉生态公园举行。台湾中华妈祖联谊会会长、鹿港天后宫主任委员张伟东，北港朝天宫董事长蔡咏锝偕台湾中华妈祖联谊会在高雄市、嘉义县、新北市、南投县、彰化县、云林县、台中市、桃园县、台东县、台北市10个县市26个宫庙代表近百人，与湄洲岛管委会、湄洲妈祖祖庙一起，共同种下重阳木。活动是贯彻习近平总书记"保护好湄洲岛"的具体举措，也是以妈祖文化为纽带积极探索两岸融合发展新途径的重要实践。

【浙江省温州苍南县协会抵台恭迎浩天宫妈祖】

5月28日,浙江省温州苍南县妈祖文化交流协会抵达台中市大庄浩天宫参访,恭请浩天宫妈祖至苍南妈祖文化联谊会行馆安座济世渡民,为两岸宗教交流添盛事,祈求妈祖庇佑台海两岸人民风调雨顺。协会到台湾展开7天的环岛会亲结缘之旅,一路从台北往南,拜访全台10余座宫庙。台中市梧栖区大庄浩天宫妈祖庙分灵大陆数省,长期与大陆妈祖庙交流。

【五年一次茶乡妈祖绕境,庇佑当地除虫镇煞】

6月2日,以产茶闻名的新北市深坑、石碇、坪林等地,从台北关渡宫迎请二妈至当地绕境一个月,每隔5年举行一次,今年从深坑慈圣宫开始。新北市民政局局长柯庆忠表示,活动从农历四月二十九日由深坑出发,直到农历五月二十九日结束,至今已有140年历史,协助茶农除虫镇煞。

【天津妈祖会亲团访问台湾重要妈祖宫庙】

6月2日,天津妈祖会亲团一行60余人抵台,先后前往大甲镇澜宫、台中万和宫、鹿港天后宫、麦寮拱范宫、嘉义顶埔镇安宫、嘉义新港奉天宫进行两岸妈祖会亲。6日下午,会亲团抵达第七站云林北港朝天宫。北港朝天宫董事长蔡咏锝与理监事迎接5尊妈祖神像进驻朝天宫。随后进香仪式上,天津市妈祖文化促进会会长蔡长奎代表主祭,率在场全体人士向两岸的妈祖娘娘行敬礼。

【天津天后宫妈祖圣驾巡游台湾】

6月2日,从桃园机场到大甲镇澜宫。6月4日,从大甲镇澜宫到台中万和宫(停驾),再到鹿港天后宫(驻驾)。6月5日,从鹿港天后宫到麦寮拱范宫(停驾),再到嘉义顶埔镇安宫(驻驾)。6月6日,从嘉义顶埔镇安宫到新港奉天宫(停驾),再到北港朝天宫(驻驾)。6月7日,从北港朝天宫到高雄顺贤宫(停驾),再到高雄朝后宫（驻驾）。6月9日，从金包里慈护宫到松山慈佑宫（驻驾）。6月10日，从松山慈佑宫回天津。

【美国旧金山妈祖庙朝圣宫妈祖牌素粽义卖】

6月7日端午节，美国旧金山朝圣宫为发扬中华民俗文化，庆贺佳节，服务善信，举办妈祖牌素粽义卖。（1）订于5月25日（星期六）至6月3日（星期一），在朝圣宫厨房包制。（2）素粽义卖维持30年来原价，每个一元五角美元。（3）订购：预定包制3000个，5月24日（星期五）前，登记订购。

【竹北天后宫开启参访山东的文化经贸之旅】

6月8日，台湾新竹县竹北天后宫主委林启贤偕宫庙成员近30人到山东参访，首站抵达青岛，与青岛市妈祖文化联谊会进行交流。竹北天后宫此行还将前往威海、泰山、曲阜等，参访山东省内的多个历史文化古迹，并希望通过妈祖文化这个慈善、大爱、和平的平台带动共同发展。2018年11月，联谊会曾恭请竹北天后宫的妈祖到青岛安座。

【纪念台湾渔船直航湄洲朝拜妈祖30周年恳谈会】

6月9日，纪念台湾渔船直航湄洲朝拜妈祖30周年恳谈会在湄洲岛举行，拉开了第十一届海峡论坛·妈祖文化周活动的序幕。1989年5月6日，台湾宜兰县苏澳南天宫组织20条渔船224名妈祖敬仰者，在200多艘出海渔船的掩护下直航湄洲岛进香，这是两岸隔绝40年来第一次民间直航。此活动由莆田市湄洲岛党工委管委会主办，莆田市湄洲妈祖祖庙董事会、台湾中华妈祖联谊会、台湾宜兰县苏澳南天宫协办。

【台湾妈祖驻跸福建莆田懿明楼】

6月12日，台湾38家妈祖宫庙信众代表，前往中华妈祖文化交流协会参加以

"心灵契合·两岸和合"为主题的活动。台湾中华优秀传统文化交流协会理事长谢铭洋、台湾圣昭妈祖文化交流协会理事长谢凤琴、台中大甲镇澜宫董事长助理陈佳宏、台湾嘉义新港奉天宫董事陈炳村率两岸妈祖文化交流团成员，恭捧13尊妈祖像到懿明楼。台湾妈祖神像驻跸懿明楼是第十一届海峡论坛·妈祖文化活动周的重要环节，并举行隆重的敬拜妈祖仪式。

【涵江的妈祖文化交流活动】

6月13日，来自台湾地区的100多名信众参加了第十一届海峡论坛·妈祖文化活动周（涵江）的妈祖文化交流活动。这次涵江所举办的妈祖文化交流活动分别在涵西前林天后宫、三江口镇的杨芳西林西湖境天后宫、江口福莆仙东岳观举行。

【彰化南瑶宫到湄洲岛进香】

6月13日，彰化南瑶宫天上圣母老五妈前往大陆湄洲妈祖祖庙等地进香起驾。一早大家满面笑容陆续到南瑶宫集合，200余名会员及善信大德随驾，前往台中港搭船出发。

【竹南龙凤宫至湄洲妈祖祖庙谒祖进香】

6月14日，台湾苗栗县竹南镇后厝龙凤宫举办2019年往福建省湄洲妈祖祖庙谒祖进香活动，到达湄洲岛。

【嘉义县新港奉天宫"馨护台湾，骑岛平安"活动】

6月29日，台湾新港奉天宫庆祝建立400年，举办"馨护台湾，骑岛平安"活动（2019年6月29日至2020年1月5日）。馨，香之远闻者也。馨护台湾意指妈祖馨香远播遍及台湾，其音与幸福台湾相近，所以有妈祖保佑台湾幸福之义。此次活动，绕行台、澎、金、马、绿岛一圈，祈祷台湾平安。

【悉尼天后宫等主办"炫彩澳洲"展】

7月1日,由澳大利亚悉尼天后宫、澳大利亚满足集团、澳大利亚澳中特视集团、Bingbing Art Studio,共同主办的"丰汇金融"第二届"炫彩澳洲"暨首届南半球妈祖巡安书画展在悉尼中心商业区隆重举行。

【郭台铭莅临后厝龙凤宫参香】

7月9日,郭台铭先生莅临台湾苗栗县竹南镇后厝龙凤宫妈祖庙参香。郭台铭的富士康集团是世界员工最多的制造业企业,还是大陆最大的出口者。

【台湾寺庙金兰会及鹿耳门圣母庙嘉宾到文峰宫进香参拜】

7月10日,台湾寺庙金兰会王明义会长、李松最执行长及正统鹿耳门圣母庙董监事一行共11人到莆田文峰宫进香参拜。在旧殿,进香人员统一向文峰宫妈祖行三献礼,之后参观了文峰宫800多年历史的宋代木雕妈祖神像与妈祖梳妆楼。

【日本青森县大间町妈祖巡安】

7月15日,青森县大间町"海之日"举行妈祖巡安。青森县每年7月都会举行"海之日——渔业丰收祈祷节天妃行列"活动,祈祷渔业安全和丰收,为渔船在海面上的安全祈福后,举行妈祖巡安。大间町的妈祖供奉在稻荷神社,稻荷神是日本神话中的谷物和食物神。大间町是本州岛最北的一町,面向津轻海峡,天气良好时可看见对岸的北海道。

【首届全球优秀妈祖人正式候选人名单公布】

7月22—31日,首届全球优秀妈祖人评选活动第二轮投票正式开启。经过为期10天的投票,产生首届全球优秀妈祖人评选活动正式候选人33名。为弘扬妈祖

"立德、行善、大爱"的精神，反映全球妈祖人的良好精神风貌，宣传广大妈祖人投身妈祖文化事业的事迹，推动妈祖文化繁荣发展，中华妈祖文化交流协会于2019年初正式启动首届全球优秀妈祖人评选活动。

【两岸妈祖宫庙首度环湄洲岛骑行拜妈祖】

7月24日，台湾云林县西螺广福宫百二庄老大妈会、厦门台商自行车队一行35人"环岛骑行会香拜妈祖"，从祖庙圣旨门广场出发，一同环岛骑行，前往湄洲岛15个地方宫庙进行参访交流会香活动，开创两岸民间文化交流融合发展新路子。早从2014年起，湄洲妈祖祖庙每年组织本岛15家宫庙的主事人，前往台湾宫庙进行联谊交流，学习台湾宫庙管理经验、庙宇环境气氛营造和文化产业经营理念。

【福建莆田立法保护"妈祖故里"湄洲岛】

7月26日，福建莆田市湄洲岛获立法保护。当天下午，福建省十三届人大常委会第十一次会议批准了《莆田市湄洲岛保护管理条例》。湄洲岛具有丰富的文化资源。该条例规定，依法保护具有历史、文学、艺术、科学价值的优秀文化资源；体现海岛生态和莆田地域文化特色；严格控制岛上户籍人口总量，鼓励岛上居民外迁。

【海南临高县妈祖文化交流协会赴湄洲岛谒祖进香】

7月30日，海南临高县妈祖文化交流协会会长、海南临高天后宫主委方萍率进香团至妈祖故里湄洲岛谒祖进香。本次进香团由海南临高天后宫、海南临高文谭天后宫、海南临高调楼天后宫、海南临高县妈祖文化交流协会共同组成，队伍人数超百人。

【厦门朝宗宫举行"成年礼的现实意义"座谈会】

8月7日，厦门朝宗宫举行"成年礼的现实意义"座谈会。闽台两岸文史专家、外籍学者、参加成年礼的学生以及《厦门晚报》读者近50人参加座谈会，畅谈"成年礼的现实意义"。座谈会由厦门文史专家彭一万主持。金门闽南文化协会理事长杨再平从烈屿乡的"做十六岁"活动谈起，以两岸同风同俗来印证两岸一家亲。

【广西北海市妈祖文化联谊会成立13周年庆典】

8月11日，广西北海市妈祖文化联谊会成立13周年庆典在北海银滩一号召开。活动现场，全体成员参加三献礼仪式，并观看了歌舞节目表演。12日，与会嘉宾参观古城天后宫、电建天后宫等妈祖宫庙。湄洲妈祖祖庙董事会成员、贤良港天后祖祠代表及广西当地妈祖宫庙1000余人参加了此次活动。此次活动成为北海各宫庙的一大盛事。

【上海天妃宫开展"七月十四喝豆浆"民俗活动】

8月14日（农历七月十四日），为了纪念当年驻守松江城厢的抗清将领李待问，上海天妃宫在大殿前举行"七月十四喝豆浆"民俗活动。李待问是松江华亭人，松江民众为了怀念他，尊称他为城隍，塑像为祀。他的诞辰日为农历七月十四日，因此城隍一直都有盛大庙会。

【镇澜宫中元普度暨超拔法会】

8月15日（农历七月十五日），台湾台中大甲镇澜宫举办己亥年中元普度暨超拔法会。

【闽南朝天宫庆赞中元盂兰盆法会】

8月15日，闽南朝天宫下午2时举行了大型的盂兰盆法会，祈求风调雨顺、合家平安。闽南朝天宫并携手汇海爱心会、爱馨会、殿前慈善会等慈善团体，将各界人士的爱心送至偏远山区的儿童、孤寡老人、贫困家庭等。

【天后祖祠被中国社会科学院授"妈祖文化贤良港研究基地"称号】

8月27日，中国社会科学院世界宗教研究所党委书记赵文洪与贤良港天后祖祠董事长林自弟签下各自姓名，握手交换协议。赵文洪正式授予天后祖祠"中国社会科学院世界宗教研究所妈祖文化贤良港研究基地"称号。

【金面妈祖回台北城】

8月31日，"北台湾妈祖文化节"有前期活动——"小基隆福成宫"金面妈祖重新迎回台北府城。台北市蔡炳坤副市长、新北市民政局柯庆忠局长、桃园市民政局汤蕙祯局长、台北市民政局蓝世聪局长、宜兰县林姿妙县长及南方澳南天宫陈正信主委等人，一同为金面妈祖扶轿过台北城北门，再由延平南路起驾。

【台湾新港奉天宫参访团到广西平乐县】

9月3日，台湾新港奉天宫交流参访团一行20多人到广西桂林市平乐县参访，在榕津妈祖像前行礼祭拜，祈佑两岸民众平安吉祥，两岸和平发展。参访团表示，妈祖文化是沟通、连接两岸同胞的精神桥梁；希望两地在旅游观光、农产品加工等方面形成合作，打造共同的发展平台。

【200年仑背奉天宫首次回湄洲妈祖祖庙谒祖进香】

9月4日，台湾云林仑背奉天宫主委李明恭携手嘉义县朴子市公所、台北景美代天宫、二仑乡滴底寮隆天宫、新北市成功圣武宫、仑背港尾圣极圣天宫、仑背天卫宫、仑背中厝天师府等台湾宫庙共750余名妈祖信众，恭抬分灵妈祖，200年来首次回到湄洲妈祖祖庙谒祖进香。祖庙副董事长吴国春为仑背奉天宫主持割香掬火仪式并颁发分灵证书。仑背奉天宫位于台湾云林县仑背乡中山路280号，主要奉祀妈祖，创建于清嘉庆二年（1797）。

【海峡两岸妈祖文化交流暨湄洲妈祖巡安布福江苏、上海】

9月6日，2019年海峡两岸妈祖文化交流暨湄洲妈祖巡安布福江苏、上海活动起驾仪式在湄洲妈祖祖庙寝殿举行。在庄严肃穆的行三献礼仪式、宣读起驾祈祚文后，湄洲妈祖起驾。

【北台湾妈祖文化节——兰阳妈祖护台湾】

9月6日，北台湾妈祖文化节开始。至2019年，北台湾妈祖文化节已迈入第16年，其是从2004年开始，由台北市、新北市、基隆市、宜兰县、桃园市、新竹县、新竹市、苗栗县8县市轮流举办的宗教祈福活动。今年由宜兰南方澳南天宫担任值东主办，活动名称定为"2019北台湾妈祖文化节——兰阳妈祖护台湾"；并举办大型长途海上绕境模式，将从南方澳搭船到乌石港，再搭配陆上绕境，长达三天两夜。

【2019头城乌石港海洋文化季——迎妈祖、食海味】

9月6—7日，为配合"北台湾妈祖文化节"并且营销地方文化与观光卖点，宜兰头城区渔会特别举办大规模的"2019头城乌石港海洋文化季——迎妈祖、食海味"活动。有恭迎神驾、会香、新船下水等民俗仪式，并有舞龙舞狮表演。

【江苏妈祖巡安绕境，湄洲妈实名搭动车到昆山】

9月7日，福建湄洲妈祖、彰化鹿港妈祖与江苏昆山妈祖在昆山慧聚广场大会师，接着赴昆山周市镇、高新区巡安绕境，前往尚宝泰机械科技（昆山）有限公司、冠军磁砖等台资企业祈福，所到之处吸引信徒围观。妈祖坐动车也实名认证，票面上写着"林默"两字，印上中国身份证号3503210960×××7001。湄洲妈祖祖庙董事会副董事长吴国春解释，350321代表着福建莆田湄洲，0960是妈祖的公元出生年，被隐去的××××则是妈祖的生日0323。

【2019 北台湾妈祖文化节,宜兰市公所送 2000 份爆米花】

9月7日,"北台湾妈祖文化节"期间,宜兰市公所为参加绕境信徒发放 2000 份爆米花。昭应宫神尊搭船参加海巡活动及设置点心站,并于庙前中山路举行"钻轿脚"活动。东岳庙神尊搭船参加海巡活动及设置点心站,并至力行小学接驾。五谷庙到力行小学接驾及设置点心站,慈惠堂则于9月7日中午在县府提供点心站。三圣宫、妙慈宫神尊将搭船参加海巡及以动力车参加陆巡绕境。

【2019 北台湾妈祖文化节的千桌福宴】

9月8日举办妈祖之夜晚会,并邀请宜兰县 18 间知名餐厅共同推出福宴料理,这是由苏澳区渔会主办的"2019 北台湾妈祖文化节——兰阳妈祖护台湾"千桌福宴。8月23日举行"迎妈祖呷平安菜单"公布记者会;宜兰县县长林姿妙、苏澳区渔会理事长蔡源龙、常务监事林月英及总干事陈春生等人,共同邀请民众到宜兰吃福宴、保平安。8月26日起可订桌,每桌 2500 元(新台币),亦可欣赏妈祖之夜晚会精彩表演。

【台湾 23 家宫庙联合赴湄洲妈祖祖庙谒祖进香】

9月16日,台湾寰宇妈祖文化国际交流协会会长、北港朝天宫董事长蔡咏锝率 23 家宫庙 450 余名信众来祖庙谒祖进香,并代表台湾妈祖文化国际交流协会向祖庙董事长林金赞颁发荣誉理事长聘书。林金赞董事长与进香团一道踩街至祖庙天后宫,并陪同北港朝天宫、宜兰大南澳震安宫、斗六新兴宫、苗栗天后宫等 23 家宫庙代表向妈祖行庄严的三献礼。

【新加坡天福宫庆祝孔子 2570 周年诞辰】

9月25日(农历八月二十七日),是孔子诞辰纪念日。天福宫是新加坡最具历史的妈祖庙,也陪祀孔子。2019 年 9 月 22 日(星期日)和 25 日举行孔子 2570 周年诞辰庆祝活动,包括诵经仪式、点智慧仪式,以及解灯谜(适合多个年龄层)、"亲子哑巴传情"等趣味文化活动,奖品丰富。

【新加坡兴安天后宫妈祖巡境】

10月3日(农历九月初五日),新加坡兴安天后宫妈祖銮驾巡境游行,弘扬妈祖大爱精神,并传播扶弱救难的正能量。

【福建"三大女"跟着妈祖去巡安】

10月5—9日,湄洲妈祖祖庙妈祖圣驾五天四夜巡安湄洲岛,让妈祖故乡沉浸在犹如过年般的喜庆中。在巡安的队伍中,引人注目的便是福建"三大女"湄洲女、惠安女与蟳埔女恭迎妈祖圣驾的队伍。"帆船头,大海衫,红黑裤子"为湄洲女。黄斗笠、银腰带、"节约衫"、"浪费裤"为惠安女。身穿"大裾衫",下穿黑色宽脚裤则为蟳埔女。

【台湾麦寮拱范宫率团至莆田文峰宫进香参拜】

10月8日,台湾麦寮拱范宫主委张克中率600多名信众护驾1顶神轿及30尊神尊来到莆田文峰天后宫参访,交流妈祖文化建设。文峰宫管委会主任陈鹭玲组织大型执事队伍迎接,并在新殿举行三献礼仪式。礼成后,两宫互赠妈祖纪念品,增进两宫情谊。进香团成员还参观了文峰宫古建筑及宋代木雕妈祖像等文物。

【2019彰化县妈祖祈福文化节,13家宫庙热闹踩街】

10月11日,彰化县妈祖祈福文化节一连3天热闹展开,来自全县13家宫庙的妈祖齐聚伸港乡。由县长王惠美与伸港福安宫主委王万发等13间宫庙主委陪同妈祖行脚,徒步1.8公里,并扶轿进入福安宫,沿路热情民众高兴地蹲轿脚祈求妈祖保佑。参与宫庙如下:彰化南瑶宫、芬园宝藏寺、员林福宁宫、社头枋桥头天门宫、田中乾德宫、北斗奠安宫、埤头合兴宫、二林仁和宫、芳苑普天宫、王功福海宫、鹿港台湾护圣宫、溪湖福安宫、伸港福安宫。

【湄洲妈祖分灵澳大利亚墨尔本天后宫】

10月26日，湄洲妈祖分灵澳大利亚墨尔本天后宫暨割香掬火仪式在福建湄洲妈祖祖庙举行。湄洲妈祖祖庙董事会董事长林金赞向墨尔本天后宫董事长陈国财授予分灵证书。

【2019台中六房妈祖观光文化节，新加坡万天府妈祖回娘家】

10月26日，2019台中六房妈祖观光文化节开幕，活动连续举行两天。除集聚大庄妈祖各宫庙妈祖神尊，由六房妈分灵的新加坡万天府妈祖也回娘家。台湾台中六房妈每年都会在乌日进行绕境，今年并结合乌日区农会百年庆，场面壮观热闹。台中市六房妈创会理事长黄义村表示，相传清朝顺治年间由林氏六兄弟奉请天上圣母圣驾从大陆渡海来台垦荒，成为六房妈的由来。

【2019西螺妈祖太平妈祈福马拉松】

10月27日，为弘扬妈祖文化，结合西螺太平妈祖文化节特色，举办马拉松路跑活动。

【10位首届全球优秀妈祖人名单出炉】

10月30日，在中华妈祖文化交流协会第三届四次常务理事会上，票决出了10位首届全球优秀妈祖人。首届全球优秀妈祖人活动是根据2018年协会第三届三次会员大会审议通过的决议精神开展的。

【第五届（2019）国际妈祖文化学术研讨会在湄洲岛举行】

10月31日，作为第四届世界妈祖文化论坛10个平行论坛之一的第五届（2019）国际妈祖文化学术研讨会在莆田湄洲岛举行。研讨会由中国社会科学院古代史研究所、中国海洋发展研究会、莆田学院、福建省社科研究基地妈祖文化研究中心、福建省妈祖文化传承与发展协同创新中心、福建省高校新型特色智库——莆田学院妈祖文化研究院、福建省妈祖文化研究会、莆田市湄洲岛国家旅游度假区管委会、莆田市湄洲妈祖祖庙董事会联合主办。100多名专家学者参加会议，研讨妈祖文化与两岸融合发展，加强世界妈祖文化学术成果交流，促进妈祖学学科的构建和发展。

【2019妈祖圣地·美丽莆田旅游推广大会】

11月2日，2019妈祖圣地·美丽莆田旅游推广大会在莆田市博物馆隆重举行。此次大会由福建省文化和旅游厅、莆田市人民政府主办，莆田市文化和旅游局承办。为了更好地宣传妈祖文化、发展莆田旅游事业，大会从历史、地理、美食、文化、工艺等多方面推介了莆田丰富的文化旅游资源。

【"妈祖文化与国学"家庭教育专场大型公益课圆满落幕】

11月15日，首期"'妈祖文化与国学'家庭教育专场大型公益课——大爱妈祖经典国学完美形体"活动在湄洲妈祖祖庙莆田会馆圆满完成。此次活动标志着莆田会馆联手国内国学教育资深力量，发挥妈祖文化与国学的德育功能。

【花莲港天宫安座36周年祈福绕境活动】

11月22—24日，花莲县港天宫为庆祝建庙安座36周年，恭迎白沙屯拱天宫三妈祖，至花莲巡安祈福绕境。11月22日由花莲代天府出发。

【马来西亚太平霹雳林氏九龙堂妈祖庙到文峰宫进香参拜】

11月25日,马来西亚太平霹雳林氏九龙堂妈祖庙林荣声会长率领35名妈祖信众护驾1尊妈祖神像到莆田文峰宫进香参拜。文峰宫组织阵头进行绕境迎接。在旧殿,进香人员向文峰宫妈祖行三献礼。礼成后,双方互赠礼品留念。

【山东省妈祖文化促进会访问台湾西螺福兴宫】

12月7日,台湾云林县西螺福兴宫欢迎山东省妈祖文化促进会莅宫参香、指导,由西螺福兴宫董监事会热情接待,希冀未来共同推广妈祖慈悲精神、宣扬圣母大爱。

【世界妈祖文化论坛永久性会址入选鲁班奖】

12月10日,由莆田兴发集团有限公司投资建设的世界妈祖文化论坛永久性会址旅游项目成功入选2018—2019年度第二批中国建设工程鲁班奖(国家优质工程)。论坛旨在进一步促进民间文化交流和文化旅游合作,推动与海丝沿线国家和地区的人文交流,推动构建海洋生命共同体和人类命运共同体。

【澳门李氏宗亲莆田聚宗谊】

12月13—16日,世界李氏宗亲总会第十六届第三次会员代表大会暨2019年全球李氏恳亲大会在福建莆田市会展中心举行。大会吉祥物以莆田诞生的和平女神妈祖为原型,设计的卡通形象亲切可爱,突出了当地的传统文化。澳门李氏宗亲会代表团由李沛霖当名誉团长,李子丰任团长,李天赏、李健强、李居元任副团长,一行专程赴莆田参加。李子丰表示,率团参加全球李氏恳亲大会,既表达了对先祖的缅怀和崇敬,又加强了与各地李氏宗亲的联系,弘扬李氏文化,传承华夏文明。

【世界李氏宗亲大会至莆田文峰宫朝拜妈祖】

12月15日，世界李氏宗亲大会李振强理事长率团至莆田文峰宫朝拜妈祖，并举行盛大的妈祖三献礼仪式。此次世界李氏宗亲大会成员由我国港澳台地区，以及新加坡、菲律宾、印度尼西亚、马来西亚、泰国、柬埔寨、美国、加拿大、澳大利亚等近30个国家和地区的122个代表团将近2000人组成。大会以"妈祖圣地海丝路，仙耀世李温暖行"为主题。

【湄洲妈祖分灵西班牙特内里费岛】

12月16日，西班牙妈祖文化董事会董事长吴金顺、副董事长游德兴、秘书长杨银峰等，在湄洲妈祖祖庙林金赞董事长的陪同下，向妈祖行三献礼、割香鞠火礼。杨银峰说，西班牙妈祖文化董事会正式成立于2019年12月初，成员主要为西班牙各地福莆仙同乡会董事、理事。协会成立旨在响应祖国"一带一路"倡议，以妈祖文化为纽带，将中华优秀传统文化传播到西班牙乃至欧洲大陆，促进两地民心相通，心灵契合。

【海南临高天后宫举行"妈祖信俗"非遗展示活动】

12月18日，海南临高天后宫举行了"妈祖信俗"人类非物质文化遗产展示活动，来自台湾新港奉天宫的嘉宾与临高天后宫的理事会成员共襄盛举，并举行"新港奉天宫妈祖分灵临高"和"揭牌"仪式。临高天后宫位于海南省临高县调楼镇抱才村西宜港，是该县渔民和游客参观、了解临高妈祖文化的重要窗口。

【广东陆丰市妈祖文化研究会开展慈善活动】

12月25—26日，广东省陆丰市妈祖文化研究会举行"妈祖缘，迎新年，2020爱你爱你"慈善系列活动，弘扬妈祖大爱文化精髓，先后在城东、潭西、东海等3镇8村慰问老人，探望家庭患病者。此次由妈祖文化敬仰者陈家门合家捐赠价值近

10万元的纯棉长绒被、大米、食用油等，赶在2020年元旦前，由市妈祖文化研究会工作人员送达各家门户。

【2019北港妈祖杯马拉松】

12月28日，北港妈祖杯马拉松开跑。该活动已走过7届，深受地方民众与选手的喜爱，成为近年来云林地区年末将至时的盛事，让选手们能够享受北港地区的人文、艺术、健康以及宗教信仰魅力。主办单位：财团法人北港朝天宫。指导单位：北港镇公所。活动时间：2019年12月28日（星期六）04：00—13：00。活动地点：北港牛圩停车场（北港中学对面）。

【桃园龙德宫举办公益园游会】

12月28日上午，台湾桃园龙德宫响应关怀小区、扶助弱势的号召，于庙埕举办"妈祖心·龙德情——寒冬送暖公益园游会"。园游会设有各式摊位，园游会点券收入除将作为建庙基金，也将协助200户自强家庭。

【妈祖缘·翰墨情——全国书画名家作品展】

12月29日，"妈祖缘·翰墨情——全国书画名家作品展"开幕，展期为2019年12月29日至2020年1月2日。活动旨在庆祝中华妈祖文化交流协会成立15周年暨纪念"妈祖信俗"列入联合国教科文组织人类非物质文化遗产名录10周年，共收录了全国150多幅富有妈祖文化和地域特色的书画精品。

【湄洲妈祖祖庙举行跨年盛典】

12月31日，湄洲妈祖祖庙董事会举行跨年盛典，用精彩的节目迎接2020年的到来。晚会以"越来越好"为主题巧妙融合了妈祖文化、莆仙文化等湄洲岛地域文化特色，打造了一台创意独特、形式新颖、经典精彩的联欢晚会。

【中华妈祖莆仙十音八乐团喜迎新年】

12月31日,莆田市秀屿区宣传部、北岸工委宣传部举行庆元旦迎新年文艺会演活动,中华妈祖莆仙十音八乐团秀屿分团、北岸分团分别组织30名古懿字头十音八乐队担当主演团队,成为会演节目的主力军,总团各位领导和陈光泽、郑清和、林哲钦、曾鼎等专家顾问莅临现场进行观摩指导。中华妈祖莆仙十音八乐团发挥着推动城乡精神文明建设、丰富人民文化生活的重要作用。

宫庙修建

【福建莆田靖恭妈祖圣殿开光庆典暨两岸迎春交流】

1月27日上午，福建省莆田市秀屿区东庄镇苏厝村热闹非凡。靖恭妈祖圣殿开光庆典暨两岸迎春文化交流活动在苏厝村望海阁妈祖公园隆重举行。来自中华妈祖文化交流协会、湄洲妈祖祖庙、台湾鹿港天后宫、台湾北港朝天宫、台湾新北土城五谷先帝庙、台北万里渔澳顺天宫以及福建、广东、浙江等两岸各地宫庙、妈祖文化机构代表与当地妈祖信众近千人齐聚，庆祝靖恭妈祖圣殿开光。

【莆田文峰天后宫举行山门告竣庆典暨两岸妈祖元宵活动】

3月4日上午，莆田文峰天后宫山门告竣庆典暨两岸妈祖元宵文化活动在文峰宫举行，湄洲妈祖祖庙、台湾大甲镇澜宫等两岸数十家妈祖宫庙代表前来参加，为文峰宫山门告竣剪彩。

【湄洲妈祖祖庙思懿亭落成剪彩仪式举行】

4月14日，由福莆仙东岳观捐建的湄洲妈祖祖庙思懿亭接待室落成剪彩仪式在思懿亭举行。祖庙董事长林金赞、涵江妈祖文化交流协会会长林国珍、东岳观董事长蔡金水偕祖庙董事会成员及东岳观妈祖信众为思懿亭剪彩揭碑。

【香港水上天后庙筹款晚会暨启动仪式】

5月27日，由三角天后平安堂及紫荆社举办的水上天后庙筹款晚会暨启动仪式举行。当晚嘉宾及善信云集，主礼嘉宾包括中联办港岛工作部副部长陈旭斌、湾仔民政事务助理专员刘希瑜、湾仔区议会主席吴锦津等。铜锣湾避风塘的水上天后庙，又名三角天后庙，自1955年停泊至今，已有60余年历史，是香港唯一的一艘庙船。

【贵州镇远将建妈祖国际文化城】

5月28日，从贵州镇远天后宫获悉，根据贵州省委、省政府在镇远召开全省旅游工作会议的部署，依照城市整体规划和要求，拟在镇远县舞阳镇沿河村、兰家寨一带，以舞阳河为界，北岸建造成妈祖文化长廊，南岸则是海峡两岸交流基地。该项目的建成将是镇远旅游产业中极重要的一环。

【汕尾红海湾宫前妈祖文化公园举行落成庆典】

6月16日，汕尾红海湾宫前妈祖文化公园举行落成庆典。红海湾遮浪街道办党委及政府领导，广东汕尾海外联谊会常务副会长郑水遵，来自香港、澳门、广东、广西等乡贤及部分妈祖文化、宫庙代表，共襄盛举。

妈祖文化
年鉴
2019

第三部分
文创与慈善

媒体传播

微信公众号

- 北京妈祖文化交流协会：bjmazu
- 福建霞浦妈祖文化研究会：FJXPMZWHYJH
- 福桃九分饱：futaojiufenbao
- 广东妈祖文化：guangdongmazu
- 环球时报：hqsbwx
- 昆山妈祖文化交流协会：ksmazu
- 龙岗妈祖文化：Lgthgm
- 妈祖传媒：wenhuaputian
- 妈祖海鲜岛：mazuhxd
- 妈祖文化：mazutianhou
- 妈祖文化快递团：nkumzwh
- 湄洲发布：meizhoufb
- 湄洲妈祖祖庙莆田会馆：mzzmpthg
- 湄洲日报：mzrb0594
- 湄洲微生活：ptmz0594
- 默娘文创：MNWHCY
- 莆田红团：pthttv
- 石狮妈祖文化：ssmzwh

- 世界妈祖：gh_e440be4087d9
- 泗阳妈祖文化圈：symzwhy
- 台海网：taihai101
- 天津滨海妈祖文化圈：TJBHMAZU
- 天下妈祖网：mazuworld
- 显卫妈祖公众号：xwmazu
- 印象莆仙：okptxy
- 知莆田：z1141140594
- 中华妈祖：chinamazu
- 北高妈祖网
- 滨海妈祖文化圈
- 苍南妈祖
- 崇州市妈祖文化研究会
- 福建莆田市微信公众平台
- 福建新闻联播
- 海研智库
- 连江文化
- 陆丰市妈祖文化研究会
- 妈祖马拉松
- 妈祖日报
- 妈祖俗信微信公众号
- 妈祖文化研究院
- 湄洲岛轮渡
- 湄洲岛旅游
- 湄洲妈祖平安里景区
- 湄洲释出
- 湄洲文艺荟
- 美丽北岸

- 南山博物馆
- 宁波市莆田妈祖文化交流中心
- 莆田大鱼网
- 莆田广播电视台
- 莆田旅游
- 莆田文旅
- 莆田新闻
- 莆田长谷
- 莆阳先锋
- 青岛妈祖文化联谊会
- 神州妈祖文化交流总会
- 香港莆仙同乡联合会
- 智汇湄洲
- 中国海洋发展研究中心
- 中国民俗学论坛
- 中国侨网
- 中华妈祖文化交流协会

妈祖网站

中国：

- 东南网：http://www.fjsen.com/。

- 妈祖城网：http://www.mazucity.org/，主办单位：中共莆田市湄洲湾经济开发区工委宣传部，承办单位：湄洲湾北岸经济开发区报道组。

- 妈祖电视台：http://www.tvmazu.com/，2017年4月28日通过工信部审核批准，成为中国首家以电视台形式弘扬妈祖文化、宣传妈祖大爱的平台。

- 妈祖娘娘：http://www.mznn.com/，2006年至今。

- 妈祖文化：http://whlyw.net/MZCul/，主办单位：莆田学院、莆田市湄洲妈祖祖庙董事会，协办单位：福建省妈祖文化传承与发展协同创新中心、福建省妈祖文化研究会、福建省社会科学基地莆田学院妈祖文化研究中心、福建省高校新型特色智库、莆田学院妈祖文化研究院，技术支持：福州林景行信息技术有限公司。

- 妈祖文化经贸园：http://tj.zhaoshang.net/yuanqu/detail/278，天津谷川科技有限公司（招商网络）版权所有。

- 妈祖文化网：http://www.mazu.name/，中国林氏宗亲网旗下公益分站。

- 妈祖之光：http://pt.fjsen.com/xw/mz.htm，中共福建省委宣传部主管、福建日报报业集团主办、国务院新闻办核准登载新闻业务省级门户网站。

- 湄洲妈祖文化研究中心：http://www.mzmzgl.com/home，湄洲妈祖文化研究中心版权所有。

- 湄洲在线：http://www.mozoo.net/，湄洲在线版权所有。

- 闽南网：http://www.mnw.cn/wenhua/mazu，福建日报社（集团）版权所有。

● 莆田侨乡时报—妈祖文化：http：//www.0594xyw.com/，主办单位：政协福建省莆田市委员会。

● 莆田市妈祖文化传播有限公司：http：//www.mazu323.com/，莆田市妈祖文化传播有限公司版权所有。

● 莆田市人民政府网—宗教文化 2018 年：http：//www.putian.gov.cn/zjpt/qhgk/zjwh/，主办单位：莆田市人民政府办公室，承办单位：莆田市数字莆田建设领导小组办公室。

● 莆田文化网：http：//www.ptwhw.com/，莆田文化网版权所有。

● 莆田学院妈祖文化研究院：https：//www.ptu.edu.cn/mazuwh/。

● 世界妈祖文化论坛：https：//www.mazuforum.org/home/，主办单位：文化和旅游部、自然资源部、中国社会科学院、名革中央、澳门特别行政区和福建省人民政府。

● 新华网妈祖在线：http：//www.fj.xinhuanet.com/mazu/，主办单位：新华社网络中心、中华妈祖文化交流协会，承办单位：新华社福建分社。

● 新浪网—莆田妈祖文化：http：//fj.sina.com.cn/pt/zt/mzwh/，新浪集团版权所有。

● 中华妈祖网：http：//www.chinamazu.cn/，指导单位：中华妈祖文化交流协会，主办单位：中华妈祖文化研究院、湄洲妈祖祖庙、台湾北港朝天宫、台湾鹿港天后宫、厦门博鼎智文传媒科技有限公司。

日本：

● 大间稻荷神社：https：//reurl.cc/bRXVLd/。

● 弟橘比卖神社：https：//reurl.cc/bRXVQd/。

● 东京朝天宫：https：//reurl.cc/ldRQ1E/。

● 东京妈祖庙：http：//www.maso.jp/?lang=tw/。

● 横滨妈祖庙：https：//reurl.cc/zze1VV/。

● 长崎东明山兴福寺妈祖堂：https：//reurl.cc/av9qOQ/。

● 长崎圣寿山崇福寺妈祖堂：https：//reurl.cc/MdAOpm/。

● 久米天妃宫（上天妃宫）：https：//reurl.cc/R10qpG/。

● 那霸天妃宫（下天妃宫）：https：//reurl.cc/pyg3Or/。

越南：

● 胡志明市天后庙：https：//reurl.cc/LdbWRx/。

● 芽庄福潮天后圣母庙：https：//reurl.cc/MdAOqn/。

缅甸：

● 庆福宫：https：//reurl.cc/zze10e/。

新加坡：

● 半港天后宫：https：//reurl.cc/Q39R00/。

● 金榜山亭天后会：https：//reurl.cc/XkWGOD/。

● 林氏大宗祠九龙堂：https：//reurl.cc/q8gvz3/。

● 灵慈行宫：https：//reurl.cc/6lavp6/。

● 木山圣母宫：https：//reurl.cc/D6gjaQ/。

● 琼州天后宫：https：//reurl.cc/Q39zV2/。

● 三巴旺天后宫：https：//reurl.cc/N6rQ5q/。

● 天福宫：https：//reurl.cc/Z7GeDV/。

● 西河别墅：https：//reurl.cc/4mad5R/。

● 新加坡兴安天后宫：https：//reurl.cc/pygvnl/。

● 新加坡长林公会：https：//reurl.cc/gmW6vz/。

● 粤海清庙：https：//reurl.cc/14YvDp/。

● 云峰天后庙：https：//reurl.cc/VXEzyN/。

● 钟头宫：https：//reurl.cc/9Xr3ov/。

马来西亚：

● 登嘉楼天后宫：https：//reurl.cc/n0ovV2/。

● 哥打丁宜天后宫：https：//reurl.cc/zzeD80/。

● 古晋亚答街天后庙：https：//reurl.cc/VXEM6Q/。

● 护安宫：https：//reurl.cc/Oq0rbR/。

● 吉兰丹圣春宫：https：//reurl.cc/4madaK/。

● 吉隆坡乐圣岭天后宫：https：//reurl.cc/6lad2y/。

● 马六甲兴安天后宫：https：//reurl.cc/6ladaM/。

- 乔治市天后宫：https：//reurl.cc/e8Ey8b/。
- 柔佛峇株吧辖林氏宗祠天后宫：https：//reurl.cc/Q39E9p/。
- 柔佛峇株海口石文丁天后堂：https：//reurl.cc/8n3X3j/。
- 柔佛州边加兰四湾岛凤山宫：https：//reurl.cc/Y6OqOD/。
- 山打根三圣宫：https：//reurl.cc/XkWR6E/。
- 实兆远格尼市妈祖神宫：https：//reurl.cc/5qrdoM/。

泰国：
- 四丕耶七圣妈庙：https：//reurl.cc/ygEveD/。

印度尼西亚：
- 保安宫：https：//reurl.cc/D6glZ5/。
- 三神宫：https：//reurl.cc/5qrd2V/。

美国：
- 奥斯汀天后宫：https：//reurl.cc/A8k2yK/。
- 大华府天后宫：https：//reurl.cc/e8EyWQ/。
- 德州天后庙：https：//teenhowtemple.com//。
- 旧金山天后古庙：https：//reurl.cc/MdAjbv/。
- 美国朝圣宫妈祖庙：https：//reurl.cc/x0Gv1V/。
- 圣地亚哥天后宫：https：//reurl.cc/2grjWr/。
- 檀香山天后宫：https：//reurl.cc/D6gl36/。

加拿大：
- 加拿大中华天后宫：http：//huazhu.ca/?p=1283/。
- 卡城天后圣母庙：https：//reurl.cc/q8gvkq/。
- 满地可天后宫：https：//reurl.cc/q8gvky/。

澳大利亚：
- 墨尔本天后宫：https：//heavenlyqueentemple.com.au/。
- 纽省天后宫：https：//reurl.cc/7ordkD/。

南非：
- 开普敦朝天宫：https：//reurl.cc/LdblAL/。

报纸报道

- 1月7日《湄洲日报》刊登《妈祖文化打响品牌》文章。
- 1月9日《联合报》刊登《妈祖背书猪年套币亮相》文章。
- 1月11日《湄洲日报》刊登《共绘妈祖同心圆》文章。
- 1月11日《经济日报》刊登《土银妈祖认同卡过火加持》文章。
- 1月13日《中国民族报》刊登《妈祖信仰：海峡两岸心灵契合的媒介》文章。
- 1月15日《联合报》刊登《白沙屯妈进香期程20日掷筊择定》文章。
- 1月19日《联合报》刊登《南瑶宫由妈祖发钱母》文章。
- 1月21日《联合报》刊登《白沙屯妈北港进香日程敲定》文章。
- 1月22日《联合报》刊登《苏台文化交流推妈祖木雕》文章。
- 1月26日《联合报》刊登《黑面妈除夕祈福发助学金》文章。
- 2月4日《联合报》刊登《魍港妈祖神像是重要古物》文章。
- 2月9日《联合晚报》刊登《马英九出考题发红包问妈祖几岁》文章。
- 2月13日《联合晚报》刊登《吴凤当报马仔敲响台中妈祖文化节》文章。
- 2月13日《联合报》刊登《元宵攻炮城大奖妈祖金币》文章。
- 2月13日《联合报》刊登《台中妈祖节演出惹议　文化局致歉》文章。
- 2月16日《联合报》刊登《跟着妈祖走　练出精气神》文章。
- 2月16日《台海》刊登《护送妈祖寻根的首批亲历者郑铭坤：三公串起血脉亲缘》文章。
- 2月18日《联合报》刊登《两岸妈祖信众厦门交流善文化》文章。
- 2月18日《中国时报》刊登《张如君还愿筹拍妈祖电视剧》文章。

- 2月19日《联合报》刊登《妈祖石门水库水路绕境3月9日登场》文章。
- 2月20日《联合报》刊登《大甲妈绕境4月7日起驾》文章。
- 2月20日《联合报》刊登《新港奉天宫妈祖绕境日团唱祝贺歌》文章。
- 2月22日《联合报》刊登《扛轿打群架妈祖前罚跪忏悔》文章。
- 2月28日《联合报》刊登《白沙屯妈进香抢住宿名额》文章。
- 3月7日《文汇报》刊登《李建辉：弘扬妈祖精神 增进两岸共识》文章。
- 3月8日《联合报》刊登《李建辉：妈祖文化两岸先交流》文章。
- 3月10日《联合报》刊登《石门水库妈祖绕境》文章。
- 3月11日《联合报》刊登《妈祖文化平台上线》文章。
- 3月12日《联合报》刊登《大道公VS妈祖婆 蓝绿各显神威》文章。
- 3月14日《台湾大纪元》刊登《北台湾妈祖文化节九月六日起驾绕境》文章。
- 3月15日《联合报》刊登《北台妈祖节宜兰掷筊定农历八月》文章。
- 3月15日《联合报》刊登《重现百年香路 茅港妈徒步赴府城》文章。
- 3月22日《联合报》刊登《跟着妈祖绕境去》文章。
- 3月24日《联合报》刊登《大甲妈嫁女儿 加拿大新人来参加》文章。
- 3月25日《联合报》刊登《徒步笨港进香 南瑶宫妈祖起驾》文章。
- 3月26日《联合报》刊登《湄洲岛＆金马澎深化旅游合作》文章。
- 3月26日《联合报》刊登《白沙屯妈彩绘列车台铁首航》文章。
- 3月27日《联合报》刊登《疯妈祖彰县鼓励以花代鞭炮》文章。
- 3月31日《联合报》刊登《南瑶宫妈祖笨港进香回銮》文章。
- 4月1日《联合晚报》刊登《参加妈祖绕境惹议 柯：要全年无休？》文章。
- 4月1日《联合报》刊登《迎白沙屯妈祖台铁加开班次》文章。
- 4月1日《联合报》刊登《大甲妈4月7日绕境 8000人路跑暖身》文章。
- 4月2日《中国社会科学报》刊登《津沽大地的妈祖文化》文章。
- 4月2日《联合报》刊登《大甲妈绕境吁自备环保餐具》文章。
- 4月2日《联合报》刊登《大甲妈北巡驻驾南港 信众掷筊可领赐财金》文章。
- 4月3日《经济日报》刊登《大甲妈祖绕境台中银益起来》文章。
- 4月4日《联合晚报》刊登《妈祖节目入围艾美奖》文章。

- 4月4日《联合晚报》刊登《〈妈祖文化志〉出刊 马英九来见证》文章。
- 4月4日《联合报》刊登《准备启程！白沙屯妈放头旗》文章。
- 4月5日《中国时报》刊登《妈祖信俗国际论坛 老外也疯天后》文章。
- 4月5日《联合晚报》刊登《迎接大甲妈绕境哈雷车队扮报马仔》文章。
- 4月5日《联合报》刊登《美节目拍妈祖入围艾美奖》文章。
- 4月5日《联合报》刊登《两岸10年合作 〈妈祖文化志〉问世》文章。
- 4月6日《联合报》刊登《大甲妈明起驾 可搭免费接驳车》文章。
- 4月6日《联合报》刊登《大甲妈报马仔哈雷环岛祈安》文章。
- 4月6日《联合报》刊登《大甲妈北巡驻驾南港 可棱轿脚拿压轿金》文章。
- 4月8日《经济日报》刊登《大甲妈祖绕境全台信众爱相随》文章。
- 4月8日《经济日报》刊登《报马仔进香团开路先锋》文章。
- 4月8日《联合晚报》刊登《大甲妈绕境有人打架有人扫炮屑》文章。
- 4月8日《联合报》刊登《大甲妈起驾太阳接力秀》文章。
- 4月8日《联合报》刊登《白沙屯妈凌晨出发省道现长龙》文章。
- 4月8日《联合报》刊登《大甲妈绕境行脚队七成年轻人》文章。
- 4月8日《联合报》刊登《妈祖绕境强碰彰警 12摄影机搜证》文章。
- 4月9日《联合晚报》刊登《白沙屯妈祖驻警局 追分小学期待再光临》文章。
- 4月9日《环球时报》刊登《岛内政客争先恐后攀妈祖》文章。
- 4月9日《联合晚报》刊登《颜清标才喊话大甲妈又卡关》文章。
- 4月9日《联合报》刊登《志工随后扫街大甲妈绕境无痕》文章。
- 4月9日《联合报》刊登《大甲妈进彰化推挤冲突连连》文章。
- 4月10日《联合报》刊登《跟大甲妈绕境 朱柯挂伤号》文章。
- 4月10日《联合报》刊登《大甲妈绕境冲突滋事4男交保》文章。
- 4月11日《联合报》刊登《妈祖信徒美丽的邂逅》文章。
- 4月11日《联合报》刊登《大甲妈统战了谁》文章。
- 4月11日《联合报》刊登《大甲妈抵嘉首次由副县长接驾》文章。
- 4月11日《联合报》刊登《白沙屯妈连冲3小学》文章。

● 4月11日《新新闻》刊登《自许危机型领导柯P要带选民走中道　被边缘化要妈祖保庇，若出马会宣布成立柔性政党》文章。

● 4月12日《联合报》刊登《大甲妈回銮北上》文章。

● 4月12日《联合报》刊登《金门宗教交流1700人赴湄洲岛》文章。

● 4月13日《联合报》刊登《柯疯妈祖秘书处1/3不在被批请假天堂》文章。

● 4月13日《联合报》刊登《大甲妈回銮重兵戒护禁放鞭炮》文章。

● 4月14日《联合报》刊登《大甲妈回銮彰化2000警护驾》文章。

● 4月14日《联合报》刊登《同安寮十二庄千人迎妈祖》文章。

● 4月14日《联合报》刊登《巨桃为竹南龙凤宫妈祖祝寿》文章。

● 4月15日《联合晚报》刊登《大甲妈回銮爆冲突警迅速压制》文章。

● 4月15日《联合报》刊登《两尊妈祖今进台中是否相遇靠神迹》文章。

● 4月15日《联合报》刊登《造谣者磕头妈祖会仍要告》文章。

● 4月15日《商业周刊》刊登《妈祖也转型》文章。

● 4月15日《商业周刊》刊登《50人团队如何创造50亿产值吸引百万人？疯妈祖经济学》文章。

● 4月15日《商业周刊》刊登《神明千百位为何宅智慧财产商机最大？妈祖IP的威力让三千人渔村翻红》文章。

● 4月16日《联合报》刊登《迎大甲妈彰副议长不满拆烟火》文章。

● 4月16日《联合报》刊登《白沙屯妈回銮通霄今明农博会》文章。

● 4月16日《联合报》刊登《平镇阿霸妹追妈祖送结缘品》文章。

● 4月17日《联合报》刊登《妈祖面前神迹要靠自助、人助、天助》文章。

● 4月17日《联合报》刊登《大甲妈、白沙屯妈回銮路线没交会》文章。

● 4月18日《经济日报》刊登《拜妈祖关公得到答案》文章。

● 4月18日《联合报》刊登《郭：妈祖叫我出来做更多事》文章。

● 4月18日《联合报》刊登《白沙屯妈圆满回宫》文章。

● 4月18日《联合报》刊登《神工传艺展为北港妈祖出巡暖身》文章。

● 4月19日《小世界周报》刊登《三月疯妈祖你跟上了没？》文章。

● 4月19日《联合报》刊登《无人机群飞　妈祖夜空显灵》文章。

- 4月20日《联合报》刊登《政客抢沾光妈祖也无奈》文章。
- 4月20日《联合报》刊登《朴子进香西螺二姑婆回娘家》文章。
- 4月21日《东方日报》刊登《雪地鸿爪：美国影响力胜过妈祖》文章。
- 4月22日《联合报》刊登《接地气关箭教师疯妈祖》文章。
- 4月22日《联合报》刊登《妈祖绕境政治人物参拜扶驾》文章。
- 4月23日《经济日报》刊登《大甲妈祖绕境福斯商旅11年不缺席》文章。
- 4月23日《联合晚报》刊登《北港妈绕境疯炸轿赏艺阁》文章。
- 4月24日《联合报》刊登《柯绕境柯粉竟团租远调YouBike》文章。
- 4月25日《新新闻》刊登《少年疯妈祖　庙会为什么迷人？在进香活动中亲身体验人情味，踏踏实实面对自己的土地》文章。
- 4月27日《台湾人民报》刊登《2019大树林文化巡礼——大树林艺祈走向妈祖祝寿祈福》文章。
- 4月28日《联合报》刊登《驻驾金门大甲妈分灵待近1年》文章。
- 4月28日《马祖日报》刊登《2019妈祖圣诞祭祀大典隆重登场》文章。
- 4月28日《联合报》刊登《双北迎妈祖绕境吃平安》文章。
- 4月28日《联合报》刊登《头份永贞宫6尊妈祖穿客家圣袍》文章。
- 4月28日《联合报》刊登《配天宫妈祖绕境真人艺阁撒糖》文章。
- 4月28日《湄洲日报》刊登《妈祖诞生1059周年纪念大会昨在湄洲岛举行》文章。
- 4月29日《联合报》刊登《花莲妈祖马拉松台湾黑马1秒险胜》文章。
- 5月1日《联合报》刊登《妈祖、城隍百年故事演给你看》文章。
- 5月4日《联合报》刊登《坐镇美国妈祖不是郭抱的这尊》文章。
- 5月4日《联合报》刊登《九份迓妈祖周日恐塞爆》文章。
- 5月5日《联合报》刊登《帮妈祖分忧解劳》文章。
- 5月8日《联合晚报》刊登《金包里二妈回娘家出巡妈斗热闹》文章。
- 5月15日《更生日报》刊登《彩笔画妈祖水彩比赛开跑　爱画画的您不能错过》文章。
- 5月18日《联合报》刊登《妈祖护会考绕境经考场肃静》文章。

- 5月20日《联合晚报》刊登《信众徒手接力送金包里二妈回娘家》文章。
- 5月21日《联合报》刊登《浪太大金山妈祖探望娘家》文章。
- 5月26日《联合报》刊登《台闽海上直航常与妈祖同行》文章。
- 5月26日《联合报》刊登《八年级生英文介绍白沙屯妈》文章。
- 5月26日《联合报》刊登《妈祖驻台400年新港骑岛平安》文章。
- 5月29日《联合报》刊登《台湄签协议共同造妈祖文旅圈》文章。
- 5月29日《联合报》刊登《大甲妈必经路仑子桥盼拓宽》文章。
- 6月10日《经济日报》刊登《莆田（福建）朝拜妈祖30周年纪念活动 两岸信众共襄盛举》文章。
- 6月10日《联合报》刊登《两岸共谒湄洲妈祖》文章。
- 6月11日《联合报》刊登《海岛旅游湄洲岛对台招才》文章。
- 6月19日《联合报》刊登《大安妈祖园区缺妈祖像协调解套》文章。
- 6月22日《联合报》刊登《新港妈400年下周单车骑岛》文章。
- 6月28日《侨社新闻》刊登《台湾妈祖民俗文化讲座洛杉矶隆重开办》文章。
- 7月15日《湄洲日报》刊登《民间公益救助 传承妈祖精神》文章。
- 7月25日《联合报》刊登《彰化妈祖联合绕境县府再议》文章。
- 7月25日《联合报》刊登《妈祖联合绕境宫庙吁办出特色》文章。
- 7月31日《中国海洋报》刊登《福建莆田立法保护妈祖故里湄洲岛》文章。
- 8月4日《联合报》刊登《宫庙联合绕境转型妈祖文化节》文章。
- 8月23日《联合报》刊登《民间妈祖婆庇护单亲妈47年》文章。
- 8月23日《湄洲日报》刊登《丰富妈祖圣地旅游业态》文章。
- 8月23日《湄洲日报》刊登《妈祖故里110，守卫平安保护您》文章。
- 8月27日《联合报》刊登《北台湾妈祖节首办海陆绕境》文章。
- 9月1日《联合报》刊登《北台湾妈祖节金面妈回銮北市》文章。
- 9月4日《联合报》刊登《北台妈祖6日海陆大绕境》文章。
- 9月5日《联合报》刊登《妈祖信仰神迹相传》文章。
- 9月6日《联合晚报》刊登《百船、千人护航妈祖首次海陆绕境》文章。
- 9月7日《湄洲日报》刊登《湄洲妈祖昨起驾巡安布福苏沪》文章。

●9月7日《联合报》刊登《北台湾妈祖节海陆大绕境》文章。

●9月8日《湄洲日报》刊登《昆山上千家台企自发恭迎湄洲妈祖》文章。

●9月8日《翻报》刊登《两岸妈祖巡安绕境昆山沸腾》文章。

●9月8日《澳门日报电子版》刊登《湄洲妈祖实名坐动车》文章。

●9月9日《湄洲日报》刊登《妈祖圣地欢迎你》文章。

●9月9日《经济日报》刊登《昆山（江苏）两岸妈祖巡安绕境为台商赐福》文章。

●9月9日《联合报》刊登《破8万人次妈祖文化节宜兰明年续办》文章。

●9月10日《团结报》刊登《两岸同启妈祖文化活动》文章。

●9月10日《联合报》刊登《妈祖牵线两岸信众昆山结缘》文章。

●9月13日《联合报》刊登《大陆北方唯一闽南建筑天后行宫》文章。

●9月14日《湄洲日报》刊登《共沐妈祖灵光　同享平安吉祥》文章。

●9月15日《联合报》刊登《妈祖海上绕境兴达港嗨翻了》文章。

●9月17日《湄洲日报》刊登《妈祖是民心相通的独特载体》文章。

●9月17日《联合报》刊登《韩冈山请教赞螺丝妈祖有创意》文章。

●9月22日《联合报》刊登《奉天宫妈祖今台东市区绕境》文章。

●9月25日《联合报》刊登《花莲双妈祖绕境11月连3天》文章。

●9月29日《联合报》刊登《限量妈祖征文集品味书香饼香》文章。

●10月7日《湄洲日报》刊登《全力打响妈祖文化国际品牌　倾力打造国际旅游度假胜地》文章。

●10月7日《澳门日报电子版》刊登《妈祖文化旅游节周四开幕》文章。

●10月8日《联合报》刊登《朝天宫第三代祖妈轿亮相》文章。

●10月8日《联合报》刊登《纪念妈祖升天信众齐聚"第一行宫"》文章。

●10月10日《新华澳报》刊登《妈祖文化旅游节开幕暨海南旅游招商推介》文章。

●10月12日《联合报》刊登《听爵士、拜妈祖、吃眷村味》文章。

●10月15日《湄洲日报》刊登《充分发挥妈祖文化的积极作用》文章。

●10月17日《湄洲日报》刊登《电影〈妈祖回家〉在第六届丝绸之路国际电影

节首映》文章。

● 10月20日《联合报》刊登《奠安宫圣三妈将搬回北斗旧址》文章。

● 10月20日《联合报》刊登《六房妈祖绕境柯P率4选将参拜》文章。

● 10月22日《经济日报》刊登《礁溪老爷天后休假中项目优惠多》文章。

● 10月23日《联合报》刊登《祥瑞妈祖福泽海丝》文章。

● 10月25日《联合报》刊登《台闽妈祖交流共祈两岸平安》文章。

● 10月26日《中国产经新闻》刊登《第四届世界妈祖文化论坛将于31日在莆田举行》文章。

● 10月27日《联合报》刊登《太平妈下周起驾烟火秀伴出城》文章。

● 10月30日《中国自然资源报》刊登《让妈祖文化绽放新的时代光辉》文章。

● 11月3日《联合报》刊登《大咖拼人气太平妈祖起驾蓝绿白不缺席》文章。

● 11月1日《湄洲日报》刊登《庆祝中华妈祖文化交流协会成立15周年暨三届四次会员大会举行》文章。

● 11月1日《湄洲日报》刊登《第五届国际妈祖文化学术研讨会昨举行》文章。

● 11月2日《中国自然资源报》刊登《第四届世界妈祖文化论坛开幕》文章。

● 11月2日《湄洲日报》刊登《第四届世界妈祖文化论坛昨在湄洲岛举行》文章。

● 11月3日《福建日报》刊登《第四届世界妈祖文化论坛在湄洲岛举行》文章。

● 11月4日《中国海洋报》刊登《第四届世界妈祖文化论坛启幕湄洲岛》文章。

● 11月6日《中国海洋报》刊登《倡行妈祖精神 共叙海洋情怀》文章。

● 11月8日《中国旅游报》刊登《第四届世界妈祖文化论坛举办》文章。

● 11月14日《湄洲日报》刊登《湄洲妈祖千年首巡"佛教之国"泰国昨恢宏启幕》文章。

● 11月15日《湄洲日报》刊登《湄洲妈祖昨抵达泰国曼谷巡安布福》文章。

● 11月17日《湄洲日报》刊登《加快推进妈祖智能健康城项目建设》文章。

● 11月19日《湄洲日报》刊登《相聚妈祖故乡 展示射击魅力》文章。

● 11月21日《中国日报》英文版刊登《泰国人们为了妈祖的到来铺设红地毯》文章。

- 11月27日《人民日报海外版》刊登《湄洲妈祖巡安情动曼谷》文章。

- 11月28日《福建日报》刊登《妈祖缘连心桥》文章。

- 11月29日《湄洲日报》刊登《当妈祖保佑遇到萨瓦迪卡》文章。

- 11月29日《湄洲日报》刊登《第二届妈祖杯海上丝绸之路国际羽毛球挑战赛开幕》文章。

- 11月29日《湄洲日报》刊登《近距离感受妈祖文化》文章。

- 11月30日《人民政协报》刊登《妈祖信仰：延续文化血脉　联结两岸情感》文章。

- 12月13日《湄洲日报》刊登《世界妈祖文化论坛永久性会址旅游项目获鲁班奖》文章。

- 12月20日《湄洲日报》刊登《妈祖：妈妈的妈，祖国的祖》文章。

戏曲影视

【2019年春节戏曲晚会】

越剧《妈祖》，表演：王君安、赵阳。据福建省芳华越剧团微博消息，芳华越剧团部分演职人员在泉州参加了央视2019年戏曲春晚泉州分会场的录制，尹派传人王君安在此次春晚中演唱了《妈祖》"望东海"一段。

【2019台中妈祖国际观光文化节——百年宫庙风华歌仔戏演出】

每年农历三月妈祖进香是全台最盛大的传统宗教文化活动，中部信仰力量尤为兴盛。2010年"大甲妈祖绕境进香"已被文化部门指定为重要民俗，成为台湾地区无形的文化资产。台中市开全台风气之先办理妈祖文化节，仍延续往年模式，与台中市各大百年宫庙合作，为台中市重要宫庙建立文化性质的平台。

传统妈祖宫庙于农历年后至妈祖诞辰前，均会办理元宵晚会或酬神戏以庆祝民俗节庆。为提升庙口表演艺术的质量，安排优质表演团队至各宫庙演出，并以扶植在地艺文团队为主，扩大宫庙妈祖信仰相关活动规模与效益。预计在台中市辖内新社九庄妈、南屯万和宫、大庄浩天宫、台中乐成宫、梧栖朝元宫、台中万春宫、丰原慈济宫、社口万兴宫、大里杙福兴宫、北屯南兴宫及大肚万兴宫之庙前广场或祭祀圈境内举办大型表演团队会演或歌仔戏演出计 11 场次，并配合"2019 台中妈祖国际观光文化节"活动时程，宣传相关系列活动。

【天津京剧院将携新编京剧《妈祖》参加第六届丝绸之路国际艺术节】

国庆将至，佳音不断。9 月 17 日、18 日，天津京剧院将携新编京剧《妈祖》赴古都西安参加第六届丝绸之路国际艺术节，届时将在西安易俗大剧院连演两场。

第六届丝绸之路国际艺术节是由中华人民共和国文化和旅游部、陕西省人民政府共同主办的一个国际新艺术盛会，集聚了海内外的多种艺术精品剧目。新编京剧《妈祖》不仅很好地契合了第六届丝绸之路国际艺术节"丝路艺术的盛会、民心相连的桥梁、人民群众的节日"的办节宗旨，而且凭借着精良的剧目质量和丰厚的人文内涵得到了本届艺术节组委会的邀请，有机会在那样一个国际新的活动中以国粹京剧的形式传播妈祖文化，弘扬民族精神，着实振奋人心。

京剧《妈祖》曾荣获第四届中国京剧艺术节优秀剧目奖、优秀编剧奖、优秀表演奖、优秀音乐奖、优秀舞美奖以及第十届精神文明建设"五个一工程"优秀作品奖等诸多大奖。复排后的版本由国家一级演员、中国戏剧梅花奖获得者、梅尚名家王园领衔饰演摆渡女、林默娘。国家一级演员、青京赛金奖得主王嘉庆、赵华，国家二级演员、青研班研究生赵芳媛在剧中分别饰演赤脚大仙、林愿、观音菩萨。天津京剧院国家二级演员史绍跃、周兢、邵海龙分别饰演林夫人、王妈妈与接生婆，优秀青年演员王一、吴奇峪分别饰演炳干与小妮。

【2019 年雯翔舞团年度创展奉天妈祖】

11 月 10 日，雯翔舞团年度创作历年来融入嘉义县十八乡镇地方人文地景，以一乡一特色作为创作主轴，2019 年以嘉义县新港乡奉天宫特色为创作发想。妈祖的慈悲在民间交织出许多丰沛情感，雯翔舞团以舞剧方式展现妈祖与世间的牵绊。妈祖的容颜更已被描绘为最温柔的守护神。演出不单单描述宗教文化活动，也展现台味十足的人文风景，让观众细细品味。

影视

【2019年贺岁电影《海神》】

2月4日,黄建华制片/导演,莆田首部少儿影片、2019年莆田贺岁电影《海神》上映。妈祖文化是劳动人民千百年来尊崇、信仰妈祖过程中遗留和传承下来的物质及精神财富的总称,是中华民族重要文化瑰宝之一。作为中国海洋文化的代表,妈祖文化近千年来一直与我国诸多和平外交活动、海上交通贸易,都有着密切关联。随着2009年妈祖信俗被联合国教科文组织列入人类非物质文化遗产代表作名录,妈祖文化更是成为全人类尤其是21世纪海上丝绸之路沿线国家共属的精神财富。

妈祖是流传于中国沿海地区的传统民间信仰。妈祖文化肇于宋、成于元、兴于明、盛于清、繁荣于近现代,妈祖文化体现了中国海洋文化的一种特质。中国民间在海上航行要先在船舶启航前祭祀妈祖,祈求保佑顺风和安全,在船舶上立妈祖神位供奉。这就是"有海水处有华人,华人到处有妈祖"的真实写照。而影响所及,妈祖由航海关系而演变为海神、护航女神等,因此形成了海洋文化史中最重要的中国民间信仰崇拜神之一。

【纪念妈祖诞生1059周年 电视剧《大相妈祖》将选景湄洲岛】

4月27日,妈祖故里湄洲岛雾气弥漫,彩旗飘扬,锣鼓齐鸣,纪念妈祖诞生1059周年庙会启动仪式在这里举行,为期6天的纪念妈祖诞辰活动以"同谒妈祖共享平安"为主题,弘扬妈祖文化,传播妈祖精神。

中华妈祖文化交流协会常务副会长俞建忠，湄洲岛党工委书记林韶雯，中华妈祖文化交流协会副会长兼秘书长、湄洲妈祖祖庙董事会名誉董事长林金榜，中华妈祖文化交流协会副会长、湄洲妈祖祖庙董事会董事长林金赞，湄洲妈祖祖庙名誉董事长、元神地造机瓦宫副董事长蔡辅雄，300集连续剧《妈祖》的妈祖饰演者、全球城市小姐选拔赛创始人张如君博士以及回祖庙谒祖进香的海内外妈祖信众齐聚圣地，共襄盛举。

升幡庆妈祖千秋圣诞，挂灯引黎民万里慈航。庙会启动仪式上，有龙狮献瑞、车鼓迎祥、电音三太子等丰富多彩的民俗表演，为期6天的纪念妈祖诞辰系列活动还包括《湄洲妈祖巡天下》图片展、民俗队表演、莆仙戏演出、大型民俗歌舞《祥瑞湄洲》表演等，是一次妈祖非遗魅力的展示，也是一场精彩纷呈的文化盛宴。

林金赞表示，湄洲是妈祖文化发祥地，是世界3亿多名妈祖信众的朝圣地，今天隆重举办纪念妈祖诞生1059周年系列活动，旨在弘扬妈祖文化，传播"立德、行善、大爱"的妈祖精神。

蔡辅雄表示，此次活动是联结世界华侨华人情缘，增强交流合作的平台。湄洲岛立足妈祖文化，加快打造"两岸乡亲心灵家园"。妈祖文化交流热积极带动两岸经贸融合，令台湾地区中小旅游、餐饮、民宿业者有机会共享大陆商机。

张如君偕同监制游志郎（《妈祖》电视剧出品人）、执行制片人蔡岳宏、秘书长许诗敏、主持人高子涵等《大相妈祖》剧组主要成员一同拜访了林金赞董事长和蔡辅雄董事长，就传承和弘扬妈祖文化等方面做了深入的交流；并受邀出席纪念妈祖诞生1059周年庙会系列活动，为《大相妈祖》的创作带来更多创作理念和灵感启发。

张如君在台湾曾主演300集《妈祖》和70集《观世音》电视连续剧，她饰演的妈祖及观世音形象在台湾深入人心，曾创造电视收视率和回放率纪录。张如君表示，今年正在筹拍40集电视连续剧《大相妈祖》，散播更多温暖与良善的种子，也得到业界友人和企业家的支持。这次参加纪念妈祖诞生1059周年庙会系列活动，更坚定了筹拍电视剧的信心，将把更多的时间和精力放在《大相妈祖》上。

张如君透露，《大相妈祖》同样以妈祖故事为主轴，主要因还愿感念。"大"代表广大无边的功德和神通，"相"就是妈祖的各种面相，是呈现出在世人面前的各种各样面貌，"大相妈祖"意为神通广大、功德无量的妈祖。

《妈祖》电视剧出品人、《大相妈祖》监制游志郎表示，20年前电视剧《妈祖》在湄洲妈祖祖庙开镜拍制，如今再来参加妈祖诞辰活动，同时为《大相妈祖》的创作取经，也是因《大相妈祖》将部分选景湄洲岛而来考察。他还表示将会紧抓妈祖在台湾地区和大陆的历史关联，给观众了解妈祖在两岸的正确历史缘由；在尊重历史的前提下，对妈祖相关故事进行铺陈，以慈悲、德行、济世的故事情节展开制作。

20多年前，游志郎监制过《新白娘子传奇》《戏说乾隆》等多部知名电视剧，如今20多年后再次担当监制，期待他将创作一个有市场、有质量、有意义、有时代性的优秀电视作品。

【CCTV-13新闻频道《世界周刊》播放《远方的妈祖》】

5月5日，中央电视台第13套新闻频道《世界周刊》栏目播放了《远方的妈祖》，专题报道了妈祖文化的海外传播。

新闻报道简介：继上个月召开的"一带一路"高峰论坛以及北京世园会后，5月份，亚洲文明对话大会即将在中国召开。不同文化之间的交流也将是我国今年主场外交的主题之一。回顾历史，在吸收外来文化的同时，我们的本土文化也借助"一带一路"向世界传播。本期的特别报道就一起来关注一个不断向海外传播并在远方的世界生根发芽的中国文化符号——妈祖。她承载了流传千年的民间故事，她寄托了无数华侨华人的故园情怀。

湄洲岛是"海上和平女神"妈祖的故乡，是台湾2/3以上民众的精神家园，也是全球3亿多名妈祖敬仰者的心灵原乡。湄洲岛是妈祖的诞生地。1000多年来，全世界从湄洲妈祖祖庙分灵出去的妈祖宫庙有上万座，遍布五大洲46个国家和地区，形成凡是有华人的地方就有妈祖宫庙，就有妈祖敬仰者的独特文化现象。

【金鸡百花奖国产新片特别展映影片《妈祖回家》展映分享暨主创见面会】

11月22日，第28届中国金鸡百花奖国产新片特别展映影片《妈祖回家》举行展映分享暨主创见面会，导演：蒲剑，演员：赵亮、葛玟希、关德辉、郝林。

创作背景：两岸题材电影《妈祖回家》改编自福建著名作家王鸿所著中篇小说《台北来信》。故事主要取材于福建本土，以现实中的莆田人和台北人为原型，紧扣妈祖信俗与两个发生在台湾海峡间的渡海事件，以一系列曲折生动的情节，充分展示了闽台人文特征和文化内涵，反映了海峡两岸由隔绝到交往交流、由敌视到和平发展的历史变迁。

精彩剧情：福建莆田小船主吴天桂在新中国成立前迎娶了三房太太。新中国成立后颁布新《婚姻法》，废除封建陋习，实行一夫一妻制。三房太太都不愿意跟吴天桂离婚，搞得他焦头烂额。流落大陆的台籍老兵林奇伟骗他台湾还可以一夫多妻，于是一行人在一个漆黑的夜晚，踏上了私渡台湾的危险旅程。1989年，离家36年的吴天桂捧着当年带去台湾的妈祖圣像，和200余名妈祖信众乘渔船前往莆田湄洲岛谒祖进香，开启了两岸隔绝以来第一次大规模的民间直航，也实现了他回家的夙愿。

电影将妈祖文化有机地融合于剧情，把多幕场景放在湄洲岛、贤良港或与妈祖信仰有关的活动中，譬如莆田渔民海祭妈祖、台湾妈祖信众开启两岸首次船队直航、两岸信众共同朝拜妈祖等，旨在唤起广大台湾同胞对祖国大陆的文化认同和寻根意识，增强沟通对话，为促进两岸关系和平发展尽绵薄之力。

【《台湾妈祖与马祖》观光影片入围艾美奖】

与美国公共电视网（PBS）热门旅游节目Joseph Rosendo's Travelscope联合制作《台湾妈祖与马祖》（Taiwan Matsu Festival and Islands）旅游节目，就在一年一度妈祖绕境进香活动即将起驾之际，传出入围第46届日间创意艺术艾美奖（The Daytime Creative Arts Emmy Awards）的生活美食旅游暨教育信息节目类最佳单机指导（Outstanding Directing for a Single Camera Lifestyle, Culinary, Travel or Educational and Informational Program）提名之喜讯。

Joseph Rosendo's Travelscope于2017年来台参加妈祖绕境及进香活动，采访民俗宗教教授林茂贤老师，前往马祖探寻妈祖文化，制作《台湾妈祖与马祖》专题报道。

主持人罗森度深入浅出介绍台湾民间信仰妈祖文化与马祖的关系，将大甲妈祖文化节与妈祖在马祖做巧妙联结，走访大妈祖神像、芹壁聚落、八八坑道、蓝眼泪、战地风光及品尝地方美味。该节目已于 2018 年 4 月于北美地区播映。

罗森度兴奋地回忆第一次参加大甲妈祖绕境及进香时，不仅跟随着妈祖走访台湾的沿海乡镇，看到浩荡的阵头、报马仔、弥勒团、太子团、执事队，而且看到成千上万信众一步一脚印地追随妈祖的步伐，他说：只有亲眼见证才能感受那股凝聚民心的庞大力量及妈祖魅力，深刻体会台湾民众的互助、关怀与人性的温暖善良一面。

罗森度并在节目的结语中感性地表示，妈祖不只是存在于台湾民众心中，更是无所不在庇佑众生。在大甲妈祖起驾前获得艾美奖提名的喜讯，罗森度开心地表示：让我们一起欢迎妈祖到美国参与颁奖典礼。

文化交流

【福建宁德松山天后行宫与台湾台中永兴宫结亲】

1月2日，福建省宁德市霞浦县松山天后行宫与台湾台中大雅永兴宫缔结为友好宫庙。至此，霞浦松山天后行宫已先后与台湾嘉义新港奉天宫、云林北港朝天宫、台中大甲镇澜宫等百余家妈祖宫庙和机构建立了联系。松山天后行宫是大陆现存历史悠久、规格较高的祭祀海神庙宇。近年来，该行宫对台交流热络，前来进香拜妈祖的台湾宫庙和信众络绎不绝。

【韩国首尔国立幼儿园教师参观厦门朝宗宫】

1月3日，韩国首尔国立幼儿园老师一行16人参观厦门朝宗宫。朝宗宫管委会热情接待了韩国客人。朝宗宫管委会用极具闽南特色的茶点，普洱茶、嘴口酥、贡糖、花生仁等接待，让来自韩国的客人赞不绝口。韩国客人一行在详细了解妈祖伟大而传奇的一生之后，崇敬之心油然而生，并且参观了矗立在朝宗宫前的接官亭石牌坊，盛赞厦港文化历史底蕴丰厚。朝宗宫管委会主任林招治表示，朝宗宫致力于讲好中国故事，传播妈祖大爱精神，宣传厦港好声音。我们热忱欢迎广大国际友人、各界人士，前来朝宗宫参观指导。

【首届海峡两岸妈祖文化交流会在福建漳州举行】

1月9日，首届海峡两岸妈祖文化交流会暨漳浦县古雷港口天后宫重建落成庆典大会在古雷镇港口妈祖文化园举行。湄洲妈祖祖庙、漳浦县乌石天后宫、台湾云林北港朝天宫、台湾嘉义新港奉天宫、台湾台中大雅永兴宫、龙海市海澄天后宫等数十家妈祖宫庙及妈祖文化机构代表前来同谒妈祖，共襄盛举。古雷港口天后宫理事长林建东在大会上说，港口天后宫已经有600多年的悠久历史，宫内敬奉湄洲天上圣母，香火鼎盛。此次活动让海峡两岸兄弟姐妹欢聚一堂，港口天后宫理事会成员将会继续努力，以妈祖文化为纽带，开展两岸宫庙文化交流活动，增强两岸同胞情谊，秉承"两岸一家亲"的理念，促进两岸越走越近、越走越亲。

【北高兴盛宫重建告竣庆典暨两岸妈祖文化交流活动举行】

1月16日上午，北高妈祖文化交流协会、兴盛宫董事会举办北高兴盛宫重建告竣庆典暨两岸妈祖文化交流活动。来自湄洲妈祖祖庙、台湾北港天后宫、台湾中华传统宗教总会、台湾三圣母妈祖文化交流协会、莆田市文峰宫及北高103家妈祖文化机构代表欢聚一堂，同谒妈祖，共襄盛举。湄洲妈祖祖庙董事会秘书长李少霞主持庆典和妈祖三献礼仪式。

【"第五届全球妈祖文化征文暨摄影大赛"评选会圆满落幕】

1月24日，"情牵海丝 大爱妈祖——第五届全球妈祖文化征文暨摄影大赛"作品评选会在福建省出版中心大楼多媒体厅举行，经过遴选，获奖名单揭晓，本届大赛圆满落下帷幕。当天下午，福建省委宣传部副巡视员卓少锋，海峡出版发行集团党委委员、副总经理林彬，福建省委宣传部对外宣传联络处处长郑东育，福建省侨办文化教育宣传处处长张志英，福建省对外文化交流协会副秘书长陆传芝，中华妈祖文化交流协会副秘书长周金琰等12位领导及专家评委出席了此次评选会。

在大赛摄影组的评选中，评委们经过投票和认真的讨论，从286件不署名的参赛作品中评选出48件获奖作品，并现场公布作品及作者。本届大赛由中华妈祖文化交流协会、福建省对外文化交流协会、福建省海外交流协会、海峡出版发行集团联合主办，福建省作家协会、台湾鹿港天后宫管委会、莆田市摄影家协会共同协办，福建电子音像出版社、天下妈祖网共同承办。大赛的获奖作品将结集出版，面向全球发行。今后主办方还将充分利用历届"全球妈祖文化摄影大赛"的成果，结合妈祖文化图片巡回展活动，向海外华人华侨展示大赛的优秀作品，不断增强"天下妈祖"文化品牌的影响力。

【靖恭妈祖圣殿开光庆典暨两岸迎春文化交流活动举行】

1月27日，靖恭妈祖圣殿开光庆典暨两岸迎春文化交流活动在莆田东庄举行。来自中华妈祖文化交流协会、湄洲妈祖祖庙、台湾鹿港天后宫、台湾北港朝天宫、台湾新北土城五谷先帝庙、台北万里渔澳顺天宫及福建、广东、浙江等两岸各地宫庙、妈祖文化机构代表与当地妈祖信众近千人齐聚一堂，庆祝靖恭妈祖圣殿开光。

中华妈祖文化交流协会常务副会长俞建忠号召广大妈祖人，在新时期一定要按照习近平主席关于妈祖文化的重要指示，以及国家"十三五"规划纲要对妈祖文化提出的要求，不忘初心，牢记使命，更好地保护妈祖文化和海丝人文遗产，传播妈祖文化，弘扬妈祖精神，助推莆田建设世界妈祖文化中心，增进海峡两岸民间文化交流，服务"一带一路"倡议。在新时代创造妈祖文化新的更大奇迹，为服务中华民族伟大复兴、为服务构建人类命运共同体做出新的更大的贡献。

【慧聚天后宫举办"圆斗灯谢太岁"活动】

1月27日，慧聚天后宫举办一年一度"圆斗灯谢太岁"活动，由昆山台商协会常务副会长李仁镱带领上千位善信大德，参加本次活动。昆山台商协会荣誉会长孙德聪表示，慧聚天后宫按台湾地区习俗科仪，每年都举办持续2个小时的"圆斗灯谢太岁"活动仪式，其内涵就是要向民众传达中华传统文化"饮水思源、感恩惜福"的道德观，除了推动两岸文化交流，也为建构文明和谐社会做示范。

【第二期"大爱妈祖国学班"开讲】

1月30日，中华妈祖文化交流协会第二期国学班在懿明楼妈祖大学堂开班。来自莆田地区 8~13 岁的近百名儿童在家长的陪同下，参加此次"大爱妈祖国学班"活动。出席此次活动的有中华妈祖文化交流协会财务部及办公室负责人、莆田市人才发展基金会理事长林惠玉，中华妈祖文化交流协会副秘书长蔡承武，中华妈祖文化交流协会杂志社负责人翁卫平，莆仙十音八乐知名专家陈光泽，莆田市四君子古典家具有限公司董事长陈玉树等嘉宾。

【外籍留学生厦门朝宗宫新年拜妈祖】

2月6日上午，厦门朝宗宫喜迎厦门大学多名留学生到访。留学生们在朝宗宫管委会主任林招治的陪同下向妈祖上香、祷告，随后向林主任拜年，希望林主任和朝宗宫越来越好，妈祖文化传播越来越广。留学生们对妈祖文化中的历史档案资料非常感兴趣，也被朝宗宫独特的人文特色所吸引。

【美国妈祖基金会一行到祖庙参访】

2月16日，美国妈祖基金会董事长朱荣斌、创会主席黄升发、驻中国办事处主任张寿国一行，专程前往湄洲妈祖祖庙谒祖进香。中华妈祖文化交流协会副会长、湄洲妈祖祖庙董事会董事长林金赞出席。

【台湾台南大天后宫及庆安宫信众赴湄洲妈祖祖庙进香】

2月26日，台湾台南大天后宫主委曾吉连同善化庆安宫一行83人，第五次赴妈祖故里湄洲妈祖祖庙谒祖进香。双方在祖庙寝殿内行庄严的进香仪式、互赠纪念品，增进友谊。

【冲绳妈祖文化底蕴厚重】

2月27日，中华妈祖文化交流协会会同清华大学、福建师范大学、东南大学、浙江农林大学等高校的专家学者赴日本冲绳对妈祖文化在当地的历史脉络、遗存现状、延续趋势等方面进行了交流和调研。活动采用拜会相关人士、查阅历史资料、实地考察的方式，并结合参考了学界现有成果。一行人拜会了冲绳那霸市久米崇圣会和冲绳教育局文化财科等，探讨妈祖文化在那霸市的传承情况。

那霸市目前有多处妈祖文化遗产，比如南港川的传说拜点和上天妃宫遗址、下天妃宫、首里附近妈祖庙等。在距离那霸市船程4小时的久米岛还保存着一座完整的妈祖庙，当地称"天后宫"，是冲绳文化遗产点。

【湄洲妈祖民俗表演首登澳大利亚舞台】

2月28日，妈祖文化协会举办的妈祖祈福新春联欢会在墨尔本天后宫举行。湄洲妈祖民俗表演第一次登上澳大利亚舞台，在联欢会上献演。本次活动得到了澳大利亚维州多元文化部的支持和资助。多元文化部部长代表凯蒂·霍尔议员十分赞赏妈祖文化协会的活动，充分肯定了妈祖文化协会对维州多元文化所做的努力和贡献。

【台湾妈祖联谊会会长郑铭坤访祖庙莆田会馆】

3月2日上午，台湾妈祖联谊会会长、台中大甲镇澜宫副董事长郑铭坤一行参访湄洲妈祖祖庙莆田会馆。中华妈祖文化交流协会副会长、祖庙董事会董事长林金赞出席。大甲镇澜宫是第一个与湄洲妈祖祖庙结为至亲庙的台湾妈祖宫庙。每年农历三月二十三日妈祖诞辰纪念日，大甲镇澜宫都组织台湾各地妈祖信众进行为期九天八夜的绕境进香活动，这已成为台湾地区最具影响力的盛事之一。

【台湾大甲镇澜宫新港奉天宫访莆田中华妈祖文化研究院】

3月4日，为促进两岸妈祖文化交流，台湾妈祖联谊会会长郑铭坤、台湾新港奉天宫董事长何达煌，率台湾妈祖敬仰者一行37人到中华妈祖文化研究院参访。妈祖文化交流协会常务副会长俞建忠、湄洲妈祖祖庙董事长林金赞等，在中华妈祖文化交流协会懿明楼为他们举行盛大的向妈祖三献礼仪式。

【香港汕尾市同乡总会祈福团参拜广东汕尾凤山祖庙】

3月6日，香港汕尾市同乡总会祈福团130多人，由总会常务副会长李文彬、副秘书长吴汉生带领，在汕尾市城区统战部副部长王晓卫，凤山祖庙旅游区管理处副主任陈壮军，凤山妈祖文化协会会长陈碧江、副会长张昌富、副理事长黎文和陈昭武等陪同下，在天后阁由副理事长黎文主持团拜仪式，净心肃立，拈香虔诚祭拜妈祖。凤山祖庙俗称凤山妈祖庙，是福建湄洲妈祖祖庙在广东的分灵宫庙。

【湄洲妈祖祖庙董事会组团赴日交流】

3月7日，湄洲妈祖祖庙董事会林金赞董事长一行5人到东京千叶纯阳宫进行妈祖文化交流并座谈。日本是妈祖信仰在海外传播较早的地方之一，妈祖文化在日本源远流长，在日本共有长崎、神户、鹿儿岛、冲绳、茨城、青森、千叶、神奈川、大阪、兵库等1府8县17所传播着妈祖信仰，妈祖庙有100多座。日本还成立"妈祖会"的信仰组织，每年在日本横滨中华街举办妈祖节或妈祖祭活动，还在长崎举行灯会。灯会的点灯仪式启动时有妈祖队列，再现明清年间中国船队靠港长崎的情景。8日，湄洲妈祖祖庙董事会交流团一行拜会横滨妈祖庙。横滨妈祖庙位于横滨中华街，是目前日本最大的一座妈祖庙宇，也是海外传播妈祖文化较早的地区之一。该庙香火鼎盛，人气兴旺，已成当地华人华侨乃至日本民众的心灵寄托。9日，湄洲妈祖祖庙董事会林金赞董事长率团参访东京妈祖庙，并进行交流座谈。东京妈祖庙代表连昭惠社长热情接待。

【台湾乌日圣母首次回妈祖故里谒祖进香】

10日，台湾乌日圣母宫宫主吴锦莲、主委颜一郎一行52人，首次赴妈祖故里湄洲岛谒祖进香。湄洲妈祖祖庙董事会前往码头迎接，并在天后宫举行庄严的三献礼。随后双方互相交流，并互赠纪念品，增进友谊。台湾乌日圣母宫位于台中市，为新建庙宇。宫内所祭祀妈祖分灵自台湾台北松山慈佑宫和嘉义新港奉天宫。据宫主吴锦莲介绍，乌日圣母宫是台湾妈祖联谊会的会员之一，在2017年湄洲妈祖巡安台湾之际，是当时的接驾宫庙之一。此次，他们第一次带着妈祖回来谒祖进香，同时计划连续3年前往湄洲谒祖。

【湄洲妈祖分灵泰国泉州晋江联合总会】

泰国曼谷当地时间3月11日晚8点，从妈祖故乡湄洲妈祖祖庙分灵的妈祖圣像顺利抵达泰国曼谷，受到当地旅泰晋江华人华侨的热烈欢迎。随后，湄洲分灵妈祖庄严地安座在泰国泉州晋江联合总会，庇佑一方。泰国泉州晋江联合总会成员以旅泰泉州籍华人华侨为主，已筹备成立一年，其间积极开展乡亲联谊、合作交流、慈善公益及推动中泰友好等活动。他们于3月28日在曼谷阿瓦尼河畔隆重举行首届理事会就职典礼暨新会所落成仪式。

此外，双方还就此前泰国南瑶宫邀请湄洲妈祖巡安泰国事宜进行交流，泰国泉州晋江联合总会理事成员对此事大为赞同，并表示将一同参与。

【中日高校学者赴湄洲岛调研妈祖文化】

3月12日，高雄师范大学和日本鸟取大学师生一行30人专程赴妈祖文化发祥地湄洲岛调研妈祖文化，了解东亚地区社会民间信仰。众学者在祖庙工作人员的陪同讲解下，参观湄洲妈祖祖庙，逐点逐个了解妈祖文化的传播情况。随后，湄洲妈祖祖庙副董事长率祖庙文化人士与中日高校学者与其座谈交流，增进了解，促进妈祖文化的传播。本次赴妈祖文化发源地湄洲岛调研妈祖文化是厦门大学人文学院主办，高雄师范大学、日本鸟取大学协办，以"东亚地域社会民间信仰"为主题的调研和学习活动。本次活动是由这3所高校联合举办的第四年，主要围绕福建地域社会民间信仰，尤其是传统文化信仰与中国传统文化在历史上的传播。

【闽粤台妈祖文化交流】

3月12日，台湾万里圣安宫吴春雄主委、台湾金山福海宫陈阿海主委偕同福建岩溪天妃宫叶拥军主委、叶雅彬、蔡建勇，漳州上街天后宫许其成主委、委员李小真等一行莅临华阳珠珍古庙参访交流妈祖文化。

华阳珠珍古庙建于明嘉靖年间，奉敬珠珍娘娘、珍珠娘娘、宝珠娘娘。相传三女神生日同一天，分别主治天花、麻疹、水痘，是保婴护幼的女神。潮汕民众十分崇敬珠珍娘娘。

【台湾竹南后厝龙凤宫拜访漳州芗城上街社天后宫】

3月13日，台湾竹南后厝龙凤宫三妈会拜访漳州市芗城区上街社天后宫。此行台湾竹南后厝龙凤宫三妈会有70多名信众，多数是从台湾特意赶来祭拜妈祖的。台湾知名人士林进明告诉记者，这是他第三次来漳州祭拜妈祖了，第二次来的时候已经与漳州市芗城区上街社天后宫管理处达成协议，台湾妈祖信徒每年至少要来漳州祭拜一次。"大部分台湾人都信仰妈祖，妈祖信仰也是两岸信众所关注的。本来就是兄弟一家亲，只有更好地交流，才能亲上加亲。"漳州与台湾一水相连，是台胞的主要祖籍地。漳州与台湾历史渊源很深远，地缘近、血缘亲、商缘广、文缘同、法缘久。两地同宗共祖，语言习俗相同，形成密不可分的独特关系。

【新加坡万天府连续16年赴乌石天后宫会香】

3月13日，新加坡万天府蔡亚桦宫主，福建省妈祖文化促进会、厦门市两岸妈祖文化交流协会蔡马勇会长率团，恭请万天府万天将军、天上圣母圣驾赴乌石天后宫会香交流。新加坡万天府自2004年以来，每年都来乌石天后宫参香，至今已有16个年头。

乌石所侍奉的妈祖像，是明朝万历年间，当朝探花林士章从莆田湄洲妈祖祖庙奉请回来的。而且，据传，被请回漳浦的这尊妈祖像是当地人为纪念妈祖，在宋咸平二年（999）用黑沉香木雕塑而成的，至今已有1000多年历史，被称为"千年妈祖金身"。现在，乌石天后宫每年都有数十万名的台胞、海外侨胞前来拜谒，朝圣进香，它也成为推进海内外妈祖文化交流的一张重要名片。

【台湾高雄信众连续3年赴妈祖故乡湄洲岛谒祖进香】

3月14日,台湾高雄路竹天后宫、高雄代天府玉龙宫、东港紫天宫、苗栗后厝龙凤宫三妈会、苗栗三妈文化协会以及福建漳州龙海榜山鲤洲宫、漳州平和小溪于门寺、莆田市古塘功宝堂等多支两岸妈祖宫庙进香团或捧或抬分灵妈祖,赴湄洲妈祖祖庙进香。湄洲妈祖祖庙副董事长吴国春率祖庙董监事成员以锣鼓队为阵头,前往湄洲码头,迎接远道而来的宫庙进香团,并在天后宫内举行庄严的妈祖三献礼仪式。随后,双方互赠纪念品、交流联谊。

【泰国林氏宗亲赴湄洲妈祖祖庙谒祖进香】

3月15日,泰国林氏宗亲总会一行83人,在该会永远会长林盛、会长林焕坤、理事长林汉光的率领下,赴湄洲妈祖祖庙谒祖参访进香。

据泰国林氏宗亲总会的林初德副秘书长介绍,泰国有非常多的林氏后代,目前有68个林氏分会分布在泰国全国各地。泰国林氏宗亲祖先大部分从广东澄海、揭阳移民而来。泰国的林氏后代大多供奉林氏先祖比干、祖先以及妈祖。

【莆田市妈祖文化调研组参访涠洲岛三婆庙】

3月15日,莆田市妈祖文化调查组成员一行8人,在北海市涠洲岛管委会相关负责人和涠洲岛天后宫负责人李福南等陪同下,先后对涠洲岛南湾鳄鱼山景区和涠洲岛三婆(妈祖)庙进行文化调研。调研组对涠洲岛独特的地理环境和妈祖文化进行考察交流,并对当地景区的管理和妈祖文化发展状况做出高度评价和赞扬。

【日本前首相鸠山由纪夫赴湄洲岛参访】

3月22日,日本前首相、日本医疗国际交流协会最高顾问鸠山由纪夫及夫人一行赴湄洲岛参观考察。莆田市市长李建辉、副市长傅冬阳、秘书长吴宗兴、湄洲岛党工委书记林韶雯等陪同。鸠山由纪夫感谢莆田市委、市政府给予的热情接待。他说，第一次到访莆田，独特的城市魅力让他印象深刻。他表示，愿意为加强双方的医疗合作交流做出自己的努力。

【青岛市妈祖文化联谊会赴日交流】

3月22日，青岛市妈祖文化联谊会赵起良会长偕董天成副会长、李欣副秘书长等一行前往日本访问交流。联谊会首站拜访了日本文化交流协会，受到佐野昌志、川崎一男董事长、司马良亮的热情接待。川崎一男还向赵会长一行赠送了妈祖文化流传到日本的文史资料。他们还拜访了日本文化非物质遗产传承人、已经72岁的中岛基世女士，其现任日本医院的投资人兼董事长。因家学渊源，中岛女士对音乐造诣颇深，精通多种乐器，在日本任妙法莲华经大师，对易经理论也颇有研究。双方就妈祖文化精神进行了探讨，并希望能够在妈祖文化传承及相关产业上达成合作。

【新加坡西河别墅林氏宗亲会82年首回湄洲谒祖】

3月22日，新加坡西河别墅林氏宗亲会在主席林潮阳的带领下，一行96人统一身着黄色宗亲会服，恭捧分灵妈祖、林府祖叔、千里眼、顺风耳等神尊，82年来首次赴妈祖故里湄洲妈祖祖庙谒祖。祖庙副董事长庄美华偕祖庙董事会成员对客人表示热烈欢迎。

据林潮阳介绍，西河别墅林氏宗亲会早在1937年就供奉妈祖，这是历史以来第一次回湄洲谒祖进香。为了此次行程，林潮阳一行在新加坡水尾圣娘庙朋友王昌的牵线下，曾率队8人在2018年11月专程来湄洲洽谈进香事宜，并得到祖庙的积极协助。

【惠来代表团考察靖海妈祖文化】

3月31日，惠来县妈祖文化交流协会会长苏文炳，副会长许文荣、朱凤鸣，县协会福利会主任林铿英一行，会同县协会副会长、靖海天后宫会长林增全，及妈祖信息员邱马平等一同到靖海天后宫，拜谒妈祖。这次交流团参观了由林增全主持的在建的"周王二公祠"，接着到靖海镇西山村天后宫拜谒妈祖，由妈祖文化工作联系人王友松陪同，同西山村天后宫管理人员亲切交谈，交流妈祖文化工作。

【晋台进行妈祖文化交流】

4月2日，由北港朝天宫副董事长蔡辅雄率台北圣昭妈祖文化交流协会、高雄妈祖弘道促进会、基隆九皇宫等主委和委员护驾北港妈祖神像分灵至晋江九龙寺，受到当地信众的热烈欢迎。活动当天，晋江九龙寺内外人山人海，仪仗队以鸣锣开道，后面紧跟号旗队、妈祖神像等，场面震撼人心。

【南沙天后宫率团参访陆丰】

4月4日，南沙天后宫代表参访团赴陆丰福山妈祖文化主题园区，与陆丰市妈祖文化研究会、福山天后宫进行座谈。始建于明代的南沙天后宫紧临烟波浩渺的珠江出海口伶仃洋。1994年，时任全国政协副主席、著名实业家霍英东倡议并捐资重建天后宫。当下随着南沙自贸区的推进，以妈祖文化为纽带，扩大朋友圈，将有利于南沙落实粤港澳大湾区的战略部署，对接国家"一带一路"倡议，将南沙推向世界的舞台。

【嘉义县大林圣皇宫首次参访朝宗宫】

4月7日，台湾嘉义县大林圣皇宫主任委员李依翰一行到厦门朝宗宫参访。朝宗宫管委会副主任阮亚尾对圣皇宫代表团首次到访表示热烈欢迎。

【祖庙代表团赴台交流】

4月11日，湄洲妈祖祖庙董事会吴国春副董事长率参访团，赴台湾地区30多家妈祖宫庙进行参访。交流过程中，湄洲妈祖祖庙董事会赠送了纪念品给台湾庙方，并邀请台湾妈祖宫庙多到湄洲岛交流，加强彼此之间的联络，增进庙宇之间的情感。

【国际留学生参访朝宗宫】

4月14日，保加利亚和马里留学生慕名到访厦门朝宗宫，进行妈祖文化交流活动。这两名留学生原本在杭州留学，此前两天到厦门旅游，慕名到朝宗宫拜谒，并实地考察学习妈祖文化。两名留学生听到讲解员讲述妈祖伟大故事的时候，保加利亚女生站在妈祖像前要求拍照。她表示，和伟大的妈祖拍照是人生中最幸福的事了。

【第十一届深圳龙岗妈祖文化旅游节】

4月14日，第十一届深圳龙岗妈祖文化旅游节隆重举行，并举行了鹿港天后宫妈祖神像分灵龙岗天后古庙的安座仪式。第十一届龙岗妈祖文化旅游节由龙岗区妈祖文化交流协会主办，在台湾鹿港天后宫管理委员会和张伟东主委的大力支持下，恭迎了第一尊从台湾分灵到深圳并安座在龙岗天后古庙的鹿港妈祖，与湄洲妈祖祖庙分灵的翡翠玉妈祖共同举行了海峡两岸的妈祖巡安活动。本次活动的主持人是龙岗区妈祖文化交流协会副会长陈万足。中华妈祖文化交流协会副秘书长、龙岗区妈祖文化交流协会副会长兼秘书长、龙岗妈祖非遗传承人陈永腾先生总策划本次活动并主持妈祖起驾三献礼仪。出席本次活动的嘉宾有中华妈祖文化交流协会常务副会长俞建忠，协会领导林惠玉、周金琰，湄洲妈祖祖庙监事长朱国荣，台湾鹿港天后宫管理委员会蔡平焜副主委，在深台商协会总会常务副会长许富贤等。

【万好妈祖宫赴湄洲妈祖祖庙谒祖】

4月15日，莆田北高万好妈祖宫，在该宫董事长李祖耀的带领下，组织了2000多名妈祖信众到湄洲妈祖祖庙进香。在这次谒祖进香的活动中，比较重要的一场仪式是由湄洲妈祖祖庙董事会林金赞董事长在正殿，向万好妈祖宫庙授印，彰显了祖庙与分灵庙宇之间的关系，将在历史长河中留下美好的记忆。此方妈祖印将会是宫庙之间维持关系的象征，也将妈祖文化以不同的方式传播得更加深远。

【首届湄洲岛海峡两岸文化节盛大开幕】

4月15日至5月4日，一场以妈祖为主题的"首届湄洲岛海峡两岸文化节"盛大开幕。文化节期间，来自本土与境外的艺术家联手打造最前沿的艺术。不同的摊位把不同的创意及别处的特色带到了湄洲岛，把当代艺术融入传统艺术。

【德国学者参访湄洲妈祖祖庙】

4月18日，在中华妈祖文化交流协会常务副秘书长兼学术部主任周金琰的带领下，来自德国的汉语言学家普塔克的学生蔡教授赴湄洲妈祖祖庙参访。普塔克是德国著名的汉语言学家，对妈祖文化的造诣也颇为深厚。3年前，普塔克曾在慕尼黑举行了一场"妈祖学术研究会"，进一步了解了妈祖在德国学界的研究情况。

【台湾关渡宫联合高校举办妈祖信仰研讨会】

4月19—21日，由关渡宫、台北市立大学主办，台北市立大学历史与地理系承办的妈祖信仰国际学术研讨会在台北市立大学公诚楼举行。研讨会以"从地方到世界——信仰、文化、传统、创新的交相汇"为主题，以专题演讲、学术研讨、妈祖论坛、文化参访为主要内容和形式。

【澳门中华妈祖基金会组团赴湄洲进香】

4月25日，澳门中华妈祖基金会在陈明确会长的带领下，圆满完成澳门天后宫妈祖圣驾回銮湄洲妈祖祖庙的活动，启程回澳门。此次活动为第十七届澳门妈祖文化旅游节的重要宣传内容之一。陈明确总结活动时表示，此行赴湄洲谒祖活动，能促使澳门和湄洲两地关系更加密切。

【2019年霞浦妈祖文化节开幕】

4月27日,农历三月二十三日,是妈祖诞生1059周年纪念日。逾万名两岸信众齐聚霞浦松山天后行宫,共同为"海上和平女神"妈祖诞生1059周年庆生,冀望两岸和平。近年来,松山天后行宫为贯彻国家"一带一路"建设,积极发挥妈祖文化的独特优势,先后赴新加坡、菲律宾、马来西亚等海丝沿线国家和地区联谊交流。

为庆祝妈祖诞生1059周年,松山天后行宫董事会举办2019年霞浦妈祖文化节,从4月27日持续至4月29日,内容包括祈福祭祀大典、闽剧公演、千人平安宴、民俗踩街、妈祖之光文艺晚会等。

【中华妈祖莆仙十音八乐团载誉而归】

5月14日,中华妈祖十音八乐团载誉而归。中华妈祖莆仙十音八乐团参加了5月10日在北京星光影视园举办的"庆祝中华人民共和国成立七十周年文艺盛典"暨"盛世夕阳红"第二十八届中国文化艺术交流会演活动,并在26支队伍中荣获金奖。此次活动由中国中老年文化艺术交流中心、中国国际文化艺术发展协会、北京盛世夕阳红组委会联合举办。

【台湾宜兰南方澳进安宫等组团赴湄洲谒祖进香】

5月16日,台湾张瑞雄率宜兰南方澳进安宫、桃园市保障民俗文化推广协会、台湾真后妈祖功德会、新竹龙兴宫、基隆玉敕奉天宫等多家台湾宫庙和社团的270名信众,到湄洲妈祖祖庙举行祈福活动。湄洲妈祖祖庙董事会董事长林金赞率团迎接,并协助台湾宫庙抬妈祖,且进行分香火仪式。

【两岸共同打造妈祖文化旅游圈】

5月26日,湄洲岛旅游协会同台湾地区10个县市宫庙代表举行签订文化旅游合作协议仪式，旨在促进湄台"资源共享、互惠互利、共同发展"，共同打造妈祖文化旅游生活圈，携手建设两岸同胞心灵契合、共创共享的幸福家园。

【"两岸妈祖缘"文化交流活动启动】

6月3日，"两岸妈祖缘"文化交流活动在天津天后宫启动，两岸宫庙负责人、妈祖信众代表、专家学者等约200人出席活动。仪式上，全国政协副主席、台盟中央主席苏辉宣布"两岸妈祖缘"文化交流活动正式启动。来自两岸妈祖宫庙的代表按照传统仪式对天后宫妈祖进行了祭拜，将取自两岸多地的水汇聚在一起，举行"众水合一"仪式，共祝两岸和平发展、繁荣昌盛、民族伟大复兴。

【第十一届海峡论坛·妈祖文化活动周开幕】

6月10日上午，第十一届海峡论坛·妈祖文化活动周开幕式在湄洲岛世界妈祖文化论坛永久会址举行，两岸嘉宾共同推杆启幕。福建省有关部门领导、两岸医疗健康产业界代表、妈祖信众代表、台湾地区村（里）长代表、文创机构代表、两岸青年代表等各界人士共800多人参加了开幕式。

【2019年海峡两岸青年创新创业暨妈祖文化研习夏令营开营】

6月10日，由湄洲湾职业技术学院承办的"中华情·妈祖缘"2019年海峡两岸青年创新创业暨妈祖文化研习夏令营正式开营。6月10—12日，来自海峡两岸的近百名青年将开启他们的夏令营生活。他们相聚莆田，将共同开启创新创业、妈祖文化体验之旅，感受妈祖故乡的文化底蕴，加强两岸青年的交往交流，助力两岸文化的互通互融。

【第十一届海峡论坛·妈祖文化活动周（协会站）】

6月12日，以"心灵契合　两岸和合"为主题的第十一届海峡论坛·妈祖文化活动周（协会站）活动在中华妈祖文化研究院正式拉开了序幕。中华妈祖文化交流协会的队伍整齐列队欢迎台湾地区的嘉宾。现场还有莆仙十音八乐队、车鼓队、舞蹈队、中华妈祖艺术团的表演，热闹非凡。在懿明楼妈祖神像前，举行了隆重的三献礼仪式，充分展示妈祖文化的魅力。在三献礼仪式结束后，台湾同胞在协会工作人员的带领下参观了研究院，观看了中华妈祖艺术团带来的演出。

活动期间，还举行了两岸妈祖文化学术交流座谈会。中华妈祖文化交流协会第一、二届常务副会长及中华妈祖文化研究院院长林国良，两岸妈祖文化研究专家学者，两岸10多个妈祖文化机构代表等30多人参加了此次交流座谈。座谈会由中华妈祖文化交流协会常务副秘书长、学术部主任周金琰主持。

【第九届妈祖文化摄影图片台澎金马巡回展在金门启动】

6月14日，第九届妈祖文化摄影图片台澎金马巡回展正式启动。巡回展第一站设在金门的金城镇金城中学，吸引了众多在校学生和附近民众前往观展。此次妈祖文化摄影图片巡回展将在金门驻留展出3天。展出的图片共200余幅，分为"千年信俗""大爱无疆""心向妈祖""四海一家"4个部分，述说了海峡两岸妈祖人传承妈祖文化、弘扬妈祖精神的动人故事。

【记忆海丝，回谒祖懿】

6月14日，广西北海合浦9家妈祖宫庙联合赴中华妈祖文化交流协会拜谒妈祖，中华妈祖文化交流协会常务副会长俞建忠率领队伍对其表示欢迎。本次活动由倒流九头古庙牵头，在该宫庙董事长马祥邦的带领下组成这支以"记忆海丝，回谒祖懿"为主题的进香团队，中华妈祖文化交流协会作为谒祖的第三站，在懿明楼和进香团为妈祖举行了隆重的三献礼。此次进香团也为中华妈祖文化交流协会准备书法作品，并在三献礼仪式后赠送给协会。

【第十一届海峡论坛·妈祖文化活动周（涵江）活动隆重举行】

6月13日，来自台湾地区的100多名同胞参加了第十一届海峡论坛·妈祖文化活动周（涵江）的妈祖文化交流活动。这次涵江所举办的妈祖文化交流活动分别在涵西前林天后宫、三江口镇的杨芳西林西湖境天后宫、江口福莆仙东岳观举行。

【广西北海妈祖联谊会赴深圳交流】

6月18日，广西北海妈祖联谊会在李福南主任的带领下，一行173人赴深圳龙岗天后古庙参访交流。天后古庙庄美叶偕全体员工对联谊会表示热烈欢迎。广西北海妈祖联谊会此行带领21个妈祖文化机构、16尊妈祖神像，驻驾龙岗天后古庙。在天后古庙正殿，联谊会举行了隆重的朝拜妈祖仪式。

【第九届妈祖文化摄影图片台澎金马巡回展台北站开展】

6月20日，第九届妈祖文化摄影图片台澎金马巡回展按照原定路线来到台北华山文创园西5-1馆展出，展期3天。开展当天就吸引了大量妈祖信众以及周边居民前来观展，精心准备的大量图片为台北民众带来了一场别具特色的妈祖文化盛宴。本次妈祖文化摄影图片巡回展由福建电子音像出版社、天下妈祖网主办，并得到了金门县文化局、澎湖县文化局、马祖文化处、万卷楼图书股份有限公司、台湾丽文文化事业机构、五楠图书用品股份有限公司等机构的大力支持。

【南半球首届妈祖巡安庆典在悉尼举行】

6月30日，南半球首届妈祖巡安庆典正式在悉尼开启。当天参加活动的有澳大利亚、中国、日本、越南、马来西亚、印尼、瓦努阿图等国的信众及30家当地艺术家团队近千人，场面热烈。本次参加巡安的妈祖像分灵自福建莆田湄洲妈祖祖庙。现场锣鼓喧天、鞭炮齐鸣、金狮起舞，妈祖神尊在护驾团和信众的陪同下浩浩荡荡启程，信众夹道欢迎，争睹妈祖风采。妈祖被誉为"海上和平女神"，妈祖信仰已历经千年，"妈祖信俗"入选联合国教科文组织人类非物质文化遗产名录，在海外有深厚的信众基础，近年在澳大利亚也得到较广泛的传播，成为凝聚当地华侨华人的重要精神纽带之一。

【台湾瑶池珠灵宫魏启修率团到文峰宫进香】

7月10日，台湾台中瑶池珠灵宫魏启修宫主率团到文峰宫进香参拜，文峰宫董事长陈鹭玲率仪仗队、车鼓队、妈祖义工团队隆重地欢迎他们。在活动现场，可以看到一直在忙碌的交警，他们在现场维持秩序和疏散人群，为台湾同胞提供了良好的进香环境。

【莆台妈祖缘　两岸同胞情】

7月16日，台北福建同乡会理事长、台湾地区的一家文化发展协会理事长黄典本率部分协会理事、会员及台湾书画家一行68人参访湄洲妈祖祖庙莆田会馆。代表团员怀着虔诚的心在十楼妈祖行宫沐手拈香，谒拜妈祖。尔后，台湾嘉宾们到六楼书画展厅，参观"妈祖缘·同胞情"两岸书画精品大联展。在每一幅大陆和台湾书画家的精品前，他们久久驻足，细细评点，对本次展览给予了很高的评价。

台湾代表团对此次两岸书画大联展突出的"中华妈祖情，两岸一家亲"主题赞不绝口，联展进一步弘扬了妈祖"立德、行善、大爱"的精神，对促进两岸文化交流、推动两岸融合发展具有积极的作用。之后，他们参观了莆田会馆一楼妈祖文创产品，对景泰蓝妈祖神像、湄洲祖庙全景图大型木雕和一件件富有创意的文创产品赞叹不已。

【台湾暖暖安德宫信众赴湄洲妈祖祖庙谒祖】

7月16日，台湾基隆市暖暖安德宫妈祖庙主任委员郑怡信率208名信众赴湄洲妈祖祖庙谒祖。祖庙董事会以鼓乐队为阵头在湄洲码头迎接。进香团众人身着统一庙服，恭抬5尊神尊抵达祖庙。祖庙董事会秘书长李少霞陪同进香团在天后宫向妈祖行三献礼，并向郑怡信等人赠送妈祖纪念品。随后，双方就妈祖信俗传承事业与两宫交流合作展开讨论并交换意见，各有收获。郑怡信主任委员是第一次造访湄洲妈祖祖庙，他代表进香团感谢祖庙董事会的热情招待，并称赞祖庙三献礼仪式仪程规范，气氛庄严，非常值得学习。他表示，两岸妈祖文化同根同源，一脉相承，两宫应加强联系，交流互鉴，互补有无，如此才能更好地传承妈祖文化，弘扬妈祖精神。

【漳州海澄天后宫代表赴台进行妈祖文化交流】

7月16日，福建漳州海澄天后宫主任委员洪水发一行9人赴台湾台中市梧栖区大庄浩天宫参访交流，受到浩天宫主任委员陈起贺及重建委员会主任委员王经绽等热烈欢迎，为两岸文化交流添盛事。洪水发说，漳州海澄天后宫与浩天宫缔结为姐妹宫，这次来浩天宫为的是增进两岸间的交流，进一步弘扬妈祖文化，保佑社会安定，增进两岸民众对中华文化的理念认同与自觉传承。

【妈祖文化与"一带一路"建设学术研讨会在辽宁召开】

7月16日，妈祖文化与"一带一路"建设学术研讨会在辽宁省沈阳市闽商总部大厦举行。辽宁省政协副主席、省工商联主席赵延庆，辽宁省人大常委会原党组书记、常务副主任闫丰，原国家海洋局副局长、中国海洋发展研究会理事长王飞，莆田市人大常委会副主任王玉芳，沈阳市人大常委会民族华侨外事委员会主任委员衣甫，莆田学院校长、福建省妈祖文化研究会会长宋建晓，辽宁省福建商会会长、沈阳天后宫管委会主任倪新财，中华妈祖文化交流协会常务副秘书长、学术部主任周金琰等出席研讨会。开幕式由莆田学院妈祖文化研究院姚志平院长主持。本次研讨会由中华妈祖文化交流协会、中国海洋发展研究会、莆田学院、台湾明道大学、辽宁省福建商会共同主办，会议聚焦北方地区妈祖文化与"一带一路"建设，来自两岸的30多位专家学者出席了开幕式。开幕式后，会务组组织专家学者考察了沈阳天后宫，并欣赏天后宫艺术团"十音八乐"演奏。据悉，沈阳天后宫创建于乾隆四十七年（1782），1905年因火灾被焚毁。2014年，福建商会牵头组织恢复重建天后宫，2017年落成。

【台南正统鹿耳门圣母庙参访厦门朝宗宫】

7月21日中午，台南正统鹿耳门圣母庙总干事陈春福、圣母庙名誉主任委员吴进忠一行莅临朝宗宫参拜妈祖。朝宗宫管委会副主任阮鹭清陪同祭拜妈祖娘娘。受管委会主任林招治委托，阮鹭清分别向圣母庙和吴进忠递交"朝宗宫做十六岁成年礼"邀请函，诚邀圣母庙和吴进忠届时拨冗莅临观礼，共同为两岸青少年朋友送上成长祝福。

【妈祖文化绽放——2019西雅图华埠海洋节活动】

美国西雅图当地时间7月21日，一年一度的西雅图华埠海洋节大游行在西雅图华埠国际区举行。应美国华盛顿州参议会、西雅图中华商会、北美妈祖文化交流协会的邀请，中国湄洲妈祖祖庙董事会由庄美华副董事长率队一行5人参加此次活动。

本场大游行由西雅图中华商会主办，北美妈祖文化交流协会协办。西雅图副市长方威武（MIichael Fong）先生，NBA退役球员、现报选西雅图市议员詹姆斯·唐纳森（James Donalson）先生，505集团公司董事局主席来辉武先生，湄洲妈祖祖庙庄美华先生等共同参加妈祖绕境游行。

【海南省妈祖文化研究会赴湄洲分灵妈祖】

7月22日，海南省妈祖文化研究会组团赴湄洲妈祖祖庙，开展参访交流并分灵妈祖。海南参访交流团49名成员分别从海口、澄迈、临高、琼海、万宁等市县会聚海口美兰机场前往湄洲岛。在祖庙举行谒祖参拜仪式后，李少霞秘书长代表祖庙董事会向海南省妈祖文化研究会赠送了礼品，祖庙董事长林金赞将分灵证书、印章郑重地授予了邱子彪会长，并举行了座谈会。

【福州三坊七巷天后宫出现阵头丰富的民俗巡游队伍】

8月3日,由电音三太子、官将首、八家将、将军童、狮虎队等7个两岸同源民俗巡游阵头与数百名在榕投资的台商组成的民俗巡游队伍来到福州三坊七巷天后宫进行两岸民俗阵头交流。这是三坊七巷出现的规模最大、阵头最为丰富的民俗巡游队伍。

【《妈祖颂》在北京人民大会堂展演】

8月6日,莆田城厢区第一实验小学创作的非遗之花《妈祖颂》朗诵揭幕受邀在北京人民大会堂展演,诠释了妈祖故乡非遗故事。本次系列活动以"圆梦北京——2019弘扬传统文化讲好非遗故事"为主题,由国家关心下一代工作委员会主办,现场演出通过网络媒体平台面向全球直播。活动旨在让非遗走进校园,弘扬传统优秀文化,鼓励青少年"了解非遗、学习非遗、传承非遗",通过"寻访、体验、交流"的形式,将博大精深的中华文明、悠久灿烂的大国历史不断传承延续。

【庆祝"妈祖信俗"申遗成功10周年新闻发布会在美召开】

法拉盛当地时间8月8日下午3时,美国卓越艺术联盟、世界华人艺术团联盟、美国妈祖基金会受中华妈祖文化交流协会的委托,在纽约法拉盛举行新闻发布会。2019年恰逢"妈祖信俗"成功申报人类非物质文化遗产10周年,同时为了庆祝中华人民共和国成立70周年、中美建交40周年,美国妈祖基金会将在纽约举行多场系列庆祝活动,内容包括首届全球妈祖文化论坛、妈祖图片展及世界妈祖文化交流总会就职仪式,相关大型文艺演出、贺国庆迎中秋等庆祝活动。

【印度妈祖信众慕名到访朝宗宫】

8月11日,印度的瑜伽老师倪任甄(Niranjan)在台湾友人王阿豪陪同下慕名到访朝宗宫。朝宗宫管委会主任林招治热情接待,请倪任甄品尝普洱茶。随后,倪任甄参观朝宗宫，瞻仰妈祖。他说，印度也有很多神，和中国是差不多的。闽台特色的电音三太子和刚刚落幕的"做十六岁"成年礼的吉祥花卉——圆仔花，让倪任甄非常感兴趣。朝宗宫管委会秘书小林为倪任甄讲解了妈祖文化、闽南文化，希望让他多了解博大精深的中华传统文化，使他也能够爱上厦门这座美丽的城市。

【庆祝中华人民共和国成立 70 周年文艺会演】

8 月 14 日晚，由湄洲岛国家旅游度假区、新疆昌吉回族自治州艺术剧院主办的"庆祝中华人民共和国成立 70 周年文艺会演"在妈祖故里莲池沙滩演出，为湄洲岛的游客和岛民带来了一场充满浓郁少数民族风情的表演。此次新疆昌吉州艺术剧院演出团队在湄洲岛莲池沙滩开展为期 10 天的演出，将持续至 8 月 16 日。

【"妈祖信俗"中的"传统与现代"】

8 月 27 日，第五届中国研究生地方民俗与社会研习班湄洲妈祖信俗调查圆满结束。本次研习班由中国社会科学院世界宗教研究所、福建师范大学社会历史学院、福建省民族与宗教研究所、中华妈祖文化交流协会、湄洲岛妈祖祖庙董事会共同主办。此次 5 所相关机构联合对湄洲岛进行全面的妈祖信俗调查，其间，浙江大学、香港中文大学、厦门大学、福建师范大学、福建农林大学、莆田学院、莆田妈祖文化研究院的专家学者和研究生深入湄洲乡村社区，进行调查研究，从不同的角度和切入点对妈祖信俗在乡村的影响，"传统的传承与现代的发展"等一系列内容进行梳理，为将来深入研究打下坚实基础。

【首届海峡两岸"妈祖杯"龙舟友谊赛举行】

8 月 28 日，首届海峡两岸"妈祖杯"龙舟友谊赛在新度镇港利村举行，总共有 36 组队伍参赛。龙舟比赛是中华民族的传统民俗文化活动，2000 多年来，由于其厚重的历史积淀、丰富的文化内涵和崇高的精神寄托，深受中华儿女的关注和喜爱。举办龙舟比赛对于进一步弘扬中华民族优秀传统文化，丰富群众文化生活，推动体育事业发展，传承妈祖故乡的民俗，推动经济社会发展具有重要的意义。

【首届"妈祖杯"两岸民间斗茶赛决赛将在湄洲岛举行】

斗茶赛送样时间为8月28日至9月5日，选送茶样分为水仙、肉桂、大红袍3个系列，每个茶样的送样数量为3500克（7斤）。参加者需保证茶叶为正宗的武夷岩茶，保证茶叶卫生安全，各项指标符合国家标准，进入决赛的必须附相关权威检测报告；获奖茶样若被检测出不合格，或送样人有不诚信等负面记录，将取消该获奖资格。此次活动由民革莆田市委员会联合台湾地区嘉义县阿里山茶叶生产合作社、安溪县茶业管理委员会办公室、武夷山市茶业同业公会、湄洲妈祖祖庙董事会等相关单位和企业，共同组织，为两岸茶企、茶农和茶叶爱好者搭建平台，以茶相见、以茶相会、以茶相知，让彼此在斗茶的过程中相互交流沟通，共同弘扬妈祖文化，合力推动两岸茶产业发展，努力把福建建成台湾同胞、台湾茶企和茶农登陆的第一家园。主要内容包括斗茶赛、两岸茶文化交流及品鉴会。初赛在武夷山市进行，决赛在莆田市进行。本次比赛分肉桂、大红袍、水仙3个品种，分别设置奖项"状元""金奖""银奖""优质奖"。

【世界中华妈祖文化发展基金会等在联合国总部举行文化交流】

当地时间9月3日，世界中华妈祖文化发展基金会与联合国扶贫开发组织共同主办的妈祖文化交流论坛在联合国总部举行，庆祝妈祖信俗被列入联合国人类非物质文化遗产代表作名录10周年。世界中华妈祖文化发展基金会董事长杨功德、会长杨向东、执行会长林泳莉，美国国际海峡两岸促进总会会长张子爱，上海联谊会常务副主席应霞芬，美国福建联合总会常务副主席张茂生，知名华侨李兆银、林志忠、李木兰、何欣、黄惠玉、肖凤升、林锋、杨秀丽，以及联合国的一些成员国代表数十人参加论坛。论坛现场，联合国官员首先介绍了联合国《2030年可持续发展议程》中的第14个目标——保护和可持续利用海洋和海洋资源以促进可持续发展相关内容。

【湄洲妈祖出发前往昆山】

9月6日上午，湄洲妈祖乘坐动车 D3142 莆田—昆山线，开启了巡安布福江苏、上海的行程。此次活动是深入贯彻落实习近平总书记关于保护好湄洲岛的重要嘱托，进一步弘扬中华优秀传统文化，讲好妈祖故事，扩大"湄洲妈祖巡天下"品牌的影响力，更好地发挥妈祖文化在两岸交流中的重要作用。活动从9月6日持续至12日（农历八月初八至十四日），由湄洲妈祖祖庙携手台湾鹿港天后宫、昆山慧聚天后宫共同开展。

【印尼侨胞妈祖参访团莅临福山天后宫】

9月6日，印尼侨胞妈祖参访团在团长陈汉栋的带领下，专程到广东福山天后宫朝拜妈祖，回乡省亲。参访团在陆丰市妈祖文化研究会林永欣会长的带领下，在妈祖殿举行了朝拜仪式，向妈祖献上一炷香。之后，沿着300米的游步道登上山峰，参观"妈祖圣迹雕像群"，瞻仰矗立着主体2000多吨、24.99米高的圣母石雕像。雕像基座有99幅"妈祖故事石雕"、花鸟风景石雕，百余幅境内外名家墨宝石雕组成的"颂妈祖翰墨轩廊"景观，以及"九龙含珠""八凤起舞"石雕和吉祥龟象石雕等。印尼侨胞纷纷点赞民间雕艺和传统文化凸显的意境，对祖国的民俗文化叹为观止。

【首届全球妈祖文化论坛在纽约联合国总部举行】

纽约当地时间9月6日，由世界妈祖文化交流研究总会主办的"庆祝中华人民共和国成立70周年暨妈祖文化走进联合国"——首届全球妈祖文化论坛在纽约联合国总部成功举行。中国驻纽约总领馆领事颜鹏、程淼，以及来自中美两国的妈祖研究学者、信众代表、纽约侨社人士逾百人出席活动。当天活动由世界妈祖文化交流研究总会主办，美国妈祖祖庙承办，中华妈祖文化交流协会、湄洲妈祖祖庙、青岛市妈祖文化联谊会、美国福州同乡联合总会、美国至德三德总公所荣誉主席吴志标协办。

【妈祖文化发展研究会议在浙江宁波举行】

9月7日，以"宁波会馆文化研讨会"为主题的妈祖文化发展研究会议在宁波举行。来自中华妈祖文化交流协会、福州大学、福建省社科院、宁波大学、宁波部分有关科研机构、宁波相关部门专家学者，就妈祖文化历史发展、现代影响，尤其是与海洋文明的关系等等，从不同角度、不同学科、不同层面进行切入，特别是将妈祖文化与会馆文化之结合以及在海内外的影响作为聚焦点，进行研讨。会议由浙江宁波福建商会主办。宁波市人大常委会相关部门负责人等出席了这次会议。

【昆莆（湄）旅游推介会在昆山举行】

9月8日下午，2019年湄洲岛旅游推介会在素有"小台北"之称的昆山市举办。推介会上，湄洲岛有关方面向昆山社会各界展示了湄洲岛独特的人文和自然风情，并推介湄洲岛相关投资项目，邀请昆山台商、闽商等前往湄洲岛投资创业，共同拓展合作空间，共创美好前景。

【妈祖回家了】

9月12日上午，湄洲妈祖搭乘G1655次高铁踏上返程回家的路。至此，湄洲妈祖顺利圆满完成2019年海峡两岸妈祖文化交流暨湄洲妈祖巡安布福苏沪活动。

【湄洲妈祖分灵大连妈祖宫】

9月17日，湄洲妈祖分灵大连妈祖宫暨割香掬火仪式在湄洲妈祖祖庙天后宫举行。湄洲妈祖祖庙副董事长吴国春为大连妈祖宫分灵香火及颁发分灵证书。大连妈祖宫管理委员会主任蒋木荣一行，向祖庙正殿妈祖像依次行三献礼、割香鞠火礼。湄洲妈祖祖庙副董事长吴国春手持香勺，将祖庙的袅袅香火传递给大连妈祖宫，并将分灵妈祖、分灵证书移授予大连妈祖宫。

大连有莆田籍企业家和从业人员5万多人，分布在建材、工业制造、石化、旅游、文化、海产品加工等各大行业。莆田人不管走到哪里，都把家乡的神带到哪里。大连地区妈祖文化的传播始于约700年前的旅顺，旅顺博物馆藏有一件600年前的重要文物——明朝永乐年间的通记碑，碑上面苍老的文字记载了旅顺天妃庙的修建历史。旅顺古时候是辽东半岛海运的重要海口，与福建客商联系密切，海运商业的往来带动了妈祖文化的传播。此后，金州天后宫、大连天后宫等相继兴建起来。大连地区最具特色的民俗文化活动是每年农历正月十三日放海灯祭拜妈祖，至少已经有几百年的历史。

【台湾彰化县溪州乡水尾村震威宫赴湄洲妈祖祖庙进香】

9月18日，台湾彰化县溪州乡水尾村震威宫主任委员钟德顺率200余名信众登上妈祖故里湄洲岛，赴妈祖祖庙谒祖进香。祖庙董事会成员在圣旨门广场以鼓乐队迎接进香团，对远道而来的台湾同胞表示热烈欢迎。溪州乡水尾村震威宫位于彰化县最南端，南隔浊水溪与云林县相望，每年大甲妈祖绕境过浊水溪南下时，震威宫都会鼎力支持。同时，大甲妈祖回銮每年都会在震威宫驻驾。

【"海峡两岸妈祖文化与地域发展"研讨会举行】

9月20日，2019年"海峡两岸妈祖文化与地域发展"研讨会在台湾明道大学寒梅楼会议厅召开。会议21日闭幕。本次研讨会吸引了中国社科院历史研究所、福建师范大学、台湾中台科技大学、台湾台中科技大学、台湾逢甲大学的30多位专家学者参加。会上，专家学者从不同的角度分析妈祖文化超越宫庙、地域符号体系、传播现状、品牌策略等方面，对推动妈祖文化、构建世界级妈祖品牌的作用。

【"妈祖缘·同胞情"两岸书画大联展开展】

9月27日至10月7日，为了喜迎中华人民共和国成立70周年，推动两岸书画艺术互动交流,"妈祖缘·同胞情"庆祝中华人民共和国成立70周年两岸书画精品大联展在莆田市博物馆B馆三层书画展厅开展。此次两岸妈祖联展展出100多幅书画精品,其中有两岸书坛名家的大作,也有两岸书画新秀的力作。本次展览在莆田市文化和旅游局、莆田市台港澳办、民革莆田市委员会、莆田市台联的大力支持下,由莆田市妈祖书画院、台湾书画艺术学会、莆田市博物馆主办,湄洲妈祖祖庙莆田会馆、城厢区海外联谊会、城厢区台港澳办协办。

【美国举行妈祖羽化1032周年活动】

美国当地时间10月7日(农历九月初九日),美国妈祖基金会、美国妈祖庙隆重举行妈祖羽化成神1032周年纪念日活动。座谈会现场开展了"九九重阳节、孝德感恩慰问"和"保护地球家园、倡世界和平"签名仪式,为与会华人华侨发送吉祥面、平安八宝粥等。美国妈祖基金会董事长朱荣斌,主席黄明萍,创会主席黄升发,副主席薛建民、陈金春、李沣庭,顾问谭康建,法师廓智等近百名信众、华人华侨和社区领导出席座谈和慰问、爱心使者签名活动等。

【海峡好歌声——首届"妈祖杯"青年歌手大赛莆田选拔赛开赛】

10月11日,海峡好歌声——首届"妈祖杯"青年歌手大赛莆田选拔赛在莆田福莆仙东岳观拉开序幕。中华妈祖文化交流协会常务副会长俞建忠、涵江区副区长周胜、莆田市政府办公室副主任范建忠出席活动。此次活动由中华妈祖文化交流协会主办,涵江区妈祖文化交流协会、莆田福莆仙东岳观管委会承办,旨在挖掘音乐人才,推出新人新秀,促进两岸文化和音乐交流,打造具有海峡特色的音乐品牌。现场由莆田市三江公证处核实,并宣布比赛结果公平、公正、有效。

【《妈祖回家》首映礼在福州举行】

10月16日晚,两岸题材故事影片《妈祖回家》首映礼在福州三坊七巷举行。

《妈祖回家》是莆田市继电视连续剧《妈祖》后,联合投资拍摄的又一个重大影视项目,总投资3000万元,由莆田市人民政府、北京电影学院青年电影制片厂、福建千秋妈祖文化传媒有限公司、大爱妈祖文化传播有限公司等联合出品。该电影2018年9月在莆田正式开机,历时46天,主要场景在莆田有关县区、永泰县嵩口镇、平潭开发区、邓丽君影视基地等地拍摄,5000多人次群众演员参与。

电影《妈祖回家》改编自福建著名作家王鸿的中篇小说《台北来信》。原著小说在《福建文学》首发后,又在海外发行量最大的华文报纸纽约《世界日报》连载数月,引起众多海外华人的强烈共鸣。作品先后荣获第25届福建省优秀文学作品奖、第7届福建省委省政府百花文艺奖。2013年7月,由原著作家王鸿改编的电影剧本《台北来信》从全国21个省市报送的275部作品中脱颖而出,荣获福建省委宣传部、省广电局、省文联主办的福建省重大文艺创作项目库剧本征集评选"获奖项目"第一名。

【《大爱妈祖》系列微纪录片摄制研讨会在福州召开】

10月20日下午,《大爱妈祖——妈祖非遗保护与传承》系列微纪录片摄制研讨会在福州召开。微纪录片主创人员、妈祖信俗研究专家、妈祖学术顾问、影视艺术专家以及福建电子音像出版社相关人员参加了会议。《大爱妈祖——妈祖非遗保护与传承》是一部以妈祖人的生活故事为主线,以妈祖信俗活动为主要内容,对妈祖非遗,尤其是其中濒危项目,展开抢救性记录的系列微纪录片。该片的录制出版将为保护妈祖非遗,传承妈祖文化,弘扬"立德、行善、大爱"的妈祖精神,提供生动而珍贵的影像档案。该片已被列入国家出版基金资助项目。全片共50集,将在2020年底前全部录制完成。

【妈祖文化海丝共传承展演晚会在福州精彩上演】

10月21日晚,由福建省歌舞剧院、福州海丝信俗文化交流中心主办的"祥瑞妈祖 福泽海丝"妈祖文化海丝共传承展演晚会在福州精彩上演。整台晚会通过以传播海丝文化、弘扬妈祖大爱无疆的精神为主线,以歌、舞、诗朗诵、器乐、伬唱、情景表演、武术、闽剧唱段等艺术形式,展示妈祖文化借着海上丝绸之路,借着闽都人民的开拓,带着中国和善、友好、共同繁荣、协作共赢的理念,一步步走向五湖四海,走向海丝之路,走向全世界。

【海峡好歌声——首届"妈祖杯"青年歌手大赛颁奖典礼举行】

10月31日,海峡好歌声——首届"妈祖杯"青年歌手大赛颁奖典礼在莆田湄洲岛举行。本届大赛由中华妈祖文化交流协会、福建省音乐家协会、台湾海峡两岸音乐交流协会主办,湄洲岛管委会、莆田市青年联合会、莆田市工商联承办,莆田市台港澳办、湄洲日报社、莆田广播电视台、湄洲妈祖祖庙董事会、台湾大甲镇澜宫、香港妈祖文化联谊会、澳门神州妈祖文化交流协会、莆田市音乐家协会、莆田市青年音乐人联盟协办。

经过激烈的角逐,来自河北的赵奕森凭借《我爱你中华》摘得金奖,郭静以原创歌曲《默娘》夺得银奖,来自台湾的李子森通过中国笛、京腔等多种元素演唱的《One Night in 北京》取得铜奖。当晚的颁奖典礼现场还颁发了优秀奖6名,入围奖10名。此外,颁奖仪式现场还表演了歌曲《我的未来不是梦》、舞蹈《木兰溪水清悠悠》、现代舞《致青春》以及歌伴舞《两岸一家亲》等精彩节目。

【第四届世界妈祖文化论坛在湄洲岛举行】

11月1日,以"妈祖文化·海洋文明·人文交流"为主题的第四届世界妈祖文化论坛在妈祖故里福建省莆田市湄洲岛举行。日本前首相鸠山由纪夫在论坛上发表主旨演讲时指出,"平安、和谐、包容"的妈祖文化特征,与"和平之海、合作之海、和谐之海"的中国海洋观相互映照,是建设21世纪海上丝绸之路的心灵纽带。福建省副省长、莆田市委书记林宝金表示,作为中国海洋文化的重要组成部分,妈祖文化伴随着海上丝绸之路的开拓和发展,为海丝沿线国家和地区的人民提供强大的精神寄托。论坛举办的同时,第二十一届中国·湄洲妈祖文化旅游节、海峡两岸妈祖文创展、海峡好歌声——首届"妈祖杯"青年歌手大赛、"湄洲女发髻"表演赛等活动也陆续举行。

【"妈祖与航海"学术研讨会在福建莆田召开】

11月1日下午，中华妈祖文化交流协会在湄洲岛召开第四届世界妈祖文化论坛·平行论坛"妈祖与航海"学术研讨会。研讨会由中华妈祖文化交流协会副会长兼秘书长林金榜主持。中国侨联原主席、中国侨联顾问、中华妈祖文化交流协会第一、二届副会长林兆枢，莆田市人大常委会原主任、中华妈祖文化交流协会顾问林光大，莆田市政协副主席黄华，中华妈祖文化交流协会常务副会长俞建忠，澳门研究会会长、澳门镜海学园校长刘月莲，上海海事大学时平教授，马来西亚雪隆海南会馆天后宫会长丁才荣以及来自马来西亚，中国台湾、香港、澳门、上海、天津、湖南、辽宁等国内外高校的专家学者、妈祖文化机构代表、新闻媒体记者等共60多人参会。

【三门妈祖信众首次欢聚金门论"成功"】

11月11日上午，厦门朝宗宫管委会主任林招治和台南正统鹿耳门圣母庙主任委员王明义分别率团抵达金门，与金门妈祖宫庙文化发展协会开展为期3天的联谊活动。金门妈祖宫庙文化发展协会理事长杨耀芸率金门6座妈祖宫庙主委热情迎接。联谊活动首站选择参访位于料罗湾的顺济宫。料罗湾是当年郑成功挥师东征出发地，在这里，三门人士参拜妈祖，畅谈郑成功当年的丰功伟绩。

联谊座谈会上，厦门朝宗宫管委会主任林招治指出，厦门、金门、鹿耳门是一条连接心灵的航线，是一条成功之路。厦门港是郑成功操练水师的地方，是成功之路的起点。为了能让更多新时代青年了解和学习，林招治向大家发出邀请，朝宗宫每年一度"做十六岁"成年礼已列入"非遗"名录，希望三门人士以这个活动为契机，促成更多青少年朋友来参与"做十六岁"成年礼仪式，从成功起点开启人生起点，为新时代助力。

【"妈祖下南洋·重走海丝路"巡安泰国从湄洲岛起驾】

11月13日,湄洲妈祖起驾赴"佛教之国"泰国巡安,开启"妈祖下南洋·重走海丝路"暨中泰妈祖文化活动周序幕。"奉和平之曲 祈愿丝路繁荣 风调雨顺"莆田市自2017年起举办"妈祖下南洋·重走海丝路"海丝沿线国家和地区文化采风活动,已巡安马来西亚、新加坡和菲律宾等地,反响热烈。此次巡安泰国也得到当地信众和妈祖文化机构的大力肯定和支持。

【湄洲妈祖驻驾闽南朝天宫】

11月13日下午,湄洲妈祖祖庙巡安泰国代表团及妈祖圣驾抵达并驻跸在厦门闽南朝天宫。闽南朝天宫位于殿前街道闽南古镇东南侧,是一座大型妈祖庙。其聘请台湾北港朝天宫运营团队进行妈祖文化指导,成为海峡两岸文化交流的重要平台。

【妈祖起驾巡安泰国】

11月14日清晨6点,湄洲妈祖从厦门闽南朝天宫起驾,6点半出发前往高崎国际机场,沿途众多妈祖信众恭送妈祖巡安泰国,纳祥布福。妈祖的登机牌上名字处打印着"LINMO",上面写着厦门航空,航班号MF853,登机时间8:30,座位号为56B。这是厦航为妈祖特制的贵宾专属登机牌。

【湄洲妈祖祭典在泰国上演】

11月15日,湄洲妈祖祭典在泰国晋江联合总会上演,吸引各界人士热情参与,促进了中国与泰国之间的沟通。妈祖祭典是人类非物质文化遗产项目,是此次湄洲妈祖赴泰国交流的重要内容之一。

【第三届"妈祖杯"羽毛球赛"羽见莆田"】

11月28日,第三届"妈祖杯"海上丝绸之路国际羽毛球挑战赛在莆田市体育中心拉开帷幕。莆田市委副书记、市长李建辉宣布球赛正式开幕。本届赛事由福建省体育局、莆田市人民政府主办,福建省羽毛球协会、莆田市体育局、湄洲日报社、莆田兴发集团有限公司承办,北京垄聚体育有限公司作为执行单位。组委会邀请了中国羽毛球协会顾问、著名教练李永波,中国羽毛球队顾问田秉义,奥运冠军林丹、张宁、杜婧,世界冠军鲍春来、徐晨、陈宏、洪伟、谢中博等嘉宾出席了开幕仪式。

【第三届"妈祖杯"羽毛球赛闭幕】

12月1日,历时4天的第三届"妈祖杯"海上丝绸之路国际羽毛球挑战赛闭幕式在莆田市综合体育馆举行。闭幕式上,主办方宣布业余组、公开组和朝圣组比赛的各项获奖名次,其中厦门朝宗宫兴明液压奥羽队、马来西亚马六甲兴安天后宫代表队、莆田市平海赤坡龙津宫祥和体育代表队分别获得朝圣组冠军、亚军、季军。

第三届"妈祖杯"海上丝绸之路国际羽毛球挑战赛分为明星表演赛、业余单项赛(公开组、业余组)、朝圣组团体赛。此次挑战赛业余单项赛(公开组、业余组)比赛奖金达到70万元,为同级别赛事最高。这次体育盛会吸引了海丝沿线22个国家和地区共2000多名运动员共同参与。

【马来西亚雪隆嘉应会馆赴妈祖故里湄洲岛朝圣进香】

12月1日上午,马来西亚雪隆嘉应会馆隆雪梅州总会署理会长邹寿汉率领旅马嘉应会馆乡亲代表一行54人,回到妈祖故里福建湄洲岛妈祖祖庙朝圣参访。邹寿汉会长祖籍梅县周塘下邹屋,在马来西亚侨界以推广发展华文教育知名,在推动马来西亚华文教育、弘扬中华文化方面出力甚多,不仅赢得客家乡亲的推崇,在吉隆坡侨社也备受尊重。

【台湾屏东小琉球玉敕天海宫赴湄洲妈祖祖庙进香】

12月11日，台湾屏东小琉球玉敕天海宫主任委员林文三率进香团共42人赴妈祖故里莆田湄洲岛进香。这是天海宫2017年妈祖分灵以来首次回祖庙谒祖。林文三介绍说，建设中的天海宫庙门正对湄洲岛，与湄洲妈祖祖庙隔海相望。琉球乡，俗称"小琉球"，位于我国台湾地区屏东县西南海域，整个岛屿北宽南狭，面积约6.8平方公里，是台湾地区唯一的珊瑚礁岛屿，素有"海上乐园"之称。

【广东汕尾凤山妈祖庙举行重兴25周年庆典】

12月12日，广东汕尾城区凤山妈祖庙旅游区举行庆祝"妈祖信俗"申世遗成功10周年、"凤山妈祖庙会"申省遗成功10周年暨凤山妈祖庙重兴25周年庆典活动。凤山妈祖文化协会会长陈碧江表示，要在当地党政部门的领导下，在中华妈祖文化交流协会的关心指导下，在新时代、新思想、新目标的历史起点上再出发，为开创凤山妈祖文化事业新局面做出新的贡献。

"凤山妈祖庙会"，源于清乾隆盛世壬戌年（1742）供奉在凤山脚下的小栅庙，后该庙扩建为三进式两庑廊、面积840平方米且带有粤东特色的庙宇。此后，伴随着汕尾港出现的"舟楫云屯，商旅雨集"的兴旺时期，这里成为妈祖文化传播中心，娱神活动衍生为娱人活动的庙会一直沿袭传承至今。20世纪二三十年代，汕尾港又迎来新的发展机遇，再次享获"南海物丰、金汕尾、小香港"的美称。1991年，凤山祖庙被列为文物保护单位并按原风貌重修，扩建天后阁、钟鼓楼，立凤仪牌坊，在凤山之巅立妈祖艺术石雕像，配套妈祖祈福堂、妈祖文化艺术馆，建设以妈祖命名的文化广场6万平方米，整修提升内广场环境。目前，凤山祖庙旅游区为国家AAAA级景区、全国文明单位、广东省旅游先进单位、妈祖文化科研基地、中华文化传承基地，成为人们访问汕尾必到之处。凤山妈祖庙会的保护传承也得到质的飞跃，被广东省列为非物质文化遗产保护项目。

【连江举办"妈祖文化论坛":传承妈祖文化　缔结两岸情感纽带】

12月13日,由连江县妈祖文化研究会举办的"妈祖文化论坛"在连江召开。论坛邀请联合国妈祖文化发展基金会董事长杨功德,妈祖文化研究专家蔡干豪、吴用耕、杨文健等发表演讲。连江县各界、各社会团体180余人出席了大会。会议现场还举行连江县首届优秀妈祖人颁奖仪式。

【台南乡亲71人赴厦门朝宗宫朝拜妈祖】

12月18日,台南市文化协会创会会长郑道聪、台南长兴宫副主委谢福水、台南万皇宫副主委蔡炎辉、台南南门宫宫主林昰昱、郭府千岁府主委郭千豪率台南乡亲71人莅临厦门朝宗宫朝拜妈祖。厦门与台南渊源深厚。史载:清康熙二十四年至乾隆四十九年(1685—1784),厦门与台南为海峡两岸唯一对渡口。

【福建霞浦松山天后行宫再赴台叙缘联谊】

福建省宁德市霞浦县松山天后行宫赴台交流团,12月20日携妈祖圣驾启程,赴台湾参加2019世界神明联谊会。

此行是受台湾中华传统宗教总会总会长王金平、台湾佛光山开山宗长星云大师的邀请赴台,将开展为期7天的友宫叙缘联谊活动。交流团一行将赴台中大甲镇澜宫、嘉义新港奉天宫、新北板桥慈惠宫、高雄路竹天后宫等宫庙开展联谊交流活动。据不完全统计,30多年来,累计到霞浦松山天后行宫进香的台湾妈祖宫庙达百余座,台湾信众达10余万人次。其中,今年以来就有台胞6800多人次到该行宫进香。

园区建设

【莆田冲沁鹅山妈祖文化园妈祖石雕像建成开光】

占地面积120亩的冲沁鹅山妈祖文化园内，高20.18米的妈祖石雕像于2019年2月2日建成开光。神像底座高3层，长宽均为32.3米，寓意妈祖石雕像在2018年建造和妈祖的诞辰日三月二十三日，迄今为止是兴化湾沿岸最高的妈祖雕像。登高望远，海风习习，东西筶杯两岛屋宇清晰可见，大蚶、鹭峰、五候三山景色尽览。妈祖神像慈祥庄严，面朝后海长堤，与湄洲妈祖祖庙遥遥相对，守护着兴化大地的福泽与安宁。鹅山，位于烟波浩渺的兴化湾，因形似天鹅浮于海上而得名。传说明成化年间，附近渔民出海捕鱼，多日望见一红衣少女出现在海上，形似在娴熟地纺纱，动作美妙优雅。渔民认为这是妈祖真身出现，便驾船靠近瞻仰神迹，却发现海面上漂浮着一根大樟木，泊靠在一块刻有"招渡"的大礁石旁。渔民将此神木运回冲沁村，雕刻成一尊妈祖神像和17尊妈祖水阙仙班护法神将，供奉在渡口建成的冲沁妈祖宫里，并在鹅山大礁石上修建了一座"招渡亭"。"海上鱼龙齐排舞，江干波浪护平安"，清代进士张琴为冲沁妈祖宫题写了这副对联。妈祖宫建成后，村民们说，仰仗妈祖庇佑，从此鹅山周围海清河晏，不论狂风暴雨，从无大灾发生。

【莆田鹅山妈祖文化园夜景】

冲沁村及附近乡亲把鹅山当成妈祖发祥地，招渡亭就是妈祖"娘家居住地"，每年的元宵节，冲沁乡亲扶妈祖神尊巡安，"妈祖走水路回娘家"成为兴化湾的一道美丽风景，大力弘扬了莆田的妈祖大爱信仰，以及行善积德、孝道友爱、进取拼搏的精神。

【虎尾持法妈祖宫宗教园区】

虎尾持法妈祖宫宗教园区秉持圣训，"以文化遗留子孙、正风民心、渡化众心"为职志，由传统民俗宗教再出发，深耕民俗宗教文化，不说经论道，不倡迷信，不化纸帛。持法妈祖宫结合宗教、文化、艺术，通过不同渠道，保存传统文化之美，提升精神信仰，坚持做对的事。园区特色：

（1）提供文化导览解说服务：团体参访例假日无须预约、非例假日预约可享受文化导览解说服务，持法妈祖宫导览人员受过专门训练，解说亲切有趣。

（2）交通方便，目标明显：由中山高虎尾/斗六交流道下高速公路往虎尾方向即可看见持法妈祖宫，可作为南下北上顺游景点。

（3）面积广大，可看点多：持法妈祖宫本宫面积共约1.6公顷，分为妈祖殿本殿、圣母梳妆楼区、石雕妈祖园区等3个区。

（4）台湾地区最环保的妈祖庙：持法妈祖宫节能减碳、不烧金纸。

（5）定期举办文化艺术飨宴：持法妈祖宫除一般祭祀活动外，定期举办文化活动，如文昌祈愿祭、乐活童年在云林、王爷宴等，其中中秋节晚上由台南艺术大学师生带来多首天籁级的演奏，让云林乡亲在中秋月圆之夜，聆赏一场高艺术水平的音乐飨宴。

（6）邀请现代文化艺师创作：水车堵为交趾陶大师林再兴、郭志郎作品；门神彩绘为彩绘大师刘家正作品。

（7）建筑之美：持法妈祖宫庙身结构设计采用传统闽南"三川九门"式，石雕、木雕、彩绘、壁画、交趾陶都出自名师之手，经雕细琢，栩栩如生，尤其壁画的书法堪称一绝；庙内的盆景雕饰、园艺造型可谓巧夺天工，融合了现代与传统庙貌之美；三进六殿九门的建筑格局搭配闽南式粉墙（白色的墙）、燕尾（燕尾脊乃正脊成曲线向上扬起而尾端分叉成两支，为中国南方特有，主要用于厅堂等主要建筑），在在显示出不凡的气宇；兴建中的圣母梳妆台、畅音阁、石雕妈祖（高18米）等将陆续完成，更是妈祖精神源远流长的象征。

庙宇要拜拜是全年无休，开门时间为早上 7 时到下午 8 时，"石雕妈姐园区和梳妆楼园区"是有时间限制的，开放时间为每年春节初一至初四日，因此才有一年只开放 4 天之说。

【天津滨海妈祖文化园】

"先有天后宫，后有天津卫。"天津是一座因海运漕运而兴起的城市，在天津人们供奉着妈祖，妈祖文化也是代代相传。妈祖文化园三面环海，视野开阔，景色优美，风景秀丽。园区占地面积共约 170 亩，分为寺庙区及配套服务区。寺庙区建筑采用"一轴二院三广场"中央对称式的布局，主要建筑包括牌坊群、山门、天后宝殿、闻声阁、户外妈祖圣像、甲子殿、流通处、关圣殿、文昌殿等。天后宫，顾名思义也叫娘娘宫、妈祖庙。

【林宝金实地调研莆田妈祖国际健康城建设】

台海网 10 月 7 日讯，据《湄洲日报》报道，10 月 5 日，福建省副省长、莆田市委书记林宝金利用国庆假期深入北岸开发区调研妈祖国际健康城建设情况。他强调，要深入贯彻习近平总书记关于"健康中国"的重要讲话精神，按照省委省政府的部署要求，加快妈祖国际健康城建设，打造两岸医疗健康产业合作试验区，打响医疗健康国际品牌。副市长陈惠黔一同参加。在妈祖国际健康城，林宝金详细了解项目规划、建设、招商、人才引进等工作，先后来到瑞仕国际潜力少年综合中心项目、北岸两岸智能医疗产业园项目一期工地实地察看，了解工程施工进展，检查安全生产情况，看望国庆节期间加班的建设者和坚守一线的干部职工，向他们致以节日问候。林宝金强调，要落实责任机制，按照标准化施工要求，既加快项目推进力度，又确保安全和质量。他鼓励业主再接再厉，抢抓当前有利施工时期，力争早日建成投产。林宝金指出，医疗健康产业是我市重点培育的十大产业之一，规划建设妈祖国际健康城，旨在筑巢引凤，推动医疗健康领域大众创业、万众创新，打造国际医疗健康产业合作的新模板。当前妈祖国际健康城建设得到了国家有关部委和省委省政府的大力支持，这为莆田实现高质量发展落实赶超创造了良好条件，各级各部门要进一步提高思想认识，抢抓机遇，加快妈祖国际健康城项目建设步伐，确保完成各项建设任务。要坚持创品牌、筑高地、搭平台、建基地，积极吸引优质医疗资源汇聚莆田，引领社会办医转型升级，力争将健康城打造成国际一流的高端专科医院集群、国际水平的医学人才教育培训高地和中国民营医院管理集团总部区。林宝金强调，要坚持标杆示范和规范引领，加快推进园区标准化建设，不断完善园区市政、生活、医疗、教育等设施配套，推进行政审批服务不出园区、公共便民服务进园区，提升园区承载能力和公共服务水平。要加大招商选资力度，强化一把手招商、产业链招商、高端嫁接招商，加强与国内外高端医疗机构、技术团队和药械企业的对接洽谈，再引进一批优质医疗产业项目，提升园区医疗产品和服务水平。北岸开发区和市直有关部门要进一步强化责任意识、服务意识，结合开展"不忘初心、牢记使命"主题教育，切实做好用地、资金、人才等要素保障，继续开展大走访大帮扶活动，切实解决园区发展中遇到的困难和问题，为园区建设和企业发展创造良好环境。

【台湾苗栗通霄白沙屯拱天宫千顺将军与妈祖文化意象园】

2019年10月28日，据台湾《中时电子报》报道，台湾苗栗通霄白沙屯拱天宫辟建的联外道路"拱天路"，于2018年2月13日通车时规划设置千顺将军与妈祖文化意象园区，今年10月终迎来"千里眼、顺风耳"石雕像。

斥资3.3亿元（新台币）辟成的拱天路，全长约730米、道路总宽13.6米，高架桥跨越海线铁路，连接台1线到拱天宫后方停车场，分散原狭小道路的车流，方便信众莅宫参拜。副总干事林幸福指出，道路设计时，已预留千顺将军安座位置，但碍于厂商及石材取得延宕，直到2019年才从泉州迎来2尊石雕。拱天宫主委洪文华表示，千顺将军石雕像耗资358.9万元（新台币）打造，采用青斗石雕制，每尊神像各有5块构件，约花费5个月时间雕制并运送来台。26日下午，庙方请出黑面二妈巡视，频频冲撞水泥基座，2尊着官服、戴官帽的石雕像，最终在靠近台1线端，面朝路口方向安座，预计1周内完工。林幸福表示，千顺将军每尊高约6.6

米、宽约 2.5 米，经管委会向天上圣母请示，预定 11 月 4 日上午 11 点 15 分，设香案举行开光仪式，届时欢迎信众观礼参拜。另外，妈祖文化意象园区 5 大区块的装置艺术陆续建置，除原有妈祖石雕、海豚、神轿、锁链等意象装置也将力争 12 月底完工。

【澎湖妈祖文化园区评估报告出炉】

2019 年 11 月 19 日，澎湖妈祖文化园区的选址地点引发诸多争议。县政府 19 日提出 5 处地点，即马公金龟头、龙门里正角、西屿东台、风柜蛇头山及大仓岛等。县政府的分析评估报告中，金龟头优点是临马公港入口，于航道周边设置类似美国自由女神地标，又邻近观光景点笃行十村文化保存园区、金龟头炮台、观音亭园区等及马公市区，缺点是金龟头用地为都市计划区之公园用地，现有基地腹地小无法容纳铜像及周边设施，同时金龟头邻近天后宫、笃行莒光、澎防部、观音亭等旅游景点，资源过度集中。龙门里正角优点是可建立湖西新景点及重要地标，基地均为公有土地，腹地大；缺点为周边土地权属复杂，土地多为保安林地，面临树木移植、土地解编、土地整合、用地变更等问题。大仓岛优点是位处澎湖内海中心点居高临下，基地均为县有土地且已完成变更，大仓要发展内海环海公路，串联马公、西屿、白沙内海旅游；缺点是大仓岛为离岛，且面积小须考量环境承载量，再加上先前因突然停建，村民对县政府公信力存疑。

慈善活动

【湄洲妈祖祖庙举行送温暖活动】

1月18日，湄洲妈祖祖庙2019年"慈善之光"春节送温暖活动在祖庙圣旨门广场举行，进一步弘扬妈祖"立德、行善、大爱"精神。此次活动还获得泰国驻厦门总领事馆支持，他们向祖庙捐赠10吨泰国香米和5000元善款，用于帮扶岛上贫困家庭。祖庙董事会分别就湄洲岛的新农合医保金、老年人慰问金、关心下一代帮扶助学金、扶贫助困慰问金、敬老院慰问金5个方面发放善款合计511.8万元，受益岛上居民超1万人次。同时，祖庙董事会还为岛上老年人、贫困户等发放粮油慰问品和慰问金，并送上春节的祝福。

【苗栗县龙凤宫寒冬送暖让爱飞扬】

1月19日上午，台湾竹南龙凤宫办理寒冬送暖活动，比照往年，发放白米、油品及礼券予325个中低收入家庭，并举办环保卫士节能减碳倡导、法律知识讲座、医疗常识预防倡导、爱心服务活动（义剪、推拿、心灵辅导、健康检查、健康咨询）及甘露三味食，帮助弱势民众过个好年。

【2018年度湄洲妈祖祖庙妈祖文化人才培养奖教奖学金颁奖大会在莆举行】

1月21日，"2018年度湄洲妈祖祖庙妈祖文化人才培养奖教奖学金"颁奖大会在莆田学院举行。莆田学院纪委书记姚志平、莆田学院妈祖文化研究院原院长黄瑞国、莆田学院文化与传播学院院长孟建煌、莆田学院妈祖文化研究院副院长林明太、湄洲妈祖祖庙董事会副董事长吴国春，以及莆田学院妈祖文化研究院师生代表参加颁奖大会。大会共有195名优秀师生代表获得"妈祖文化研究学术论文优秀奖"等9个妈祖文化研究奖项。

此次大会为获得"妈祖文化研究学术论文优秀奖"22名、"妈祖文化研究著作奖"13名、"妈祖文化教学成果奖"8名、"妈祖文化科研成果奖"1名、"妈祖文化教学优秀奖"2名、"妈祖文化教学科研管理优秀奖"2名，共48名优秀教师以及"专项奖学金"39名、"课程奖学金"63名、"活动满勤奖学金"45名，共147名优秀学生颁发证书和奖金。

【美国妈祖基金会开展新春义诊活动】

2月1日，美国妈祖基金会、美国妈祖庙及诸多信众代表一行，在新春佳节到来之际，为弘扬中华民族尊老爱老的传统美德，秉承着妈祖大爱精神，顶着寒风前往永康成人日间护理中心，开展"关注老年健康，享受生命快乐"健康讲座。美国妈祖基金会董事长、中医博士朱荣斌免费为近30名中老年朋友进行健康养生讲座，并为6名八旬以上的老人进行免费义诊活动。美国妈祖基金会主席黄明萍代表美国妈祖庙及诸多信众的心愿，向所有老年朋友表达祝福和问候，送上春节慰问品，衷心祝福所有老年朋友身体健康、新春快乐。

【湄洲妈祖祖庙董事会践行妈祖精神】

5月17日，湄洲妈祖祖庙董事会董事周亚清、慈善基金会林建国等成员代表祖庙董事会联合湄洲镇镇政府扶贫办，在湄洲镇党委委员、副镇长黄荔珊带领下为岛上56户贫困家庭带去112袋大米，捎上妈祖的祝福。此次捐赠的112袋大米，是由广东汕头的郑燕卿捐赠给祖庙的。祖庙董事会与镇扶贫办沟通后，决定优先考虑岛上贫困家庭，将大米转赠予更需要的人群。

【两岸医生联手慈善义诊　践行妈祖大爱精神】

6月12日，由中华妈祖文化交流协会主办的两岸慈善义诊活动，在中华妈祖文化研究院举办。两岸慈善义诊活动，诚邀到83岁的台湾涂金枝和76岁的童照夫老先生等3名理疗师，以及中华妈祖义诊队40名队员共同合力参与。本次义诊旨在通过两岸医者的联手活动，用仁心善举，进一步弘扬妈祖"立德、行善、大爱"精神，发挥各自专业技能特长，实实在在服务社会。

【精准扶贫情暖实幼　践行妈祖伟大精神】

6月25日，为了做好精准扶贫工作，践行妈祖"立德、行善、大爱"的精神，湄洲镇关工委、妈祖祖庙关工委联合举办的2019年学前幼儿"助学助困"发放仪式在湄洲岛实验幼儿园举行。仪式上，湄洲镇关工委、妈祖祖庙关工委代表分别向13名家庭经济困难的幼儿颁发了助学金及学习用品、书包，同时鼓励孩子们要勇于面对暂时的困难，树立良好的生活信心，保持积极向上的学习态度，健康快乐成长。

【深圳龙岗区举行龙岗妈祖慈善节】

8月7日，深圳龙岗区妈祖文化交流协会、深圳市龙岗天后古庙理事会联合举办龙岗妈祖慈善节。在组委会的带领下，为需要帮助的家庭和个人带去温暖，开展一年一度的慈善活动。龙岗天后古庙十年如一日坚持以"传播妈祖文化，弘扬妈祖精神"为宗旨，自2007年龙岗天后古庙重建以来，妈祖慈善节已经成为天后古庙在龙岗地区的重要活动之一。龙岗天后古庙在本次活动中向社会发放慰问物资包括：大米35000斤、健康饮品1600件、面食2000件。慰问对象多达20多个单位和150多名个人，涉及深圳市龙岗区和坪山新区、3个自然村、4个街道的养老院和残疾院、6个街道参核参战老兵，社区党群服务中心、儿童康复中心，多个社区环卫工人与城管、公安、消防、社会服务中心等。其中3个自然村的发放对象为低保户和残疾人士以及60岁以上老年人。

【2019年度妈祖捐资助学活动】

8月13日,为进一步弘扬妈祖"立德、行善、大爱"精神,2019年度妈祖捐资助学活动筹备会在中华妈祖文化交流协会懿贤楼三楼会议室召开,会议由协会副秘书长蔡承武主持。

8月17日,由中华妈祖文化交流协会、湄洲妈祖祖庙董事会、莆田市壶兰教育基金会主办的2019年度妈祖捐资助学仪式(莆田站)在协会懿明楼妈祖大学堂举行。

2019年妈祖助学活动为第二届活动。为传承2018年的妈祖助学义举,今年7月,由协会慈善部向广大妈祖文化机构、社会各界团体、企业家、爱心人士发出助学倡议书。湄洲妈祖祖庙第一时间做出善举响应,继续捐资35万元(2018年湄洲妈祖祖庙董事会捐资30万元,2018年汕头华阳妈祖珠珍祖庙董事会捐资20万元);汕头潮阳和平下宫天后古庙董事会捐资15万元。此次捐助对象为2019年高考成绩达到本二线及以上,并被本科院校录取的品学兼优的莆田籍贫困大学生,共计100名。其中仙游县30名、荔城区(含莆田二中、哲理中学)24名、城厢区(含莆田一中、擢英中学)17名、涵江区12名、秀屿区13名、湄洲岛管委会2名、北岸管委会2名。每人资助标准5000元。

【首届中华妈祖全球行奖学金颁奖大会举行】

8月18日上午,首届中华妈祖全球行奖学金暨莆田市壶兰教育基金会奖教表彰大会,在莆田市教师进修学院附小举行。莆田市人民政府副市长胡国防、中华妈祖文化交流协会常务副会长俞建忠、莆田市教育局局长卓金贤、莆田全球行国际黄金珠宝文化交流有限公司董事长陈玉彬,莆田市教师进修学院、壶兰教育基金会、莆田市各县区教育局领导,获得首届中华妈祖全球行奖学金的212名学生及其家长、老师,10所受表彰学校的代表,中央及省市级媒体朋友等共500人出席。莆田市教育局副局长戴明犇主持会议。

中华妈祖全球行奖学金颁奖大会还安排文艺表演,节目分别是:一、朗诵《妈祖诵》,演出单位为莆田市城厢区第一实验小学;二、朗诵《老师,您一生都这样站着》，演出单位为莆田市实验小学；三、表演唱《传奇刀马旦》，演出单位为莆田学院附属实验小学；四、诗朗诵《无声之爱》，演出单位为莆田市荔城区麟峰小学；五、朗诵《父母之河》，演出单位为秀屿区实验小学。

【2019年度中华妈祖（和平站）奖学颁奖仪式隆重举行】

8月22日，由中华妈祖文化交流协会、莆田市壶兰教育基金会主办的"2019年度中华妈祖（和平站）奖学颁奖仪式"在广东省汕头市潮阳区和平镇下宫天后古庙隆重举行。本次奖学活动是今年中华妈祖文化交流协会在广东潮汕地区举办的第二站，旨在大力弘扬妈祖"立德、行善、大爱"精神，激励广大学子勤奋好学，立志成才，回报社会。

中华妈祖文化交流协会副秘书长蔡承武，莆田市壶兰教育基金会会长林如龙，中华妈祖文化交流协会慈善部负责人陈亚娟，广东省汕头市潮阳区和平镇镇委委员林坤河，广东汕头潮阳和平下宫天后古庙董事长马文毫、名誉董事长黄汉柱等领导嘉宾出席仪式，并为9名优秀学生每人发放奖学金3000元。颁奖仪式由和平下宫天后古庙副秘书长马兴雄主持。

【妈祖义工践行妈祖精神】

8月28日，湄洲妈祖慈善基金会会长林建国陪同协正文化创意有限公司及国润义燊旅游管理有限公司员工组成的妈祖义工队慰问岛内贫困家庭，用实际行动践行妈祖"立德、行善、大爱"精神。妈祖义工队一行分别到湄洲高朱村、东蔡村、寨下村等地走访6户贫困家庭。协正文化创意有限公司总经理黄淑琴、国润义燊旅游管理有限公司总经理叶长林代表义工队一行，向贫困家庭表达慰问并赠送慰问品。

【2018—2019学年湄洲妈祖祖庙董事会奖教奖（助）学大会举行】

8月28日，2018—2019学年湄洲妈祖祖庙董事会奖教奖（助）学大会在湄洲妈祖祖庙妈祖大学堂召开，大会向中高考优秀学子、师生团队及相关机构颁发奖教奖（助）学金241.77万元。湄洲妈祖祖庙董事会奖教奖（助）学活动从2001年开始以来，已经连续举办多年，为广大师生学子提供了大量帮助，在践行妈祖精神的同时，为岛内外教育事业发展做出不可忽视的贡献。

【海南白沙门天后宫举行"九九重阳，爱心满满"活动】

为庆祝中华人民共和国成立70周年暨纪念妈祖羽化升天1032周年，10月5日白沙门天后宫在广场上举行了"九九重阳，爱心满满"的敬老活动。整个活动共邀请了147名老人，最年长的已有96岁，设宴席40桌，全部经费由白沙门慈善基金会承担。自2017年成立以来，该基金会每年都举办这样的慈善活动，并将长期持续下去。白沙门慈善基金会的成员都是当地具有爱心善心的社会贤达及青年志愿者，他们自愿每个月以捐款的形式向社会献一份爱心，努力传播妈祖文化，弘扬妈祖精神。

【中华妈祖义诊队为群众义诊】

10月7日，中华妈祖义诊队在懿和楼为广大群众进行义诊。2018年4月，中华妈祖文化交流协会正式授旗给中华妈祖义诊队之后，义诊队员纷纷走村入户开展活动，为广大群众看病就医提供便利，用实际行动践行妈祖精神。义诊队的赵女士不仅为患者推拿理疗，还手把手教会患者一些常用的推拿手法，让患者受益满满。